W0340716

LÉGENDES
DU TOUR DE FRANCE

Conception réalisation
Olo Éditions

Direction artistique
Philippe Marchand

Direction éditoriale
Nicolas Marçais

Mise en pages
Jonathan Blézard

Relecture-correction
Catherine Decayeux

Iconographe
Dominique Danne

@les100histoires
#les100histoires

www.les100histoires.com

© Éditions Gründ, un département d'Édi8, 2020
ISBN : 978-2-324-02745-1 / Dépôt légal : octobre 2020
Éditions Gründ, 92 avenue de France, 75013 Paris
www.grund.fr
Imprimé en Belgique

Gérard Holtz & **Julien Holtz**

LÉGENDES
DU TOUR DE FRANCE

180 HISTOIRES POUR REVIVRE LES
PLUS GRANDES HEURES **DU TOUR**

Gründ

préface

La Légende des cycles

Comme mon fils Julien, avec qui j'ai écrit ce livre, j'ai attrapé le virus... Non pas le « trop fameux » coronavirus – cette pandémie mondiale responsable de tant de malheurs ! Non, mon virus à moi, c'est le sport en général, le Tour de France en particulier. Cause essentielle de mes poussées de fièvre et de mes frissons incoercibles...

Le vélo, pour nous, c'est plus qu'une machine simple et magique à la fois, c'est une passion absolue, presque une religion. Alors évidemment, la notion de « légende » n'était pas très éloignée.

Du latin *legenda* (« ce qui doit être lu »), la légende est un « récit à caractère merveilleux où les faits historiques sont transformés par l'imagination populaire ou par l'invention poétique ». Une sorte d'histoire déformée et embellie par l'imagination.

Comment mieux résumer notre livre que par cette définition lumineuse du Petit Larousse. À laquelle on ajoutera cette magnifique phrase de Victor Hugo : « C'est de l'histoire écoutée aux portes de la légende », extraite de son poème *La Légende des siècles* (un titre que le merveilleux Antoine Blondin avait repris et transformé dans ses chroniques en « Légende des cycles »).

Tout est « légende » dans notre livre, c'est-à-dire : histoires, vérités, rêves, imagination et surtout passion ! Vous comprendrez à chaque page, à chaque récit, avec chaque photo et les témoignages passionnels de 60 personnalités pourquoi le Tour de France reste la plus grande et la plus belle course au monde, et pourquoi il mérite notre amour inextinguible.

Vive le vélo et vive le Tour !

GÉRARD HOLTZ

préface

Mon coup de foudre pour le Tour

J'ai découvert le Tour de France en 1993, j'avais 13 ans, et Alain Delon coanimait avec Gérard la grande soirée de présentation des coureurs devant la gigantesque tribune du Puy du Fou. Deux ans plus tard, j'ai vécu en direct la chute de Chris Boardman lors du prologue de Saint-Brieuc. Des trombes d'eau venaient de s'abattre sur les Côtes-d'Armor alors qu'on avait vécu jusque-là une semaine caniculaire. La foudre avait frappé mon cœur pour toujours...

Toute mon enfance, pendant que papa travaillait sur le Tour, « juillet » avait toujours rimé avec « colonie de vacances »... J'avais basculé dans l'adolescence et je m'étais mis à l'envier... Alors, en 1996, quand l'occasion s'est présentée d'intégrer la caravane publicitaire comme distributeur pour les supermarchés Champion (à l'époque le sponsor du maillot de meilleur grimpeur), j'ai foncé les yeux fermés ! En l'espace de trois ans, j'allais vivre le plus fort de la « Virenquemania » jusqu'à l'affaire Festina...

Trois semaines, 3 500 kilomètres de course, une ville différente chaque jour, une vie d'hôtel en hôtel... Le bonheur de parcourir la France, si belle de ses paysages variés, si riche d'un patrimoine construit pierre après pierre... et l'hystérie de la foule dans les cols...

Oui, je suis tombé amoureux du Tour, de son grand barnum, de ce 14 juillet quotidien sur le pas de la porte des Français... Et puis j'ai pris conscience, en devenant moi-même cycliste et en comprenant les subtilités de ce sport, combien cette course – la plus grande et la plus difficile du monde – pouvait bâtir la légende des coureurs, révéler les plus grands héros comme les pires tricheurs, et être le théâtre des exploits les plus retentissants comme des histoires les plus insolites...

Le succès que rencontre notre collection des « 100 Histoires de Légende » nous a donné envie de vous proposer un livre encore plus riche, encore plus fouillé, encore plus esthétique... Voici donc *Légendes du Tour de France* pour revivre, au travers de 180 histoires et de 60 témoignages de grandes personnalités publiques, les plus belles heures de la Grande Boucle...

JULIEN HOLTZ

sommaire

sommaire

De l'affaire Dreyfus à la plus grande course du monde, il n'y a qu'un pas !

Le Tour de France est né à cause de l'affaire Dreyfus ! Évidemment, écrit ainsi, cela peut étonner, et pourtant c'est la stricte vérité que nous allons vous raconter en détail.

Nous sommes au début du XXe siècle, malgré des critiques et des polémiques extrêmement violentes, un homme, plus que tous les autres, croit au développement du cyclisme : Pierre Giffard, le chef des informations du *Petit Journal*. En 1891, il se fait remarquer en organisant une compétition de folie : Paris-Brest-Paris, 1 200 kilomètres ! Grâce à Giffard et à son journal, Charles Terront, le vainqueur, devient une énorme vedette, et le nombre des lecteurs augmente à toute allure.

Giffard crée alors une nouvelle publication, imprimée sur du papier couleur « vert d'eau » : *Le Vélo*. Mais, comme le raconte Roger Bastide dans *Les Légendaires* (éditions Maison du sport), il va commettre une double faute. D'abord, il ne soutient pas le principal actionnaire de son nouveau journal, le comte de Dion, qui s'en est pris publiquement à Émile Loubet, le président de la République, un jour aux courses. Mais, surtout, Giffard, passionné de vélo et grand honnête homme, a pris parti pour le fameux capitaine Dreyfus. Pour lui comme pour Zola, Dreyfus n'est pas un traître qui aurait livré des secrets militaires aux Allemands, il est innocent !

Le comte de Dion pense le contraire. Il retire ses capitaux du journal *Le Vélo* et manœuvre en coulisses pour la création d'une publication concurrente, *L'Auto-Vélo*, qui sortira des rotatives sur un papier jaune, pour mieux l'identifier. La guerre entre le vert et le jaune est sans merci. Dreyfusards et antidreyfusards. Pierre Giffard face à Henri Desgrange, un ancien cycliste, recordman de l'heure en 1893, devenu journaliste.

Pour augmenter le nombre de leurs lecteurs, les deux journaux organisent de grandes courses cyclistes. Recette connue : des champions, des rebondissements, du suspense = curiosité et ventes qui grimpent en flèche !

En novembre 1902, Desgrange va réussir tout simplement un coup de génie en écoutant l'idée folle de son collaborateur Géo Lefèvre, énoncée au cours d'un déjeuner chez Zimmer, faubourg Montmartre : « Mieux que Paris-Brest-Paris [1891], mieux que Bordeaux-Paris [1891], mieux que Paris-Roubaix [1896], si on faisait le Tour de France ? »

Desgrange hésite puis accepte. Ainsi, le 1er juillet 1903, le journal *L'Auto* permet à soixante coureurs au départ de Montgeron de se lancer dans la première édition d'un Tour de France qui va vite devenir la plus belle et la plus grande course à étapes du monde. Henri Desgrange écrit ce jour-là sous le titre « La semence » : « *L'Auto*, journal d'idées et d'actions, va lancer à travers la France les inconscients et rudes semeurs d'énergie que sont nos grands routiers professionnels. »

À Ville-d'Avray, dix-neuf jours plus tard, Maurice Garin, le vainqueur, entrera dans l'histoire.

LES CLÉS POUR COMPRENDRE

Six étapes marathons

Paris-Lyon
467 km – départ à 15 h 16

Lyon-Marseille
374 km – départ à 2 h 30

Marseille-Toulouse
423 km – départ à 22 h 30

Toulouse-Bordeaux
268 km – départ à 5 h

Bordeaux-Nantes
425 km – départ à 23 h

Nantes-Paris
471 km – départ à 21 h

EN CHIFFRES

2 428 km

La distance totale du premier Tour de France

Contrôle à Ville-d'Avray, ville d'arrivée du premier Tour de France.

CETTE ANNÉE-LÀ

- **Sciences** : Pierre et Marie Curie et Henri Becquerel reçoivent le prix Nobel de physique.
- **Aviation** : les frères Wright réussissent leur premier vol en avion et parcourent 260 mètres en 49 secondes.
- **Faits divers** : trois ans après sa mise en service, le métro parisien connaît la pire catastrophe de son histoire (84 morts lors d'un incendie de rame entre les stations Couronnes et Ménilmontant).
- **Cinéma** : le Français Georges Méliès réalise *Le Voyage dans la Lune*.
- **Automobile** : aux États-Unis, les usines Ford sont créées.
- **Cyclisme** : Hippolyte Aucouturier réalise le doublé Paris-Roubaix / Bordeaux-Paris.

Paris-Lyon : un TGV avant l'heure !

Mercredi 1er juillet 1903, 15 h 16. Ils sont soixante coureurs rassemblés devant le café Le Réveil Matin, à Montgeron, au départ de la première étape du premier Tour de France : Paris-Lyon, 467 kilomètres. Une des plus longues de l'histoire de la Grande Boucle, remportée par Maurice Garin, vainqueur de ce premier Tour. Phénoménal, quand on sait que son vélo pesait près de 20 kilos, sur des routes à peine carrossables !

Maurice Garin, vainqueur du premier Tour de France.

Mais, comme l'écrivait Henri Desgrange, le patron du journal *L'Auto*, et surtout le créateur de cette compétition devenue aujourd'hui patrimoine national : « Au geste large et puissant que Zola, dans La Terre, donne à son laboureur, *L'Auto*, journal d'idées et d'action, va lancer à travers la France, aujourd'hui, les inconscients et rudes semeurs d'énergie que sont nos grands routiers professionnels [...]. Ils vont rencontrer des inutiles, des inactifs, des paresseux... qui vont avoir honte de laisser leurs muscles s'engourdir et qui rougiront de porter une grosse bedaine, quand le corps de ces hommes est si beau du grand travail de la route. »

Quel éditorial ! Quel lyrisme ! Et pourtant, en ce premier jour du Tour, premières tricheries : on raconte que certains coureurs, non contents de s'accrocher à d'autres vélos, se laissaient traîner derrière les autos ou même grimpaient dans une voiture le temps de se refaire une santé.

Mais le coup le plus spectaculaire est l'affaire du train : les commissaires de course, pour devancer les meilleurs, prenaient le train en direction de Lyon. Géo Lefèvre, l'adjoint de Desgrange qui lui a proposé l'idée d'un tour de la France, avoue le 2 juillet : « L'arrivée, eh bien je l'ai manquée ! Ce Garin et ce Pagie m'ont précédé à Lyon sur leur simple bicyclette, tandis que je roulais dans l'express ! » Garin et Pagie n'ont pas triché. En revanche, des petits malins, eux, se sont fait prendre. Les commissaires, quittant le train, virent quelques coureurs descendre des wagons avec leurs vélos et prestement se remettre en selle pour rejoindre l'arrivée. Une sorte de TGV de l'époque : de Très Grands Vilains.

« J'ai peiné sur la route, j'ai eu soif, j'ai eu sommeil, j'ai souffert, j'ai pleuré entre Lyon et Marseille... Mais je puis vous le dire, votre course est la plus dure que l'on puisse imaginer. » (Maurice Garin)

FOCUS

Maurice Garin

Avant de se lancer dans cette nouvelle aventure, ce grand spécialiste des courses marathons avait déjà à son actif deux victoires dans Paris-Roubaix (1897 et 1898) puis un Bordeaux-Paris en 1902. Sur le Tour 1903, il remporte trois des six étapes : la 1re à Lyon, la 5e à Nantes et la dernière à Ville-d'Avray. Il gagne cette première édition avec 2 h 49 min 45 s d'avance sur Lucien Pothier (un record toujours invaincu) et touche 6 075 francs de primes diverses.

EN CHIFFRES

25,679 km/h

Sa vitesse moyenne au terme des 2 428 km

19 ans 11 mois et 20 jours

Quels sont le nom et l'âge du plus jeune vainqueur du Tour de France ? Vous avez huit secondes pour répondre (le temps de gagner un Tour, comme Greg LeMond en 1989). Réponse : Henri Cornet, dix-neuf ans. Vainqueur du deuxième Tour de France, en 1904. Destin très étonnant pour ce jeune coureur, fait d'un mélange de talent, d'humour, de chance et de paradoxes.

Pour commencer, son nom : Henri Cornet est un pseudonyme, il s'appelle en fait Henri Jardry. Ensuite, dans les pelotons, on l'appelle « le Titi parisien », alors que Cornet est un vrai Ch'timi. Il est né en 1884 dans le Pas-de-Calais, dans la cité de la faïence, à Desvres, comme le note Joël Rochoy dans la biographie du champion.

« C'est un drôle ce Cornet, dit de lui Hippolyte Aucouturier (qui terminera deuxième en 1905), même en course, il raconte des blagues, fait le clown, prend des mimiques. »

Certains le qualifiaient déjà de « Cornet le rigolo », puis de « Cornet le mécanicien », après un gag dans l'étape La Rochelle-Brest de 1911 : comme tous les coureurs avaient ralenti, Cornet expliqua à Desgrange qu'il avait oublié une clé anglaise au contrôle. Retour en arrière sous l'œil éberlué du patron, et retour en course, où il termina neuvième de l'étape à Brest.

À l'arrivée à Paris, le 24 juillet, Maurice Garin est premier, devant Lucien Pothier, César Garin et Hippolyte Aucouturier (4 étapes). Le jeune Henri Cornet est cinquième. Mais, coup de théâtre quelques mois plus tard, les quatre premiers sont disqualifiés « pour violation des règlements » ! Un nouveau classement est publié le 2 décembre. Vedette ou pas, Maurice Garin est effacé du palmarès de 1904 et, comme un joli coup du destin, le grand et jeune vainqueur est Henri Cornet. Étonnamment, « l'Ingénieur » – c'est son nouveau surnom – est resté, depuis les débuts du Tour de France, le plus jeune vainqueur de la Grande Boucle.

FOCUS

Henri Cornet

Après cette victoire du Tour 1904 sur tapis vert, Cornet refera un top 10 (8e du Tour 1908), il remportera Paris-Roubaix 1906 (3e en 1905), et fera quelques podiums sur Bordeaux-Paris et Paris-Tours.

EN CHIFFRES

50 ans

L'âge de Henri Paret, le coureur le plus âgé à finir un Tour de France. Le record tient depuis 1904.

LA PETITE HISTOIRE

Une maudite crevaison

Victime d'une crevaison lors de la dernière étape (Nantes-Paris), Henri Cornet a parcouru 35 kilomètres à plat ! Avant que les quatre premiers ne soient déclassés, le jeune Henri accusait au classement général final la bagatelle de 2 h 59 min 31 secondes sur Maurice Garin, vainqueur éphémère du 2e Tour de France...

Henri Cornet (photo non datée)

Le Tour mort né ?

Maurice Garin, surnommé « le Petit Ramoneur », domine les courses d'endurance. Après avoir enlevé Paris-Roubaix, il gagne le premier Tour de France de 1903, avec 2 h 49 min d'avance sur Lucien Pothier. Un record ! Il reçoit une prime de 6 000 francs-or et passe près de la disqualification pour avoir frappé son coéquipier Fernand Augereau dans l'avant-dernière étape. Mais ce n'est rien à côté des événements invraisemblables qui vont se produire l'année suivante, en 1904.

Malgré ses trente-trois ans, Garin est toujours aussi fort, ce qui agace les autres coureurs et certains spectateurs. Dans la deuxième étape, Lyon-Marseille, des bandits de grand chemin entrent en action. Ils veulent une victoire de leur champion, le Stéphanois Alfred Faure, alors ils montent un vrai guet-apens dans le col de la République. « À bas Garin ! Vive Faure ! Tuez-les ! » Insultes, coups de bâton, on lance des pierres, les coureurs chutent, la panique est générale ! Des coups de revolver sont tirés pour effrayer les assaillants. Du jamais-vu en sport. Maurice Garin est blessé, Henri Desgrange atterré. Son Tour vacille !

Et ce n'est pas fini. Les organisateurs ont repéré des coureurs qui se font aider. Dortignacq et Payan, par exemple. Exclusion et révolution ! Dans le Sud, du côté de Nîmes d'où ils sont originaires, on apprend la nouvelle : début d'émeute. Le passage de la course à Nîmes, le mercredi 13 juillet, est digne d'un western. Malgré la police, les spectateurs en furie se ruent vers les coureurs et les autos suiveuses. Bataille générale, coups de poing, de bâton, jets de pierres. Mêlée indescriptible. L'armée est obligée d'intervenir, et, là encore, il faut des coups de feu en l'air pour se dégager.

Henri Desgrange craque, les quatre premiers du Tour sont déclassés (Maurice Garin, Lucien Pothier et César Garin – les trois coureurs de La Française – ainsi qu'Hippolyte Aucouturier). Dans un article célèbre de *L'Auto*, Desgrange écrit : « Le Tour de France est terminé. Il sera mort de son succès. » Deux mois plus tard, par bonheur, le patron changera d'avis. Il organisera le Tour 1905, et, en 2013, on fêtera sa centième édition !

Hippolyte Aucouturier, surnommé « le Terrible », deuxième du Tour 1905.

EN CHIFFRES

15

Le nombre de coureurs classés au général après la disqualification de 12 fauteurs de trouble...

Les coureurs traversent des passages cloutés !

Le vainqueur du Tour 1905, Louis Trousselier, dit « Troutrou », fils d'un fleuriste du boulevard Haussmann (qui avait, paraît-il, Marcel Proust comme client), a vingt-quatre ans. Il effectue son service militaire au 101e régiment de ligne à Saint-Cloud, écrit Thierry Cazeneuve dans sa *Fabuleuse Histoire du Tour de France*.

Histoires de clous, pour Trousselier de Saint-Cloud. Échaudés par un Tour 1904 où les incidents et les tricheries se sont multipliés, les organisateurs répètent qu'ils vont surveiller la course et les routes comme jamais ! Pourtant, dès la première étape entre Meaux et Châlons-sur-Marne, le Tour roule sur des milliers de clous. Un véritable attentat. Crevaisons par centaines ! On s'arrête, on répare, on repart, on crève de nouveau... Certains coureurs sans assistance perdent une demi-heure, une heure... Devant, les favoris se sont échappés : Cornet, Pottier, Aucouturier, Trousselier et Petit-Breton. Mais d'autres clous sont répandus sur la route avant Vitry-le-François. Un scandale !

Henri Desgrange, fou furieux, veut arrêter le Tour à Nancy, puis il se ravise. Petit-Breton, sans pneu de rechange, décide de s'arrêter. Il saute dans un train pour Paris et croise un journaliste qui lui dit : « Je vais appeler Desgrange, pour plaider ta cause. » Effectivement, le futur vainqueur des Tours 1907 et 1908 retourne à Nancy et repart dans la course avec une simple pénalité.

On n'a jamais trouvé les coupables, même si l'enquête a prouvé que 125 kilos de clous avaient été achetés chez Rémion et Roger, quincailliers en gros, rue du Faubourg-du-Temple, dans le IIIe arrondissement. Par qui, on ne le saura jamais... comme on ne sait toujours pas qui a jeté les clous, en 2012, sur la route de l'Ariège, entre Limoux et Foix.

En revanche, ce que l'on sait aujourd'hui, c'est que dans les premiers Tours, certains coureurs expliquaient sous le manteau qu'on leur avait conseillé, entre tel et tel kilomètre par exemple, de rouler bien à droite sur la chaussée. Petits vices pour éviter les clous.

Louis Trousselier, à Rouen, au cours de la dernière étape.

LA NOUVEAUTÉ

La découverte de la montagne

Alors que le Tour s'était contenté jusque-là de relier les grandes villes (Paris, Lyon, Marseille, Toulouse, Bordeaux et Nantes) en six étapes marathons, en 1905, les étapes sont plus courtes et plus nombreuses (11). Finis les départs en pleine nuit ! On fait escale dans des villes de taille modérée telles que Nancy, Grenoble, Toulon ou La Rochelle et on fait surtout une première incursion en montagne avec le ballon d'Alsace et, dans les Alpes, la côte de Laffrey et le col Bayard.

EN CHIFFRES

125 kg

La quantité de clous jetés surla chaussée entre Meaux et Châlons-sur-Marne

Pottier à fond les ballons !

Drôle de vainqueur, ce René Pottier. Vingt-sept ans, membre vedette du fameux Vélo Club de Levallois, dont le maillot blanc à bande noire va marquer l'histoire de ce quatrième Tour de France.

L'année précédente déjà, en 1905, René Pottier avait bluffé tout le monde en avalant à plus de 20 km/h la première vraie difficulté du parcours depuis la création du Tour : le ballon d'Alsace. Le « Roi René » est devenu en quelques kilomètres le premier roi de la montagne, ajoutant à sa performance une échappée fleuve de 250 kilomètres !

Chapeau, monsieur Pottier ! Qui va donc gagner, en 1906, le Tour le plus décoiffant de l'histoire de la compétition. Cette année-là, on passe de onze à treize étapes, avec un parcours plus long de 1 500 kilomètres : 2 994 kilomètres en 1905, 4 483 kilomètres en 1906. Mais l'événement sera surtout le nombre historique d'abandons. Ils sont quatre-vingt-deux courageux au départ, ils ne seront que quatorze à l'arrivée. Incroyable ! Les fameux maillots blanc et noir Peugeot font la loi. Ils mènent un train d'enfer. Beaucoup de coureurs craquent et ne verront jamais le Parc des Princes, où René Pottier triomphe le dimanche 29 juillet. Parmi les rescapés, un seul étranger, le Belge Aloïs Catteau (sixième), et, pour la première fois, deux frères, les Georget, Léon et Émile.

Drôle de record et drôle de chapeau aussi pour Mme Pottier, Zélie, qui vient féliciter son champion de mari à l'arrivée. Destin étonnant pour René Pottier, grimpeur et champion extraordinaire, fêté comme un héros, et qui mettra fin à ses jours pour d'obscures raisons l'année suivante.

LA NOUVEAUTÉ

La flamme rouge

Lors de ce Tour 1906, l'organisation dessine une ligne blanche sous la banderole d'arrivée et place un drapeau rouge à un kilomètre pour éviter toute contestation en cas de sprint massif. La « flamme rouge » est née !

EN CHIFFRES

250 km

L'échappée solitaire de René Pottier entre Nancy et Dijon avec le ballon d'Alsace au menu. Dijon, où il arrive avec 47minutes d'avance !

Les coureurs à la sortie de Rouen.

À Metz, des vainqueurs impossibles à départager !

Ex aequo : du latin, « à égalité ». Rare et presque unique dans l'histoire du Tour. Nous sommes le mercredi 10 juillet, dans la deuxième étape du Tour 1907, entre Roubaix et Metz (en territoire allemand à l'époque). Au bout de 398 kilomètres de course, deux coureurs, Louis Trousselier et Émile Georget, vont se retrouver ex aequo à l'arrivée.

Pour comprendre ce résultat étonnant, il faut savoir que cette année-là, deux constructeurs de cycles se mènent une guerre sans merci : Peugeot et Alcyon. Peugeot se vante, dans des placards de réclame, d'avoir gagné les deux derniers Tours : 1905, victoire de Trousselier devant Aucouturier. Et, en 1906, victoire de Pottier. Bref, la marque au lion croque tout et veut persévérer. En 1907, elle a dans son équipe Georget, excellent grimpeur qui est un des rares coureurs à avoir équipé son vélo d'une roue libre. Les autres sont encore en pignon fixe !

Dès la première étape, Paris-Roubaix, 272 kilomètres, la bataille est intense : Trousselier et Georget, les Alcyon, mènent le peloton et impressionnent même les Peugeot, Petit-Breton et Cadolle. À Metz, ville allemande à l'époque, la rivalité tourne à l'embrouille : Trousselier et Georget sprintent ensemble, laissant Lucien Petit-Breton à quelques mètres.

« Trousselier vainqueur devant Georget », déclare le juge à l'arrivée... pendant quelques minutes seulement. Discussions, arguments, doutes et, finalement, Henri Desgrange en personne tranche : pour la première fois dans l'histoire du Tour, il y aura deux vainqueurs pour cette étape. Trousselier et Georget sont ex aequo. Repos. Calmée ce soir-là, la rivalité entre Peugeot et Alcyon reprendra de plus belle quinze jours plus tard, du côté de Bordeaux. Georget sera déclassé sur une plainte pour changement illégal de vélo. Mais, comme la sanction tardera trop, les Alcyon se retireront du Tour de France, et Petit-Breton, avec son Peugeot, gagnera le Tour 1907. Année de la mort d'Alfred Jarry (Ubu roi) qui disait, quelle qu'en soit la marque : « Mon vélo est la chose à laquelle je tiens le plus au monde. »

LES CLÉS POUR COMPRENDRE

L'interdiction de changer de vélo

Henri Desgrange, le créateur du Tour de France, était obsédé par l'équité et la probité, notamment sur le plan technique. Alors, pendant longtemps sur l'épreuve, il fut formellement interdit à la fois de changer de bicyclette mais aussi de solliciter une aide extérieure pour de menues réparations. Le poinçonnage des vélos (marquage de certaines pièces par des plombs) débuta à partir du Tour 1905 et fut généralisé sur le Tour 1908. Ayant brisé son cadre sur l'étape Toulouse-Bayonne, Émile Georget, grand favori, a fait fi de cette règle en montant sur le vélo de Privat. Bien mal lui en a pris : Desgrange allait le déclasser en dernière position de l'étape...

Côte de Sappey : Émile Georget se jette dans un abreuvoir.

Paris à tout prix !

Trois heures du matin, lundi 13 juillet 1908, place de la Concorde. Ils sont partis, eux tous devant, et elle derrière. Eux : les cent douze coureurs de la sixième édition du Tour de France. Elle : Marie Félicie Élisabeth Marvingt, née à Aurillac et lorraine d'adoption, trente-trois ans.

Elle voulait s'inscrire pour courir avec les garçons mais on l'a rejetée. Une histoire de règlement qui aurait dit : « On ne se mélange pas. » En vérité, un petit tour de passe-passe sentant bon le machisme du sport de cette époque.

4 507 kilomètres plus loin, après être passés par Metz (territoire allemand en ce temps-là), Lyon, Nice, Toulouse, Bordeaux et Nantes, après avoir franchi le ballon d'Alsace, le col de Porte, le col de Laffrey et l'Estérel, les trente-six rescapés, devancés par Lucien Petit-Breton, le vainqueur, sont arrivés au Parc des Princes. Et Marie Marvingt était toujours derrière eux. Première femme à boucler la Grande Boucle, hors course mais jamais hors de forme.

Certaines mauvaises langues ont dit, comme pour quelques-uns de ses autres exploits, qu'elle avait échoué. Le fameux journal américain *Chicago Tribune*, certain de sa réussite, a quant à lui parlé de « la femme la plus extraordinaire depuis Jeanne d'Arc ». Rosalie Maggio, qui a écrit une superbe biographie de Marie, se demande « comment une femme comme elle a pu être oubliée ». Car il est vrai que Marie Marvingt, dont le surnom était « la Fiancée du danger », mériterait ô combien une vraie gloire nationale digne des trente-quatre médailles qui lui ont été attribuées, et qui font d'elle la femme la plus décorée de l'histoire de France.

Des breloques à foison mais bien peu de renommée pour cette personnalité exceptionnelle qui illustre parfaitement la fameuse maxime de Juvénal : *Mens sana in corpore sano.* Licenciée en lettres, elle était capable de peindre, de dessiner, de sculpter, et son hyperactivité, son enthousiasme l'ont amenée à pratiquer avec réussite un nombre incalculable de disciplines sportives ou aventureuses comme la natation, l'escrime, le tir, le jujitsu, l'équitation, le polo, le ski, l'alpinisme, les airs (où elle s'est révélée pionnière dans l'aviation sanitaire) et enfin le cyclisme.

« À bicyclette, j'ai comme tout le monde quelques petites randonnées à mon actif », confiait-elle un jour à un journaliste de *Lectures pour tous*. Nancy-Milan, Nancy-Toulouse, Nancy-Bordeaux et même, à quatre-vingt ans, avec son vélo préféré, « la Zéphyrine », une petite sortie de Nancy à Paris. Histoire de se dégourdir les jambes… Et Marie parvint à destination avec le sourire !

Marie Marvingt qui relie à vélo Nancy et Paris à l'âge canonique de 80 ans !

COUP DE CŒUR

CATHERINE CEYLAC

Journaliste, présentatrice de Thé ou Café (France 2)

LA FIANCÉE DU DANGER

Enfin une femme, elles sont si rares… Journaliste, aviatrice, sportive, pionnière en tout. Marie Marvingt, née en 1875, cycliste ayant achevé le Tour de France en 1908 en parallèle de celui des hommes, car ces messieurs l'avaient écartée… Infirmière pendant la Première Guerre mondiale, elle se vêt en homme pour aller au front ! « Une éternelle curieuse », « la Fiancée du danger » : l'époque ne sait plus comment la qualifier. Je retiens d'elle liberté et détermination… Et cette phrase : « Je décide de faire mieux encore et toujours. »

Alphonse Steinès met le Tourmalet au programme !

La huitième édition du Tour de France approche, et Henri Desgrange, le patron fondateur, est en quête d'un second souffle. Après le vent de nouveauté insufflé par la création du Tour en 1903, il trouve que son épreuve « ronronne ».

Extraordinaire photo de la reconnaissance du Tourmalet (collection des frères de Ligault).

Les parcours se répètent et se ressemblent, c'est un chemin de ronde aux contours de l'Hexagone et Desgrange ne veut pas faire de son Tour de la France une succession de classiques. Après Géo Lefèvre, l'inspirateur de cette grande course par étapes, c'est un autre collaborateur qui va lui suggérer la haute montagne : Alphonse Steinès.

La haute montagne, une idée que Desgrange a longtemps considérée comme de la « pure folie » mais Steinès, convaincu que cette idée était bonne, lui proposa d'aller lui-même tester le parcours et il partit le 1er juin, alors qu'à cette période de l'année, les cols sont parfois encore recouverts de 3 à 4 mètres de neige... Et Steinès va en faire l'expérience à ses dépens...

À bord d'une HP Dietrich, l'assistant de Desgrange à *L'Auto* commence par les cols de Peyresourde et d'Aspin. Émerveillé par les paysages, il s'interroge : « Comment a-t-il pu germer dans l'esprit de quelqu'un que les coureurs ne pourraient pas escalader ces montagnes? Il poursuit et attaque la montée du Tourmalet vers 17 heures, mais la nuit arrive et la neige interrompt son avancée à 2 kilomètres du col... Qu'à cela ne tienne... obstiné, il décide de finir à pied ! Son chauffeur, sentant le danger, décide de prévenir le siège du journal pour qu'on lance des secours à sa recherche. À juste titre : Steinès s'est perdu et sera retrouvé au fond d'un ravin, au bord de l'hypothermie... Sa montre s'est arrêtée à 8 h 20. Un bain chaud, de la nourriture, un peu de sommeil et, le lendemain, l'explorateur envoie un télégramme au journal : « Passé Tourmalet. Très bonne route. Parfaitement praticable. Steinès. »

La machine est lancée, l'organisation du Tour et le gouvernement envoient des fonds dans les Pyrénées pour faire paver les routes et notamment l'Aubisque, qui ressemble à un chemin de berger. Côté coureurs, la perspective des cols décourage vingt-six des cent trente-six inscrits. Certains imaginent que des ours fréquentent ces lieux inhospitaliers qu'ils surnomment « le Cercle de la mort »... Grâce au petit mensonge de Steinès, le Tour essaie et adopte définitivement la haute montagne avec par bonheur, depuis, chaque année, un magnifique spectacle sportif et naturel !

FOCUS

Les deux étapes pyrénéennes

À l'occasion de cette grande première, Steinès concocte un menu gargantuesque pour les grimpeurs : 11 cols en deux jours !

1re étape :- Perpignan-Luchon (289 km)
- col du Portet (600 m)
- col de Port (1 249 m)
- col de Portet-d'Aspet (1 069 m)
- col des Ares (797 m)

2e étape : Luchon-Bayonne (326 km)
- col de Peyresourde (1 569 m)
- col d'Aspin (1 489 m)
- col du Tourmalet (2 115 m)
- col du Soulor (1 474 m)
- col de Tortes (1 799 m)
- col d'Aubisque (1 709 m)
- col d'Osquich (392 m)

1910

OCTAVE LAPIZE,
FRANÇOIS FABER,
GUSTAVE GARRIGOU

HÉROS EN COLÈRE

Octave Lapize : « Vous êtes des assassins ! »

« Vous êtes des assassins ! » Il n'a pas mâché ses mots, « le Frisé »... Nous ne sommes pas dans un film de Michel Audiard, avec Lino Ventura, Bernard Blier et Francis Blanche, mais bien dans la réalité ! « Le Frisé », c'est le surnom d'Octave Lapize, un formidable jeune coureur de vingt-trois ans, qui remportera dans sa carrière trois Paris-Roubaix, trois Paris-Bruxelles et trois Championnats de France.

Octave Lapize met pied à terre dans le Tourmalet.

En 1910, la Grande Boucle découvre la vraie, la grande, la haute montagne. L'adjoint d'Henri Desgrange, Alphonse Steinès, a repéré le parcours un mois plus tôt. Pas facilement d'ailleurs. Empruntant des chemins de bergers, entre cailloux et fonte des neiges, il n'a même pas passé certains cols avec son auto tellement la route était difficile. Il a été obligé de faire le tour en remontant par l'autre vallée. Mais Steinès et Desgrange l'ont décrété (comme Thierry Sabine, soixante-dix ans plus tard, avec le Sahara pour le Paris-Dakar) : les coureurs passeront ! Et le 21 juillet, l'étape proposée à ces premiers cyclistes montagnards est dantesque : 326 kilomètres entre Luchon et Bayonne, en escaladant les cols de Peyresourde, d'Aspin, du Tourmalet et d'Aubisque.

Gustave Garrigou réussit le premier le grand exploit de gravir le Tourmalet sans mettre pied à terre et, pour cela, empochera une prime de 100 francs-or ! Mais Octave Lapize, ce jour-là, a des jambes de feu, en jargon cycliste, on dit qu'il « voltige ». Avantagé par son petit gabarit, il va gagner cette étape historique, en marquant des points précieux dans son duel contre son grand rival cette année-là, François Faber. Vainqueur du Tour 1909 et leader durant onze étapes, le colosse luxembourgeois se fait dépasser par Lapize à seulement trois étapes de Paris ! Garrigou complétera un podium 100 % Alcyon. En ajoutant le Belge Van Hauwaert, la firme Alcyon aura réussi à placer quatre coureurs aux quatre premières places !

LE PETIT PLUS

Octave Lapize, mort pour la France

Dans sa carrière, le vainqueur du Tour 1910 s'est illustré sur les classiques et notamment l'enfer du Nord (triple vainqueur de Paris-Roubaix 1909, 1910 et 1911), ainsi qu'au championnat de France sur route (trois victoires d'affilée aussi : 1911, 1912 et 1913). La Première Guerre mondiale a stoppé net sa carrière et… sa vie : bien qu'ayant été réformé pour surdité partielle, « le Frisé » s'est engagé pour combattre dans l'armée de l'air. Il a notamment formé 130 pilotes mais, visé par les tirs ennemis, son avion s'est écrasé le 14 juillet 1917… Avec Petit-Breton et Faber, ils sont trois vainqueurs du Tour à avoir trouvé la mort pendant la Première Guerre mondiale.

LES CLÉS POUR COMPRENDRE

Pourquoi les coureurs étaient-ils à pied dans les cols ?

Il faut savoir qu'à l'époque, il n'y avait pas de dérailleur, la plupart des vélos étaient en pignon fixe. Tout au plus les coureurs avaient-ils le choix entre deux développements : leurs roues arrière avaient d'un côté un pignon pour le plat et de l'autre un pignon plus grand pour la montagne. En bas des cols, ils descendaient de leur bicyclette pour retourner la roue. Quand la pente se faisait plus forte ou le sentier plus glissant, cela ne suffisait pas pour avancer : il fallait descendre du vélo et courir à côté. On mesure donc l'exploit de Gustave Garrigou, qui a réussi cette année-là à gravir le Tourmalet sans poser pied à terre !

Création de la voiture-balai

Sur le Tour de France, il y a deux choses que les coureurs exècrent : le contrôle antidopage et la voiture-balai.

C'est l'un des véhicules légendaires de la caravane, l'un des marqueurs forts de l'histoire du Tour car, pendant longtemps, les coureurs qui mettaient pied à terre montaient dans cette camionnette à sept places : le fameux fourgon Citroën type H, qui, d'ailleurs, avait un vrai balai accroché aux portes arrière !

La voiture-balai est une sorte d'arche de Noé des éclopés et des épuisés. Elle balaie la route et ramasse ceux que la fatigue, la maladie ou les blessures ont laissés sur le carreau. Le peloton n'a que faire des faibles, et le staff des équipes (avec seulement deux véhicules dans la course) ne peut pas être au chevet de tous ses coureurs...

En 2018 par exemple, lors de l'étape Bourg-Saint-Maurice – l'Alpe-d'Huez, le peloton a vécu un gros écrémage parmi les sprinters. Bien sûr, en montagne, un gruppetto se forme en général dès la première grosse difficulté, et l'on règle le tempo en fonction des délais, mais ce jour-là certains « gros » (les sprinteurs sont souvent plus massifs, musclés et donc plus lourds) n'ont même pas pu suivre le peloton des lâchés ! Après Mark Cavendish et Marcel Kittel la veille, c'était au tour de Dylan Groenewegen (blessé depuis l'étape des pavés), Fernando Gaviria (fatigue générale) et André Greipel de quitter le Tour... Stéphane Bezault, chauffagiste au quotidien et chauffeur de la voiture-balai pour la troisième année, raconte : « D'un seul coup, ils ont bâché et sont montés à bord. Ils déconnaient, l'ambiance était bon enfant. »

En 2019, c'est au tour de Yoann Offredo de vivre une journée compliquée entre Mâcon et Saint-Étienne, à flirter avec la voiture-balai et avec la patience des commissaires... Épuisé par son échappée de la veille, il n'a plus de jus et s'est battu toute l'étape pour rester dans les délais. Le journal Libération raconte ce que les caméras de France Télévisions n'ont jamais vu : le Français se faisant régulièrement rappeler à l'ordre par le commissaire à bord de la voiture-balai parce qu'il s'abrite derrière le coffre de son directeur sportif, et lui de négocier sa mansuétude parce qu'il n'a pas récupéré de ses 200 bornes d'échappée de la veille...

Dans l'inconscient collectif, on associe la voiture-balai à la collecte des coureurs capitulant et c'était d'ailleurs l'idée d'Henri Desgrange, lorsqu'il l'a instaurée pour le Tour 1910. Le créateur du Tour, sur les bons conseils d'Alphonse Steinès, allait offrir la haute montagne (le Tourmalet notamment) aux forçats et s'inquiétait des dégâts qu'elle pourrait causer... Mais la vraie raison d'être de cette camionnette c'était de s'assurer que les lâchés ne tricheraient pas pour boucler les étapes.

La voiture-balai lors de la 17e étape entre Val d'Isère et Chamonix (1963).

Adolphe Hélière, mort le jour de repos

« J'irai au bout de mes rêves... Où la raison s'achève... Tout au bout de mes rêves ! » Ces paroles de Jean-Jacques Goldman résument parfaitement l'histoire d'Adolphe, ce gamin de dix-neuf ans dont le rêve de devenir coureur professionnel s'est arrêté subitement le 14 juillet 1910 dans la baie des Anges...

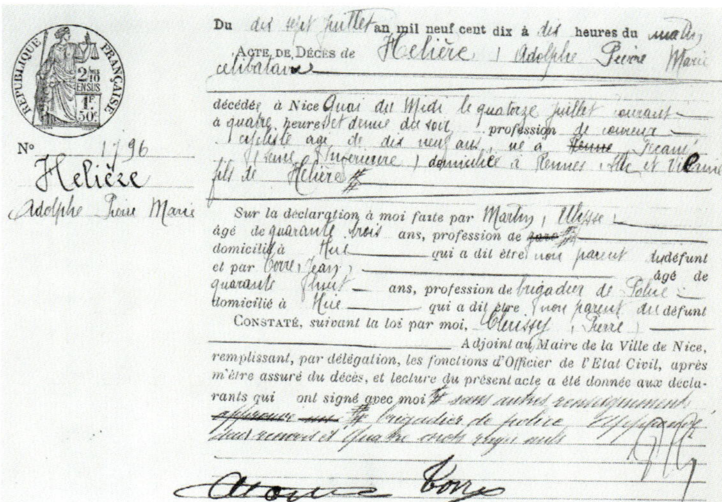

N° 1796
Hélière
Adolphe Pierre Marie

Du dix sept juillet an mil neuf cent dix à dix heures du matin,
Acte de Décès de Hélière, Adolphe Pierre Marie
célibataire

décédé à Nice Quai du Midi le quatorze juillet courant à quatre heures et demie du soir, profession de coureur cycliste âgé de dix neuf ans, né à Rennes (Ille et Vilaine), domicilié à Rennes, Ille et Vilaine
fils de Hélière

Sur la déclaration à moi faite par Martin, Ulysse âgé de quarante trois ans, profession de garde domicilié à Nice qui a dit être non parent du défunt
et par Bovis, Jean, âgé de quarante huit ans, profession de brigadier de police domicilié à Nice qui a dit être non parent du défunt
Constaté, suivant la loi par moi, Clerissy, Pierre, Adjoint au Maire de la Ville de Nice, remplissant, par délégation, les fonctions d'Officier de l'Etat Civil, après m'être assuré du décès, et lecture du présent acte a été donnée aux déclarants qui ont signé avec moi sans autres renseignements ... brigadier de police ...

À gauche : acte de décès d'Aldolphe Hélière. Ci-dessous : la baie des Anges.

Adolphe Hélière, jeune mécanicien de Rennes, passionné par la petite reine, s'était mis en tête de faire le Tour de France, mais son petit niveau ne lui permettait pas d'être recruté par les équipes de l'époque. C'est donc dans la catégorie des « isolés » qu'il s'est engagé dans l'aventure d'un Tour qu'Alphonse Steinès allait emmener au sommet du Tourmalet...

Desgrange, le fondateur du Tour, puriste de l'effort cycliste, n'a que peu d'égards pour cette caste de bas étage et impose à ces touristes du cyclisme des règles drastiques : un isolé doit acheter son matériel, effectuer lui-même ses réservations d'hôtel et prévoir tout son ravitaillement (traduction : débrouillez-vous pour casser la croûte dans une gargote ou une auberge !). La ségrégation imposée à l'isolé allait jusqu'à lui interdire les hôtels des équipes utilisant la même marque de cycle que la sienne, et bien sûr, de ne recevoir aucune aide technique. D'ailleurs, nouveauté du Tour 1910, la voiture balai venait d'être instaurée pour veiller au grain afin que personne ne soit tenté de tricher, en particulier parmi les isolés. Si cela n'était pas déjà un exploit herculéen de faire le Tour de France à cette époque, Desgrange en augmentait la difficulté pour Hélière et ses congénères...

Le pauvre cycliste amateur, n'ayant pas un sou, était coutumier de nuits à la belle étoile. Et c'est bien connu : moins on est riche, plus on est généreux. La preuve durant la cinquième étape Lyon-Grenoble : Adolphe Hélière n'a pas hésité une seconde à secourir Émile Georget, victime d'une vilaine chute, en le portant sur ses épaules jusqu'à la maison la plus proche...

Sportivement, le jeune Adolphe figurait au fond du classement, mais il avait réussi à faire mentir les pronostiqueurs du journal *L'Auto* qui le voyaient « abandonner avant la troisième étape »... En revanche, comme à Nice, au terme de la sixième étape, Hélière arrivait tard (neuf heures après Julien Maitron, vainqueur ce jour-là) et ne bénéficiait que de peu de repos. Mais pour ce 14 juillet, après une « bonne » nuit à la belle étoile sur la plage de galets devant la Promenade des Anglais, le gamin avait mérité de se faire plaisir : un bon repas et une baignade dans la Méditerranée !

Adolphe n'a jamais pris le départ de la septième étape... Il est mort foudroyé par une hydrocution... Le père et le frère, prévenus par un télégramme, ont traversé la France aussi vite qu'ils pouvaient. Mais la famille n'avait pas l'argent nécessaire pour rapatrier le corps en terre bretonne... Le journal *L'Auto*, organisateur du Tour, s'est fendu d'un maigre geste de 100 francs. Heureusement, le journal local – *L'Éclaireur de Nice* – a réagi et lancé une souscription qui allait permettre de réunir la somme de 1 000 francs. Il a cependant fallu attendre dix mois pour qu'Adolphe Hélière vienne enfin reposer dans sa région natale...

Émile Georget domine le Galibier

À peine dix ans que le Tour de France existe et les organisateurs ont saisi combien leur invention chérie pouvait écrire chaque jour de nouvelles légendes et noircir les pages de leur journal *L'Auto*... Le succès en 1910 de la traversée des Pyrénées a lancé Henri Desgrange, Géo Lefèvre et Alphonse Steinès dans une course en avant pour dessiner des étapes toujours plus dures et multiplier les cols...

Aux première conquêtes – le ballon d'Alsace (depuis 1905), le col de Porte (1907) et les quatre cols pyrénéens Peyresourde, Aspin, Tourmalet et Aubisque (depuis 1910) –, les organisateurs vont notamment ajouter l'ascension du col de la Faucille et du col d'Allos, à 2 250 m. Mais la vraie grande nouveauté du menu de cette neuvième édition c'est bel et bien le Galibier, une ascension extrêmement longue (33 km avec des passages à 14 %) pour mener les coureurs à 2 556 m. Une altitude inédite jusque-là ! Et pour compléter le repas, les montées du col des Aravis (1 498 m), du Télégraphe (1 670 m) et du Lautaret (2 058 m) !

Faisant la pluie et le beau temps sur la course qu'il avait créée, Desgrange racontait également lui-même les exploits de ses forçats dans les colonnes de son journal *L'Auto*. Et pour cette découverte des Alpes et du Galibier lors de la cinquième étape Chamonix-Grenoble (366 km), on lit ses dithyrambes : « Ô Sappey ! Ô Laffrey ! Ô col Bayard ! Ô Tourmalet ! Je ne faillirai pas à mon devoir en proclamant qu'à côté du Galibier, vous êtes de la pâle et vulgaire «bibine», devant ce Géant, il n'y a plus qu'à tirer son chapeau et à saluer bien bas ! »

Pourquoi, une telle exaltation ? Parce que le Galibier était la scène idéale pour mettre en valeur la force et le courage de ses coureurs, et glorifier ainsi la grandeur du Tour : « Il fait là-haut un froid de canard, et lorsque Georget passe, après avoir mis son pied vainqueur sur la tête du monstre, lorsqu'il passe près de nous, sale, la moustache pleine de morve et des nourritures du dernier contrôle et le maillot sali des pourritures du dernier ruisseau où, en nage, il s'est vautré, il nous jette, affreux mais auguste : «Ça vous en bouche un coin !» ».

Georget a vaincu le Galibier en 2 h 37 min sans mettre pied à terre (sauf une fois pour boire dans un ruisseau), il a gagné l'étape avec 15 minutes sur Paul Duboc et 26 sur Gustave Garrigou. Mais le classement général se faisait par points et non au temps à cette époque-là alors, malgré cet exploit d'anthologie et les écarts importants qu'il avait réalisés, Émile Georget n'a pas gagné le Tour 1911...

Gustave Garrigou à pied dans la boue du Galibier.

LA CURIOSITÉ

Un col enfoui sous la neige

Comme le raconte Henri Desgrange dans son reportage, Émile Georget est passé entre « deux murailles de neige ». La plupart des cols routiers de la route des Grandes Alpes, le Galibier en particulier, sont enneigés une grande partie de l'année. À l'époque, évidemment, pas de déneigeuses !

Retour au XXIe siècle : ce n'est qu'en mai que les déneigeuses se mettent en marche. Il faut retrouver la trace de la route, enfouie sous 7 mètres de neige et de glace ! Au volant des engins, les conducteurs peuvent compter sur le GPS embarqué et les piquets qui jalonnent le tracé. Il leur faut quatre semaines chaque printemps pour rendre la route à ses usagers… et aux cyclistes !

Paul Duboc au plus mal dans le Tourmalet

Du poison dans un bidon que l'on donne à l'un des favoris du Tour pour se débarrasser de lui ! Il ne s'agit ni d'un roman d'Agatha Christie ni d'un film d'Alfred Hitchcock, mais bien de la réalité. Ce favori c'est « la Pomme » – surnom de Paul Duboc –, excellent coureur qui a terminé quatrième du Tour en 1909, en gagnant la treizième étape Brest-Caen de 415 kilomètres.

perdre de points pour conserver la p

Le Tour de France, organisé par notre excellent confrère l'*Auto*, se poursuit avec le plus grand succès. Cette année, plus encore que les précédentes, la lutte se poursuit avec acharnement entre les cracks des diverses maisons. Garrigou a réussi à acquérir une avance considérable qu'il s'emploie à ne pas perdre, tout en essayant de ne pas la risquer dans un effort considérable. Il ne cherche pas à finir premier, mais simplement

à
se
té
cc

... plus loin que cinquième. Duboc s'est mis à sa poursuite, réussissant à s'assurer à quatre reprises la victoire, mais il a de nombreux points de

ter le
accident
... points. Une motocyclette le fit tomber, alors qu'il menait avec ardeur. Depuis, il a accompli prouesses sur prouesses. François Faber, malgré trois places de premier, ne fut pas heureux en diverses circonstances. Tour à tour vainqueur dans une étape, bon dernier dans la suivante, il abandonne dans La Rochelle-Brest. J. B.

La défaillance de Duboc. Plaques Jougla.

Le pauvre Duboc, après avoir mené et lâché tous ses adversaires au début de l'étape Luchon-Bayonne, se voit terrassé au col d'Aubisque, par la diarrhée et les vomissements. Il reste une heure et quart avant de repartir, n'y parvenant que, grâce à un courage surhumain. Il finit 21e de l'étape et, deux jours après remis de son indisposition, gagne la suivante. Bicyclette La Française-Diamant, pneumatiques Dunlop.

La défaillance de Paul Duboc dans le col d'Aubisque.

Pendant le Tour 1911, il est en superforme. Vainqueur de la huitième étape entre Marseille et Perpignan, il récidive le mardi 18 juillet avec une victoire entre Perpignan et Luchon. Bref, le fameux « la Pomme » est mûr pour commencer à inquiéter Gustave Garrigou, le premier du classement général. Garrigou roule pour la marque Alcyon, Duboc pour La Française. La rivalité est terrible, tous les coups sont permis !

Justement, le jeudi 20 juillet, c'est la fameuse étape Luchon-Bayonne, avec les géants des Pyrénées à escalader. Paul Duboc a la socquette légère ce jour-là. Henri Desgrange, le patron du Tour qui le suit en voiture dans l'ascension du Tourmalet, écrit : « Ses bielles tombaient droit, sans effort, dans un mouvement harmonieux et facile ; le buste n'était pas contorsionné ; aucun mouvement déplaisant, une facilité de marche déconcertante ! »

Le neuvième Tour de France est en train de se jouer. Soudain, coup de théâtre ! Juste après le col d'Aubisque, Duboc prend un bidon, et, quelques secondes plus tard… il fait un malaise. Desgrange, qui vient de le rattraper, décrit : « Je trouvai Duboc à un tournant de route, dans d'affreux hoquets, pris de nausées qui le rendaient verdâtre, atteint d'une diarrhée terrible et de vomissements douloureux… Je flairai moi-même un bidon qu'il avait à côté de lui, et qui me parut ne pas sentir l'odeur du thé… » « La Pomme » mit plus d'une heure à s'en remettre. Le mal était fait, tous les meilleurs l'avaient dépassé, et Duboc avait perdu le Tour. Gustave Garrigou, deux fois deuxième du Tour (1907 et 1909), termina cette fois premier à Paris.

Bidon, poison, passions, champions, etc. C'est l'histoire du Tour, où parfois, pour gagner, tout est bon.

LA PETITE HISTOIRE

Garrigou masqué !

À propos de cet empoisonnement, les organisateurs ont d'abord soupçonné François Lafourcade, avant de réorienter leur viseur vers le leader du Tour : Gustave Garrigou ! La nouvelle s'est répandue comme une traînée de poudre, alors, avant que tout cela ne lui explose à la figure, Desgrange a décidé d'affecter un garde du corps à la sécurité du suspect. Il a même poussé la paranoïa jusqu'à lui demander, lors de l'avant-dernière étape entre Cherbourg et Le Havre, de traverser la ville de Rouen déguisé d'une casquette, d'un pull et d'un masque !

COMMISSAIRES IMPITOYABLES

Eugène Christophe reforge sa fourche et sa légende

Imaginez, vous êtes en tête d'une étape du Tour de France et vous allez prendre la tête du classement général ! Au milieu des Pyrénées, sixième étape du Tour 1913, Bayonne-Luchon (326 kilomètres), vous venez de gravir l'Aubisque et le Tourmalet. En une fraction de seconde, tout bascule. La fourche de votre vélo se casse. Vos rêves de victoire envolés !

C'est l'histoire incroyable du malheureux Eugène Christophe, « le Vieux Gaulois » (son surnom, dû à une superbe moustache). Grand champion, il va remporter durant sa carrière, entre autres, Milan-San Remo et Bordeaux-Paris. Deuxième du Tour 1912, juste derrière le Belge Odile Defraye, il se voyait déjà gagner son premier Tour de France. Mais la malchance le rattrape.

« Le Vieux Gaulois » ne se laisse pas abattre par le destin, bien au contraire. Le Belge Philippe Thys, son coéquipier et compagnon d'échappée, est déjà loin. Il gagnera d'ailleurs cette étape et le Tour 1913. Christophe se ressaisit et, vélo sur l'épaule, il descend vers Sainte-Marie-de-Campan, le village le plus proche sur le parcours. La machine qui pèse près de 15 kilos, les pierres, la poussière, la fatigue, les autres coureurs et les autos qui passent... un vrai chemin de croix de 14 kilomètres. Épisode quasi unique dans l'histoire du Tour. Fourbu mais tenace, le coureur trouve une forge dans le village. Règlement oblige, il doit réparer son vélo tout seul. Des commissaires sont là pour s'en assurer.

Serrurier dans sa jeunesse, le petit gars de Malakoff sait travailler le métal. Le temps passe, l'un des contrôleurs a une fringale. « Si vous avez faim, mangez du charbon ! Je suis votre prisonnier et vous resterez mes gardiens jusqu'au bout ! » lance-t-il, plus remonté que jamais. Eugène Christophe répare, repart et réussit à rejoindre Luchon à la vingt-neuvième place. Il a perdu plus de quatre heures, il a perdu le Tour. Il termine septième à Paris et entrera de plain-pied dans la légende de la Grande Boucle, au milieu de ces courreurs, de ces forçats de la route, qui continuent encore aujourd'hui à forcer notre admiration.

LA PETITE HISTOIRE

Marcel Buysse, l'autre victime du règlement

Quelques jours après la mésaventure de Christophe, Marcel Buysse casse son guidon mais « le règlement c'est le règlement ! », pas d'assistance, pas de changement de vélo. Buysse en fut quitte pour une longue marche dans l'Estérel, alors que ce Tour 1913 lui semblait promis… Refusant d'abandonner, il allait rattraper son Tour en gagnant six étapes, dont quatre au cours des cinq derniers jours de course !

LA NOUVEAUTÉ

Retour défintif au classemenrt au temps

Le déroulement du Tour 1912 a permis à Desgrange de réaliser que le principe du classement par points était inadapté à la logique d'une course d'endurance. L'illustration la plus criante : Eugène Christophe, deuxième au général à Paris, avait survolé la montagne et gagné trois étapes de suite (Longwy-Belfort, Belfort-Chamonix et Chamonix-Grenoble) avec à chaque fois une avance considérable. Mais ses efforts titanesques n'avaient eu aucun effet sur le classement car l'attribution des points dépendait surtout du classement de l'étape. Aussi, le patron du Tour avait remarqué que les coureurs ne cherchaient pas à tout prix à limiter le retard quand ils étaients distancés. Normal, les écarts n'étaient que peu pénalisés en points…

COUP DE CŒUR

ALEXANDRE COUTELIS

Dessinateur de BD

UNE PRÉHISTOIRE IMPITOYABLE ET CRUELLE

En 1913, il est en tête du Tour de France, il casse la fourche de son vélo, le porte pendant 14 kilomètres et va le réparer à Sainte-Marie-de-Campan. Qui pourrait faire ça aujourd'hui ? Personne ! On en a vu des coureurs balancer leur vélo dans les champs juste pour une crevaison. Pour Eugène Christophe, pas de colère, pas de caprice, juste du courage et l'envie d'aller au bout. Ce que faisaient les coureurs à cette époque-là atteignait la légende. En plus pour moi, dessinateur, amateur de vélo, je dois reconnaître qu'il avait une vraie gueule de BD. Ces courageux piochaient tellement dans leurs réserves qu'ils paraissaient vieux pendant leur jeunesse. Le vélo, à cette époque-là, c'était vraiment une épopée…

Eugène Christophe à pied dans le Galibier en 1922, comme dans le Tourmalet en 1913.

Eugène Christophe : le premier à jamais

Le dimanche 29 juin 1919, le Tour de France redémarre. La Grande Guerre est terminée, avec l'épouvantable bilan que l'on connaît (plus de neuf millions de morts). Le sport va reprendre sa place

« C'est la France de demain, osseuse, énergique, volontaire et saine qui commence la plus belle des croisades qui va semer sur sa route, par des gestes puissants et gracieux, la bonne parole sportive », écrit Henri Desgrange dans le journal *L'Auto*.

Le Tour, oui, mais il manque quelque chose. Alphonse Baugé, grand directeur sportif reconnu et respecté, le fait remarquer au patron Henri Desgrange : il manque un maillot distinctif pour le premier du classement général. Jaune, propose Baugé, qui avait déjà imposé cette couleur aux ravitailleurs et aux soigneurs pour mieux les distinguer. Jaune, comme la couleur du journal *L'Auto*, organisateur de la course.

Henri Desgrange a quelques défauts, mais il a une grande qualité, il sait écouter, surtout lorsque les idées sont bonnes. Il accepte et commande des maillots jaunes à Paris. Ils arrivent le jeudi 17 juillet 1919 à Grenoble, et Desgrange, fier de cette invention, remettra au Français Eugène Christophe le premier maillot jaune de l'histoire du Tour. « Aucun coureur ne le mérite mieux que lui », dira-t-il lors de la petite cérémonie organisée au Café de l'Ascenseur pour ce grand moment. Pour sa part, Philippe Thys, premier triple vainqueur du Tour, a raconté un jour qu'on lui avait donné un maillot jaune en 1913. Aucune photo ni aucun témoignage ne l'ont jamais prouvé.

COUP DE CŒUR

NICOLAS SARKOZY

Ancien président de la République

LE MAILLOT JAUNE : L'EXCELLENCE DE L'EXCELLENCE

Le maillot jaune, ce sont les dieux qui frappent un homme du doigt du talent. Il lui donne l'énergie, la force, et en même temps la résistance à l'effort. Le Tour de France et son maillot jaune, c'est le bruit, la liesse, la ferveur. Un mois de juillet sans le Tour, ce n'est pas un mois de juillet. J'ai gagné tellement d'étapes du Tour de France… dans ma tête ! Si vous saviez combien de fois j'ai triomphé sur les Champs-Élysées ou au sommet de l'Alpe-d'Huez ! Et puis je me réveillais… ce n'était pas ça !

PETIT PLUS

La scoumoune de Christophe

Le premier porteur du maillot jaune faisait partie de ces coureurs valeureux que la chance n'a jamais gâtés. En 1912, le classement général (par points cette année-là) n'a pas récompensé ses trois victoires d'affilée et les gros écarts qu'il a faits dans les Alpes. En 1913, il brisait sa fourche dans le Tourmalet avec l'interdiction de changer de vélo ou d'obtenir de l'assistance. En 1919, leader depuis Les Sables-d'Olonne, Christophe cassait à nouveau sa fourche au cours de l'avant-dernière étape. Une succession de crevaisons lors de la dernière étape Dunkerque-Paris enfonçait le clou. Christophe avait rétrogradé à la troisième place… Mais au Parc des Princes, il fut considéré comme le « vainqueur moral » et célébré en héros.

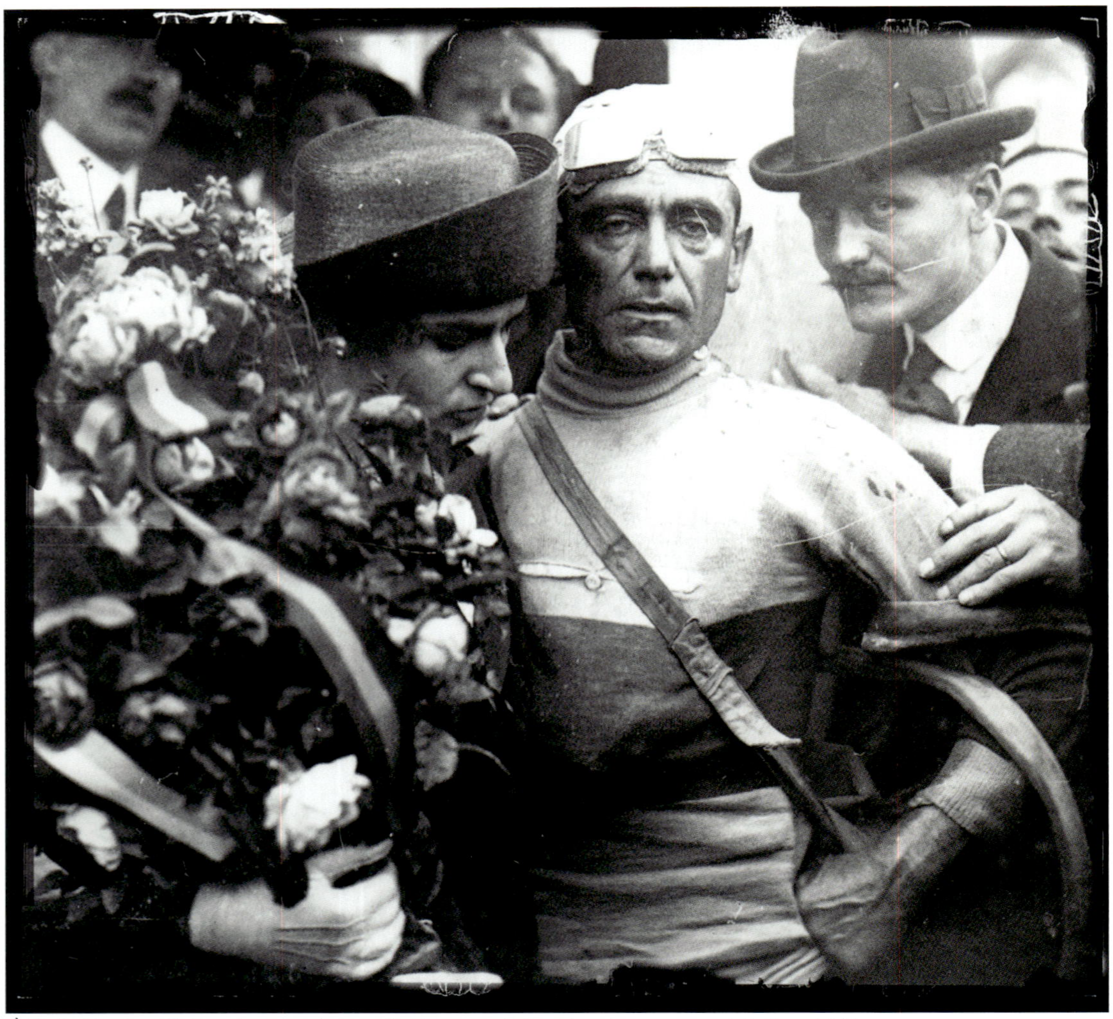

À Paris, Eugène Christophe a perdu le maillot jaune mais il est le vainqueur moral du Tour 1919.

Robert Jacquinot casse la croûte au cours de la plus longue étape de l'histoire (Heurtoy, 1922).

L'ÉTAPE LA PLUS LONGUE

RECORDS

1919-1924

JEAN ALAVOIN,
ROBERT JACQUINOT

Les Sables-d'Olonne – Bayonne (482 km)

Ce Tour 1919 – le treizième – est celui de la reprise après la Première Guerre mondiale, la France manque de tout, la population est décimée, les chaussées sont défoncées. Trois anciens vainqueurs sont morts durant le conflit (François Faber, Lucien Petit-Breton et Octave Lapize).

LE PETIT PLUS

Les vainqueurs d'étape

- **1919 :** Jean Alavoine (France)
- **1920 :** Firmin Lambot (Belgique)
- **1921 :** Louis Mottiat (Belgique)
- **1922 :** Jean Alavoine (France)
- **1923 :** Robert Jacquinot (France)
- **1924 :** Omer Huyse (Belgique)

Les coureurs sont avertis : avant la guerre, les organisateurs concoctaient des parcours relevés (Desgrange considérait que le Tour devait être la course la plus difficile au monde) et ils n'ont pas l'intention de lever le pied. Des étapes marathons, des cols toujours plus hauts et toujours plus nombreux... La métaphore utilisée par Albert Londres quand il rapporte son interview des frères Pélissier en 1924 n'est pas exagérée : à cette époque-là, les coureurs étaient véritablement des forçats de la route.

De très longues distances (de 300 à 450 kilomètres), un pignon fixe, des vélos qui pesaient « une tonne » (15 à 20 kilos), une roue avec deux vitesses et pas de dérailleurs, des routes certes carrossables mais pas encore goudronnées, et même en montagne des chemins de muletiers où les coureurs du Tour se muaient en cyclocrossmen, à marcher à côté de leur engin de torture... Ce cyclisme – une forme de préhistoire du Tour de France mondialisé des années 2000 – avait un certain charme... La France d'alors se passionnait pour des héros qui réalisaient tous les deux jours des exploits herculéens... Un peu comme les runners aujourd'hui dans les ultra-trails...

Le record en matière de distance fut l'étape reliant les Sables-d'Olonne à Bayonne. La cinquième étape du Tour de 1919 à 1924. Pas de véritable difficulté, le parcours était tout plat mais, en revanche, les 482 kilomètres et vingt heures de selle à fournir obligeaient les coureurs à partir à 22 heures et rouler toute la nuit ! Et pour casser la croûte et boire un coup, ils faisaient un stop dans les auberges ! Un cyclisme d'un autre temps...

Crevaison d'Honoré Barthélémy à La Ciotat (1921).

PREMIER FRANÇAIS DERRIÈRE SEPT BELGES

Barthélémy au bout de la souffrance !

Année folle que 1920 ! Vrai pour le sport, vrai aussi pour tous les événements historiques ou cocasses qui ont marqué cette année-là. D'abord, la France voit deux présidents de la République se succéder en quelques mois. Paul Deschanel, élu le 17 janvier, démissionne en septembre après être tombé d'un train. Alexandre Millerand devient chef de l'État. Un soldat inconnu est inhumé sous l'arc de Triomphe, à Paris. Pendant ce temps, à Dublin, l'armée anglaise tire sur la foule, lors du Bloody Sunday.

Côté sport, énorme sensation aux États-Unis, où Georges Carpentier devient champion du monde de boxe. Et dans le Tour de France 1920, la quatorzième édition, les Belges raflent tout. Troisième victoire de Philippe Thys, devant six coureurs belges. Du jamais-vu ! Du jamais-vu non plus, le courage exceptionnel du premier coureur français, classé huitième du Tour derrière les sept Belges. Vous ne connaissez sans doute pas son nom, pourtant il mérite tous les éloges du monde, tous les honneurs : Barthélémy. Honoré Barthélémy.

À l'arrivée au Parc des Princes, le dimanche 25 juillet 1920, après 5 503 kilomètres de course, il est porté en triomphe, acclamé, fêté comme jamais. Non pas parce qu'il est le premier Français, mais tout simplement parce qu'il termine son Tour avec une épaule cassée et un poignet luxé. Il souffre le martyre, mais il a voulu finir. Alors, peu importent les douleurs et la difficulté de tenir son guidon avec une main, pas question d'abandonner. Malgré les chutes (Honoré Barthélémy a goûté la poussière à plusieurs reprises), les crevaisons, les clous, la pluie et le vent, sa ténacité l'a emmené jusqu'au Parc. Courageux parmi les courageux, ils étaient cent treize coureurs au départ, ils ne seront que vingt-deux à l'arrivée. Chapeau, Honoré « saint » Barthélémy !

LE PETIT PLUS

Les sept premiers du Tour sont Belges !

1. Philippe Thys
2. Hector Heusghem
3. Firmin Lambot
4. Léon Scieur
5. Émile Masson
6. Louis Heusghem
7. Jean Rossius

Avant-dernière étape : le maillot jaune roule 200 kilomètres avec sa roue arrière sur le dos !

Vendredi 22 juillet 1921, quatorzième et avant-dernière étape, 433 kilomètres entre Metz et Dunkerque. Léon Scieur est maillot jaune depuis la deuxième étape. Il possède 21 min 47 s d'avance sur son compatriote Hector Heusghem et 1 h 58 min 35 sur Honoré Barthélémy.

Le Français, qui avait ému Henri Desgrange, le créateur du Tour de France, en finissant huitième du Tour 1920 une épaule cassée et un poignet luxé, a bien mal démarré le Tour 1921 : onze crevaisons rien qu'au cours de la première étape – au soir de la deuxième étape, il accusait déjà 50 minutes de retard au général...

Beaucoup considèrent à Metz qu'un nouveau coureur belge va certainement succéder à Philippe Thys (le vainqueur du Tour 1920). Sauf que la malchance va scier monsieur Scieur : au 222e km de parcours, le Belge va « briser sa jante » (selon les propres mots d'Henri Desgrange dans les colonnes de *L'Auto*) en franchissant le passage à niveau de la gare d'Hirson. Panique à bord : il faut absolument trouver une solution ! Elle viendra d'un « éliminé », Émile Lejeune, qui fait acte de générosité en lui prêtant sa roue ! Sauf que le règlement est clair : le coureur doit soumettre son matériel d'origine au contrôle à l'arrivée ! Raison pour laquelle le maillot jaune a dû attacher la roue brisée sur son dos et la porter pendant plus de 200 km ! Au courage, s'exhortant lui-même à grand renfort de « Vas-y Léon ! », Scieur a conjuré le mauvais sort... Cette histoire reste un « souvenir atroce » pour celui que l'on surnommait « la Locomotive » et qui a porté toute sa vie la morsure des dents de la roue arrière enfoncées dans sa chair...

Léon Scieur et sa roue arrière sur le dos.

En parcourant la grande histoire du Tour, nous nous sommes rendu compte que cette étape entre Metz et Dunkerque avait peut-être quelque chose de maudit... En 1913 par exemple, le Français Lucien Petit-Breton, deuxième au général et à peine trois minutes derrière Philippe Thys, avait chuté sur les pavés de Curgies, à 7 kilomètres de Valenciennes. La douleur trop vive au genou l'avait forcé à abandonner. Le coureur a rapidement tenu à démentir la rumeur qu'il aurait été victime des agissements malhonnêtes de ses adversaires, tous « Peugeot ».

En 1919, c'est Eugène Christophe, le premier maillot jaune de l'histoire, qui a perdu toute chance de victoire sur cette étape entre Metz et Dunkerque. Le « Vieux Gaulois » tenait pourtant ses adversaires à bonne distance : le Belge Firmin Lambot à 28 min 5 s et le Français Jean Alavoine à 49 min 29 s. Seulement l'étape va virer au cauchemar pour le maillot jaune : premier arrêt à Maubeuge, Firmin Lambot en profite pour attaquer. Eugène Christophe se lance à sa poursuite mais à Raismes, à moins de 140 kilomètres de l'arrivée, il découvre avec horreur que les fourreaux de sa fourche risquent à tout moment de rompre ! Bon mécanicien, comme lors de sa mésaventure en 1913 au bas du Tourmalet, il trouve de quoi réparer dans une forge puis repart... La malchance va vraiment accabler le pauvre Eugène avec une chute contre des rails de chemin de fer. Poissard et démoralisé, il terminera l'étape dixième à près de 2 h 30 de Firmin Lambot et va retomber à la troisième place du général après avoir virevolté en montagne...

HENRI PÉLISSIER,
HENRI DESGRANGE

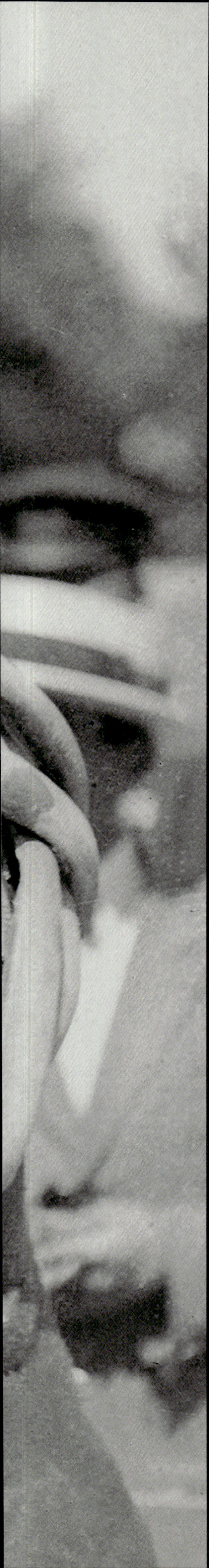

Henri Pélissier, les nerfs à vif !

Tous les grands champions ont du caractère. Pour gagner et durer dans un sport, il faut un physique, une technique, un comportement adaptés, un moral et surtout un caractère hors du commun. C'est vrai de Garin à Pogacar, en passant par Robic, Hinault et même Armstrong. Mais, sur le grand podium des caractères extraordinaires, mélange d'orgueil, de vanité, d'audace, de culot et de roublardise, médaille d'or à Henri Pélissier !

Destin coquin, Pélissier Henri s'est retrouvé pendant toute sa carrière face à Desgrange Henri, le patron du Tour, autre énorme caractère ! Cela a donné, pendant des années, plus que des étincelles.

Henri, l'aîné des Pélissier, a déjà montré son talent sur les routes du Tour : une victoire d'étape entre Cherbourg et Brest en 1913, et surtout trois victoires en 1914 (Grenoble, Belfort et au Parc des Princes). Suspense intense pour cette dernière étape, le dimanche 26 juillet, car Henri Pélissier terminera deuxième de ce Tour 1914 avec seulement 1' 50" de retard sur le vainqueur, Philippe Thys, dit « le Basset ». C'est évident, Henri est doué. Doué mais têtu, têtu au point – plusieurs fois – de tout plaquer et d'abandonner le Tour !

En 1919 d'abord, après deux victoires d'étape à Cherbourg et à Brest, il est le premier du classement général et apparaît comme le grand favori, ce qui lui fait dire à son directeur sportif Alphonse Baugé : « Je suis un pur-sang et mes adversaires sont des chevaux de labour. » Une once d'arrogance qui a eu le don d'agacer ses adversaires, Eugène Christophe en tête, qui a organisé la révolte lors de la quatrième étape et mis le vantard dans le vent... Distancé et dégoûté, Pélissier a quitté le Tour 1919 avant la cinquième étape...

En 1920, bis repetita, deux victoires d'étape encore à Brest (la troisième) et aux Sables-d'Olonne (la quatrième) mais lors de l'étape marathon (482 kilomètres) menant les coureurs à Bayonne, il est pénalisé de deux minutes pour s'être débarrassé d'un boyau, un geste interdit par le règlement. Mécontent de cette punition, l'enfant gâté du cyclisme claque la porte du Tour. Un nouvel abandon qui ne plaît guère à Desgrange : « Pélissier ne sait pas souffrir, il ne gagnera jamais le Tour de France ! »

En réalité, le patron du Tour n'en peut plus de ces caprices de star. Il écrit le 6 juillet à Bayonne : « Le Tour est pour lui une pâtée trop épaisse, la cuillère tient debout dedans. Il a moralement déjà le gros ventre quand il faut au Tour de France des états de chat efflanqué ! Quelle nervosité de jolie femme ! Henri Pélissier ne figurera jamais sur la liste glorieuse... » Heureusement pour la grande histoire du Tour, Desgrange, ce jour-là, se trompa...

Le 23 juillet 1923, le dossard n° 23, aidé par son frère, qui terminera à la vingt-troisième place, est en première page du journal *L'Auto*. Henri Pélissier, dossard n° 23, devient Henri de France grâce à sa victoire dans le Tour. Des centaines de milliers de spectateurs viennent l'acclamer aux abords du Parc des Princes. Un triomphe qui permet au journal organisateur de tirer ce jour-là à un million d'exemplaires, un record.

Un triomphe que célèbre à sa manière son meilleur ennemi, l'autre Henri, Henri Desgrange, le patron du Tour qui avait osé écrire trois ans auparavant que ce coureur « à la nervosité de jolie femme » ne gagnerait jamais la Grande Boucle.

« Mon petit Henri, cse Henri Desgrange, il ne faut plus nous la faire, hein ! Pas de blague ! La vérité est que c'est aujourd'hui le lévrier qui l'emporte... et cette victoire a le classicisme des œuvres de Racine. »

Le patron du Tour, malgré ses multiples prises de bec avec les Pélissier, a l'intelligence de mettre ses critiques en veilleuse et de porter aux nues celui qui met fin à la domination des Belges sur le Tour. Pour la première fois depuis 1912, un Français gagne, et quel Français ! L'idole, la vedette, la star du cyclisme des Années folles ! Henri Pélissier. Oubliées les insultes, l'arrogance et les provocations. « Vive le roi Henri », entonne Henri Desgrange, qui avoue : « C'est le plus grand homme que le cyclisme ait connu. »

Oublions les polémiques pour nous souvenir qu'Henri Pélissier, avant son triomphe dans la Grande Boucle, avait gagné trois fois le Tour de Lombardie (en 1911, 1913 et 1920), deux fois Paris-Roubaix, Milan-San Remo, Bordeaux-Paris et Paris-Tours. Palmarès éloquent pour un champion qui, malgré ses frasques, mérite à jamais le respect.

Destin étonnant et tragique pour Henri Pélissier, qui mourra douze ans après son triomphe, tué par balle au cours d'une dispute avec sa nouvelle compagne. Décidément, rien ne pouvait se passer tout à fait normalement avec l'aîné des Pélissier.

Henri Pélissier (à gauche) et son frère, lors de la onzième étape, entre Briançon et Genève (1923).

L'INTERVIEW LÉGENDAIRE

Albert Londres et ses « Forçats de la route »

Coutances, juin 1924 : Albert Londres, journaliste vedette du *Petit Parisien*, interroge les frères Pélissier. États-Unis, janvier 2013 : Oprah Winfrey, présentatrice à la télévision américaine, écoute les aveux de Lance Armstrong. Quatre-vingt-neuf ans entre ces révélations qui ont bouleversé l'histoire du vélo. Le point commun entre ces deux événements ? À chacun sa vérité, selon ses intérêts.

Albert Londres, grand reporter et grande plume d'un grand journal, n'était pas un grand spécialiste du Tour de France. Malgré son expérience, il avouera avoir facilement « gobé » le tableau apocalyptique que les frères Pélissier avaient dressé du Tour et de la condition des coureurs cyclistes ce jour-là.

La fameuse expression « les Forçats de la route » (Albert Londres revenait d'un reportage au bagne de Cayenne) va marquer l'histoire du vélo, les mots employés par les Pélissier aussi. Il y avait évidemment du vrai dans cet acte d'accusation, dans ce coup de gueule des vedettes du peloton qui avaient une nouvelle fois décidé d'abandonner, pour une histoire de maillots et de règlement. Une sorte de règlement de comptes, et, comme pour Lance Armstrong, c'était leur vérité.

« Vous n'avez pas idée de ce qu'est le Tour de France, dit Henri, c'est un calvaire… » De son sac, il sort une fiole : « Ça, c'est de la cocaïne pour les yeux, ça, c'est du chloroforme pour les gencives. Et les pilules ? Vous voulez voir les pilules ? » Ils en sortent trois boîtes chacun… « Bref, dit Francis Pélissier, nous marchons à la dynamite ! Vous ne nous avez pas encore vus au bain, à l'arrivée. Payez-vous cette séance, la boue ôtée, nous sommes blancs comme des suaires, la diarrhée nous vide, on tourne de l'œil sous l'eau. […] On n'est pas des fainéants, mais au nom de Dieu, qu'on ne nous embête pas. […] Je m'appelle Pélissier et non Azor ! »

Les frères Pélissier en ont fait des tonnes ce jour-là au Café de la gare. Beaucoup de choses étaient vraies, d'autres moins. Le récit reste un monument. Rarement un article a fait autant parler de lui, et on en parle encore aujourd'hui.

Albert Londres (à gauche) en compagnie des frères Pélissier et de Maurice Ville.

LES CLÉS POUR COMPRENDRE

Pourquoi ce énième abandon des frères Pélissier ?

Depuis la fin de la Seconde Guerre mondiale, lorsqu'un coureur quitte le Tour de France, c'est toujours à contrecœur, parfois pour un contrôle antidopage positif et surtout sur blessure. Dans les années 1920, les Pélissier, et Henri en particulier, ont abandonné pour des raisons très originales : Henri avait été vexé en 1919 par le complot du peloton réagissant à ses propos arrogants, et agacé par une pénalité en 1920 parce qu'il s'était délesté d'un boyau en cours d'étape. Et voilà qu'en 1924, les frères Pélissier mettent pied à terre à Coutances, non contents qu'au départ de l'étape à Cherbourg, un commissaire ait inspecté la tenue du roi Henri. Parce que les départs de ces étapes marathons étaient donnés en pleine nuit et, pour mieux se protéger du froid, Pélissier avait pris l'habitude d'enfiler deux maillots pour en enlever un dès que la température redevenait supportable. Que ce soit un boyau en 1920 ou un maillot en 1924, le règlement était formel : il était interdit de se débarrasser de quoi que ce soit pendant la course ! Et Pélissier en avait marre de ces règles qu'il devait considérer comme stupides et inappropriées…

Ottavio Bottecchia, au Tourmalet, parti pour gagner l'étape avec 19 minutes d'avance sur Lucien Buysse !

MAILLOT JAUNE DU PREMIER AU DERNIER JOUR

Bottecchia intouchable

« Intouchable », c'est Henri Pélissier lui-même qui le dit en parlant d'Ottavio Bottecchia, vainqueur du Tour 1924. Le dix-huitième Tour de France, du 22 juin au 20 juillet 1924, est celui de l'année des « Forçats de la route », le fameux article d'Albert Londres, et surtout celui de l'année où les stars et les cabochards – les Pélissier – ont été dépassés par un jeune Italien pétri de talent et de courage : Ottavio Bottecchia.

L'année précédente déjà, lors de la victoire d'Henri Pélissier – le triomphe du « roi Henri », que toute la France attendait –, Bottecchia avait étonné tout le monde. Pour son premier Tour, le jeune maçon italien devenu coureur professionnel avait terminé deuxième à 30 min 41 s du champion français.

Une année plus tard, l'exploit sera encore plus considérable : Ottavio le timide, le débutant, le maladroit est devenu un vrai pro. « Il faut avoir vu la facilité de son allure, l'unité de son style, la perfection de son abattage [...]. Transformé depuis 1923, [...] il avait appris son métier : il avait plus de tête. » Ces paroles sont d'Henri Desgrange lui-même, admirant celui qu'il qualifia d'as.

Exploit historique pour le Bottecchia de 1924 : pour la première fois dans l'histoire du Tour (et ils sont très rares à l'avoir réalisé), un champion va porter le maillot jaune du premier au dernier jour. Domination sans pareille de celui que l'on appelait « le Maçon du Frioul », qui se permet même de battre au sprint, le maillot jaune sur les épaules donc, sur la piste rose du Parc des Princes, tous les meilleurs, lors de la dernière étape du Tour.

Bottecchia gagnera ensuite le Tour 1925, remportant une nouvelle fois les première et dernière étapes. On disait souvent qu'il chantait en roulant, ce brave Ottavio. Et, comme nous le révèle Jacques Augendre, grand historien du cyclisme, il aurait pu effectuer une brillante carrière si un destin tragique ne l'avait rattrapé deux semaines avant le Tour 1927. On le retrouvera mort dans un vignoble à l'âge de trente-trois ans. Un viticulteur avouera beaucoup plus tard avoir tiré sur un voleur de raisin !

LE PETIT PLUS

Les maillots jaunes du premier au dernier jour

- **1924** : Ottavio Bottecchia
- **1928** : Nicolas Frantz
- **1935** : Romain Maes
- **1961** : Jacques Anquetil

Si le maillot jaune avait existé avant 1919, on aurait ajouté Maurice Garin (vainqueur du premier Tour en 1903) et le Belge Philippe Thys (1914). Saluons aussi les performances de Louis Trousselier (leader 10 étapes sur 11 en 1905) et Gustave Garrigou (13 étapes sur 15 en 1911).

Lucien Buysse : au bout des 5 745 km

Cent Tours de France, cent météos. On pourrait croire que, la Grande Boucle ayant lieu en juillet depuis 1903, cela implique obligatoirement tempête de ciel bleu, soleil et bel été propice à la pratique du vélocipède. Que nenni ! Père et fils sur le Tour, Gérard comme journaliste présentateur sur France 2, Julien comme distributeur et chauffeur dans la caravane publicitaire, nous avons tout connu : la canicule, la vraie, la grande de 2003, la pluie éparse ou diluvienne, la grêle, le brouillard et même la neige à Val-d'Isère en 1996.

Mais, dans l'histoire du Tour, la pire journée et la pire étape furent sans aucun doute le mardi 6 juillet 1926. Bayonne-Luchon, 326 kilomètres. Un temps de chien, à ne pas mettre un cycliste dehors.

Le Belge Lucien Buysse, vainqueur du Tour cette année-là, arrive premier à Luchon après dix-sept heures de vélo. Un enfer. Tous les mots ont été employés ce fameux mardi 6 juillet : apocalypse, tempête, déluge, etc. Cloaque de boue où les voitures s'enlisent. Bayonne – Luchon, il faut s'en souvenir, est l'étape reine des Tours de France, avec ses géants des Pyrénées : Tourmalet, Aubisque et Aspin. L'envoyé spécial du journal *L'Auto*, C. A. Gonnet, témoigne : « Les coureurs foncent, blocs de boue, où les yeux veillent et jettent une flamme... Pied à terre, un homme pose sa machine, l'accablement est sur lui : "j'abandonne." C'est Bottecchia, le héros du Tour, qui pleure comme un enfant sur le bord de la route. Et les larmes sur sa figure ravagée diluent la boue. »

Soixante-seize coureurs avaient quitté Bayonne à 3 heures du matin ce mardi-là, la plupart (quarante-sept) arriveront la nuit tombée à Luchon ; et encore, pas tous à bicyclette, car l'étape fut si éprouvante que certains coureurs montèrent carrément dans un autobus qui passait pour rallier la cité pyrénéenne. Du jamais-vu. Après les tricheurs du train du premier Tour de France, voici les débrouillards transis du bus de Luchon. Les organisateurs, conscients des conditions exceptionnelles de cette étape dantesque, oublieront ce sauvetage automobile et accepteront de les laisser repartir le surlendemain vers Perpignan.

Oui c'était bien l'étape reine de ce Tour 1926. Le Tour le plus long de tous avec 5 745 kilomètres (17 étapes sur quatre semaines). Un vingtième Tour de France, où malgré les premiers progrès technologiques (le frein de François Faber en 1909 puis en 1920 la roue arrière à retourner pour attaquer la montagne avec un développement plus facile), la moyenne (24,063 km/h) est la moins rapide de l'histoire. Buysse, huitième du général au départ de Bayonne, avait réussi l'exploit au cours de cette étape dantesque puis de la suivante (Luchon – Perpignan, 323 kilomètres) de se constituer une avance de plus d'une heure au général !

5 745 km

La distance de ce Tour 1926, le record toutes éditions confondues.

Tel un berger avec son troupeau, un échassier landais contrôle le passage du peloton.

Clope au bec

Des coureurs belges en train de s'en « griller une » sur la route de l'étape Bordeaux-Bayonne en 1927 : depuis notre lucarne du XXIe siècle, depuis que le tabagisme est diabolisé (et à juste titre) par la loi Évin en 1991 et le décret de 2006 (qui interdit de fumer dans les lieux publics), on la trouve sacrément étonnante cette photo ! Cette ambiance festive nous fait songer à la dernière étape, une étape de gala, qui ramène chaque année les coureurs à Paris, où la tradition veut que le maillot jaune savoure une petite coupe de champagne avec le directeur du Tour.

Mais non, cette photo a bien été prise lors d'une étape en ligne ! Les coureurs sont en course et censés s'affronter les uns les autres... Pour comprendre ce comportement de la part du peloton, il faut se souvenir que Henri Desgrange avait décidé cette année-là qu'une partie des étapes (celles de la plaine) devait se disputer en départs « séparés », c'est-à-dire grosso modo des contre-la-montre par équipes de marques.

Alors, après avoir disputé les neuf premières étapes selon ce principe, les cinquante-sept rescapés ont décidé de lever le pied entre Bordeaux et Bayonne. La moyenne horaire est digne de celle d'un cyclotouriste (26 km/h) ! Tous ont vu là l'occasion de récupérer avant d'affronter les Pyrénées le surlendemain. La course, aujourd'hui ? Ce n'est pas leur problème, les « forçats » veulent prendre du bon temps !

Partant du principe d'une part que le cyclisme est un sport d'endurance, donc aérobie (un sport où la capacité respiratoire conditionne la performance et la récupération durant l'effort), et d'autre part qu'on sait maintenant que le tabagisme provoque (entre autres) des maladies cardiovasculaires et des cancers : on mesure à quel point cette photo est « décalée »... Seulement, dans les années 1920 on ignorait tout ça, et les coureurs avaient pris l'habitude de fumer une cigarette par étape pour « mieux respirer » et « ouvrir leurs poumons ».

Au centre Julien Vervaecke, clope au bec. À droite, Gustave Van Slembrouck propose du feu à Maurice Gedholf.

« J'aimais fumer une cigarette, même pendant le Tour de France. Cela m'a calmé les nerfs. »

Quarante ans après cette photo iconique, Eddy Merckx avoue avoir partagé le même petit vice que ses compatriotes...

Le beau Tour de Frantz

Vous avez bien lu Frantz, pas France. Nicolas Frantz. Le Luxembourgeois est un des meilleurs cyclistes professionnels de cette époque. Il gagne son premier Tour en 1927. Son équipe (Alcyon) se montre intraitable, et Frantz se révèle excellent grimpeur. Mais c'est l'année suivante, en 1928, qu'il va accomplir son chef-d'œuvre et entrer dans la légende en étant le deuxième coureur à conserver le maillot jaune de la première à la dernière étape. Performance remarquable, à l'instar de celle de l'Italien Bottecchia en 1924.

Nicolas Frantz (à gauche) et Théophile Beeckman sur le Tour 1925.

LA NOUVEAUTÉ

Des étapes plus nombreuses et plus courtes

L'organisation du Tour de France continue de chercher la formule idéale pour maintenir le spectacle et l'intérêt de la course. L'édition 1926 avait déçu le « père fondateur » parce qu'il y avait trop de sprints massifs, plus assez d'exploits individuels et qu'une seule étape (Bayonne-Luchon) avait suffi à Lucien Buysse pour conquérir et sécuriser son maillot jaune. Alors, pour le Tour 1927, Desgrange a raccourci et multiplié les étapes (24 dont 10 de moins de 200 km). Huit d'entre elles (dont 6 de montagne) se disputent avec un départ traditionnel peloton (groupé), les autres se font par des départs séparés par équipes. Autrement dit : le Tour 1927 est une succession d'épreuves contre-la-montre par équipes et d'étapes de montagne dominée par la puissante équipe Alcyon.

Cent soixante-deux coureurs (un record à l'époque) prennent le départ de ce vingt-deuxième Tour, le dimanche 17 juin 1928, en direction de la Normandie. Première étape : Paris-Caen, 207 kilomètres. Frantz, seul ancien vainqueur au départ de la course, s'impose dès le premier jour et restera en jaune pendant les 5 355 kilomètres de ce Tour. En jaune de bout en bout, mais pas à l'abri d'un jour noir : au lendemain de son triomphe dans la dix-huitième étape, Strasbourg-Metz, on raconte une drôle d'histoire. En direction de Charleville, il casse la fourche de son vélo. Sans pièces ni outils, impossible de réparer ! Eh bien Nicolas Frantz, premier au classement général et maillot jaune, va rejoindre l'arrivée avec une bicyclette de femme qu'on lui prêtera. Frantz la débrouille va perdre plus de 28 minutes avec cet incident mais conserve une avance confortable sur André Leducq, le Français qui terminera deuxième à Paris, à 50' 07" de Frantz.

En jaune de bout en bout, mais avant tout professionnel de bout en bout. Henri Desgrange, le fameux patron du Tour, tresse cette année-là de superbes louanges au champion luxembourgeois : « Il s'est mis au lait, il se met au soleil chez lui pour ne pas être brûlé par ses rayons pendant les étapes du Midi [...]. Et à Perpignan, chaleur épuisante, l'équipe Alcyon va signer au café contrôle : tous se précipitent sur les canettes de bière, [...] Frantz se fait préparer une citronnade, il en boira à la fin deux ou trois gorgées et se contentera d'apaiser sa soif en se gargarisant... Oh coureurs, conclut Henri Desgrange, faites comme Frantz ! »

La Reine des Sables, première hôtesse du Tour

Le fameux baiser au vainqueur d'étape et au porteur du maillot jaune. Chaque jour à heure fixe, sur un podium bardé de logos et d'invités : une musique d'ouverture, le coureur entre en scène, serre les mains des invités, monte sur le podium, rapidement rejoint par deux hôtesses, la première lui donne le maillot que la maîtresse de cérémonie referme dans le dos, la seconde lui remet une peluche. Tout cela sous les flashs des photographes et devant les caméras. Rituel traditionnel dont on peut même dire qu'il fait partie du folklore du Tour.

Les hôtesses protocolaires, de jeunes femmes magnifiques, perchées sur des talons hauts, le sourire radieux. Elles ont la taille et l'allure des mannequins, elles ont gagné des concours d'élégance et parfois sont devenues célèbres... Sylvie Tellier (Miss France 2002), Malika Ménard (Miss France 2010), Marion Rousse (ex-championne de France et commentatrice du Tour pour France Télévisions), Gaëlle Corbineau, Astrid Orioux aussi, qui compte plus de vingt Tours à son actif. En vertu de son expérience, elle a fièrement repris le flambeau de Bernard Hinault pour devenir la maîtresse de cérémonie sur le podium protocolaire.

Avant que les marques ne choisissent elles-mêmes leurs gravures de mode à partir des années 1980 et du sport business, il faut se souvenir que c'étaient plutôt les Miss locales qui officiaient à l'arrivée. On les a vite appelées les « Miss étapes ». La mode – justement – est apparue sur le Tour 1928 à l'arrivée de la sixième étape, Vannes – Les Sables-d'Olonne, un contre-la-montre par équipes de 204 kilomètres. La « Reine des Sables » fut la première hôtesse à remettre le bouquet au vainqueur et le maillot jaune au leader du classement général...

L'arrivée de la radio dès 1929 puis de la télé en 1948 a même commencé à attirer les vedettes les plus populaires de l'époque : Joséphine Baker en 1933 auprès de l'équipe de France, puis la chanteuse Annie Cordy. En 1949, Line Renaud remettait à Paris le bouquet du vainqueur à Fausto Coppi. Dans les années 1950, l'accordéoniste Yvette Horner a remis le maillot jaune pendant dix ans !

LES CLÉS POUR COMPRENDRE

Les hôtesses et le mouvement #metoo

Depuis quelques années s'élèvent des voix dans les médias et sur les réseaux sociaux pour s'opposer à la présence des hôtesses sur le Tour de France. En 2017, les organisateurs eux-mêmes disaient réfléchir à une évolution de cette tradition « quasi ancestrale » sur la course.
En 2019, un collectif de féministes allemandes lançait une pétition pour mettre fin à cette tradition considérée comme sexiste. Plus de 37 000 signatures. Nous avons posé la question aux intéressées – les hôtesses – et toutes, de façon unanime, défendent leur choix et leur profession. La plupart de ces filles ont choisi ce métier de représentation et de contact, et beaucoup sont en plus des passionnées de cyclisme.

Astrid Orioux, la maîtresse de cérémonie du Tour de France, nous explique : « Arrêtez de nous faire passer pour des potiches ou des plantes vertes. C'est un vrai travail, pendant près de quatre semaines, nous accueillons les VIP, nous faisons des relations publiques, nous conduisons. Et en plus de ces longues heures de travail, c'est une remise protocolaire de deux minutes qui dérange les féministes ! Mais où va-t-on ? »

LA CURIOSITÉ

Coup de foudre sur le podium

Dans l'ensemble, les coureurs apprécient ce cérémonial et la présence des hôtesses. Certains ont même rencontré la femme de leur vie sur le podium du Tour !
Christophe Moreau a croisé le regard d'Émilie (hôtesse maillot jaune sur le Tour 2000), George Hincapie celui de Mélanie (hôtesse maillot jaune sur les Tour 2002 et 2003).
Le beau sprinter américain a flashé sur celle qui remettait tous les jours le maillot jaune à son leader (Lance Armstrong) et avait fait passer un petit mot à son attention par les équipes du Crédit Lyonnais (partenaire du maillot jaune). Soucieux d'éviter le mélange des genres et de préserver leur image, la marque au lion a serré la vis, et on raconte qu'il a été demandé à Mélanie de choisir entre le Tour et George.

SYLVIE TELLIER,
MARION ROUSSE

La « Miss étape » est prête à célébrer la victoire de Julien Moineau (14e étape).

La première émission de radio sur le Tour

Avec les réseaux sociaux qui nous abreuvent aujourd'hui d'informations et de datas en temps réel, il est difficile d'imaginer, et notamment pour les générations nées au XXIe siècle, que le Tour de France, pendant vingt-cinq ans, n'a été vécu qu'à travers la presse écrite. Il ne faut d'ailleurs pas oublier que la plus belle et la plus grande course cycliste du monde a été inventée pour faire vendre du papier ! À l'époque donc pas de son, pas d'image : seuls les mots et les plumes pour vivre par procuration les exploits légendaires des forçats en lisant le journal avec son café le matin...

La voiture TSF du journal *L'Intransigeant* avec, à droite, le radio-reporter Jean Antoine (lunettes rondes) et Jacques Meyer, le directeur du journal (1935).

On le sait, le Tour 1930 est celui des révolutions : on est passé d'une course par équipes de marques à une course par équipes nationales ; l'organisation fournissait le même vélo à tout le monde, et pour se financer elle a développé une caravane publicitaire. Cette vingt-quatrième édition marque aussi un tournant majeur avec la création du radio-reportage sportif.

Tout a commencé un an plus tôt avec une expérimentation proposée par Jean Antoine, le créateur du radio-reportage. La radio publique est encore toute jeune : la première émission depuis le poste d'État de la tour Eiffel date seulement du 24 décembre 1921 ! Mais Jean Antoine est convaincu : il y a quelque chose à faire sur le Tour de France ! Il propose donc aux journaux *L'Intransigeant* et *Match* d'emmener une station radio mobile dans une camionnette équipée d'un émetteur à ondes courtes et d'une antenne de 20 mètres. Les émissions, diffusées sur une longueur d'onde de 45 mètres, seront relayées à chaque fois par la radio de la ville étape (Paris-PTT, Marseille, Alpes-Grenoble, Toulouse-Pyrénées, tour Eiffel...).

La nouveauté est annoncée dans le journal : « Les envoyés spéciaux de *L'Intransigeant* et de *Match*, MM. René Lehmann, C.-A. Gonnet, René Bierre et Jean de Lascoumettes, se trouveront devant le microphone, avec le concours de Jean Antoine, qui organise techniquement ce reportage. » Les premières voix du Tour donc, qui auront le luxe, raconte la TSF, de voyager dans trois voitures Torpédo.

Retour en 1930 où, l'expérience ayant prouvé sa faisabilité technique, on bascule déjà dans une autre ère : les reportages en direct sont mieux organisés. Jean Antoine revient sur le Tour avec le journaliste sportif Alex Virot et, désormais, les compères proposent quatre rendez-vous par jour : 7 h 45, commentaires sur l'étape de la journée ; 13 h, reportage sur la course et un autre plus tard au moment de l'arrivée; 20 h 15, le classement et les commentaires. Le tout est diffusé par les radios des PTT.

Mais le défi à l'époque reste avant tout logistique : deux voitures remplacent le camion bâché de 1929. Micro, ampli, batterie, piles et 200 mètres de fil téléphonique enroulé : des décapotables toutes options nous dirait un vendeur de voitures ! Pendant que les journalistes assuraient leur émission en direct dans la première voiture, les techniciens des PTT emmenaient la seconde sur le site du prochain direct. La TSF nous a fait ainsi remarquer que la course à vélo se doublait donc d'une course auto !

NICOLAS FRANTZ,
VICTOR FONTAN,
ANDRÉ LEDUCQ

Frantz, Fontan et Leducq ex aequo à Bordeaux

Drôle de Tour que ce Tour 1929. Tour de passe-passe notamment, avec entre autres neuf porteurs différents pour le maillot jaune. Le premier record et surtout le contraire de l'année précédente, où Nicolas Frantz l'avait porté de bout en bout.

Maillot jaune baladeur, et maillot jaune partagé également : événement extrêmement rare, l'arrivée de la septième étape, Les Sables-d'Olonne – Bordeaux, va créer une situation inédite en tête du classement !

Cinq coureurs sont échappés à la flamme rouge : Frantz, Magne, Fontan, Leducq et Demuysère. Henri Desgrange raconte : « Fontan qui mène rudement avec Leducq, puis Frantz dans sa roue ; 200 mètres environ sans changement puis Antonin Magne, dans une détente puissante, prend la tête, que lui dispute un moment Fontan. Mais celui-ci, qui se ménage depuis Paris en vue des Pyrénées et du classement général, baisse le pied peu après et n'insiste plus. » La lutte entre les cinq se poursuit et s'achève dans un duel entre Magne et Frantz qui, « en bon molosse », prend centimètre par centimètre une avance irrémédiable jusqu'à la ligne. Desgrange poursuit : « Le détenteur du maillot jaune, le Belge De Waele, a été retardé par deux crevaisons et se trouve assez loin ; Dossche, second du classement, est dans le second peloton qui vient bientôt. » Bilan : De Waele perd son maillot, Dossche ne parvient pas à profiter de son retard et trois autres coureurs sont dans le même temps au bout de 45 h 28' 28'' !

Henri Desgrange, le patron du Tour, consulte le règlement et raconte : « L'article 39 dispose que le premier du classement général porte le maillot jaune. » Et c'est ainsi que le dimanche 7 juillet, au départ de Bordeaux, André Leducq, Nicolas Frantz et Victor Fontan posent ensemble, très fiers et légèrement malicieux. Ils se retrouvent en couverture de *Match*, le plus grand hebdomadaire sportif de l'époque.

Bordeaux – Bayonne : Nicolas Frantz, Victor Fontan et André Leducq portent tous les trois le maillot jaune.

De Waele : un cadavre vainqueur du Tour 1929

« On a fait gagner un cadavre ! » Plutôt virulent, Henri Desgrange, cité par Thierry Cazeneuve, qui poursuit : « Comment un maillot jaune aussi facile à dépouiller a-t-il pu conserver sa première place ? Pourquoi ses adversaires se sont-ils montrés aussi peu efficaces ? Que penser de leur tactique et de la valeur du vainqueur ? »

Cette affaire démarre lorsqu'au matin de l'étape Grenoble-Évian, le 20 juillet 1929, une rumeur se répand : Maurice De Waele s'est évanoui à son hôtel. Son équipe Alcyon, coéquipiers et dirigeants compris, va alors tout mettre en œuvre pour masquer les signes de faiblesse du porteur du maillot jaune. Quitte à jouer des coudes et à retenir les velléités d'échappées par la selle ! Il reste pas moins de huit étapes à parcourir.

Éric Delanzy raconte que « jamais l'expression "garde rapprochée" n'aura autant mérité son sens : trois coéquipiers poussent leur leader dans les cols. Pendant ce temps, le reste de l'équipe contrôle la course à la manière forte : épaule contre épaule en première ligne, ils empêchent toute attaque. Pendant trois heures, le peloton ne parcourt que 50 kilomètres ! ».

Parmi les initiatives qui feront la légende de ce Tour 1929, il est dit que les Alcyon auraient acheté des touristes-routiers (des coureurs amateurs) et des adversaires pour les aider à gagner ce Tour (promettant à l'un d'entre eux d'être engagé chez Alcyon l'année suivante).

Bien pâle, ce maillot jaune 1929. Cette emprise et cette anesthésie sportive (pour Jacques Goddet, cette « place de premier [a été] renforcée de jour en jour par la nonchalance de ses adversaires les plus intéressés ») consternent Henri Desgrange. Pour ne pas revivre pareille déconvenue, le directeur du Tour de France et du journal *L'Auto* mènera une révolution culturelle pour le Tour 1930, qui sera le Tour par équipes nationales.

EN CHIFFRES

28,320 km/h

La vitesse moyenne de Maurice De Waele, un record si l'on met de côté les 28,740 km/h de Lucien Petit-Breton avant-guerre (sans montagne).

La force du collectif : De Waele accompagné par Louis Delannoy, Raymond Decorte et Jan Debusschere (1927).

La fourche et le rêve brisés de Fontan

Mardi 9 juillet 1929, le brave Victor, qui connaît les Pyrénées par cœur – il est palois –, propose entre Bayonne et Luchon une démonstration éblouissante de son talent. Accompagné par Cardona, un autre coureur régional, ils se détachent et terminent premier et deuxième. Jour de gloire pour Victor Fontan à Luchon : il est maillot jaune, en très grande forme et se voit déjà gagner ce Tour.

Le destin le frappe lors de l'étape suivante, Luchon – Perpignan, 323 kilomètres. Henri Desgrange suit la course dans son imposante Hotchkiss. Il retrouve Fontan 9 kilomètres seulement après le départ, il fait encore nuit. Fontan vient de casser sa fourche après une chute dans un caniveau. Desgrange raconte : « L'homme est désespéré. Il s'en va comme un homme ivre, incapable de prendre une résolution. Il faut qu'un cycliste, venu en curieux sur le bord de la route, lui offre son vieux vélo », qu'il refuse dans un premier temps avant de repartir, son vélo brisé sur l'épaule ; 6 kilomètres plus loin, dans un village, un garagiste, tenu éveillé par le passage de la course, lui propose un autre vélo, qu'il devra ajuster à plusieurs reprises.

Desgrange écrit : « Enfin le voilà parti ! Le petit jour est venu et nous voyons de grosses larmes de désespoir rouler dans ses yeux, il en sera ainsi à chaque fois que nous viendrons à sa hauteur [...]. Mais voici le drame. À Aulos, à 151 kilomètres du départ, sur les bords de l'Aston, Fontan met pied à terre. Ses yeux n'ont pu se tarir et il renonce à la lutte. » Alex Virot et Jean Antoine, commentateurs du Tour sur la TSF, font eux aussi pleurer leurs auditeurs en leur apprenant la nouvelle au réveil.

Desgrange ajoute : « Je nourris pour Fontan la plus vive sympathie, parce qu'il est avant tout un homme de devoir et qu'il constitue pour ses camarades français un noble exemple, que ceux-ci devraient bien imiter un peu plus souvent. Mais je tiens à lui dire qu'il a eu tort d'abandonner. Au revoir mon cher Fontan ; vous partez avec l'affection et aussi avec un peu le respect de tous. »

EN CHIFFRES

142 km

La longue galère de Victor Fontan avant de se résigner à abandonner

FOCUS

Victor Fontan

Si l'on excepte le sacre d'Henri Pélissier en 1923, entre la victoire de Gustave Garrigou (1912) et celle d'Antonin Magne (1930), Victor Fontan est l'un des rares Français à avoir brillé en près de vingt ans de Tour de France, une période dominée par les Belges (9 victoires dont 7 d'affilée en 14 éditions).
Grand grimpeur, il s'est classé quatrième sur le Giro puis septième sur le Tour 1928 avant, en 1929, de toucher le graal et l'abîme dans la même journée… Dernier baroud d'honneur à trente-huit ans en 1930 pour vivre le premier Tour de France par équipes nationales.

Accablé de malchance, Fontan de nouveau le vélo sur l'épaule après une chute à un passage à niveau entre Les Sables d'Olonne et Bordeaux (1930).

Le Tour passe des équipes de marques aux équipes nationales

Année 1930. Révolution commerciale, avec les grands débuts de la caravane publicitaire. Révolution sportive surtout, pour le vingt-quatrième Tour de France. On connaît maintenant le caractère et la personnalité d'Henri Desgrange : homme de décision, capable d'écouter et de suivre les idées de génie de ses collaborateurs ou de ses proches, le patron du Tour est aussi réputé pour ses colères froides ou démonstratives ainsi que pour ses prises de position… tranchantes.

L'équipe de France lors de la 16e étape (Grenoble – Évian) : Marcel Bidot, Pierre Magne, Antonin Magne, André Leducq, Charles Pélissier.

À la fin de l'année 1929, Desgrange, analysant les dernières éditions du Tour, en a assez : il ne supporte plus les arrangements, sans parler des tricheries pratiquées par les équipes commerciales. L'intérêt de la course s'est érodé et les ventes du journal *L'Auto* suivent la même trajectoire…

L'équipe Alcyon est en particulier dans le collimateur du père fondateur. Aidé par ses coéquipiers mais aussi par ses adversaires à qui l'on a promis des dédommagements, Maurice De Waele, « le Moribond » comme l'a surnommé Desgrange, a gagné le Tour 1929.

Le télégramme de Pampelune n'a rien arrangé, au contraire. Jacques Augendre l'explique parfaitement dans ses *100 Tours de légende*. Ludovic Feuillet, le patron d'Alcyon, n'a pas supporté que Desgrange descende son chef de file. Au Tour du Pays basque, alors que Marcel Bidot est en passe de gagner, il envoie une dépêche : « Ordre : faire gagner De Waele. » Le Belge l'emporte. « Vous avez le bonjour du moribond ! »

Desgrange, furieux, réunit ses collaborateurs et décide : « Pour le Tour 1930, on instaure des équipes nationales. Cinq fois huit coureurs avec les maillots de leur pays, et on fournit les vélos ! Jaunes ! Plus de marques ! »

Et comme souvent, Henri Desgrange (dont les initiales sont toujours brodées sur l'actuel maillot jaune) sera aidé par les circonstances. Non seulement le Français Charles Pélissier gagne huit étapes, dont la première en devançant au sprint, à Caen, le favori italien déjà vedette, Alfredo Binda, et la dernière le dimanche 27 juillet. Mais depuis 1923 et Henri Pélissier, aucun Français n'avait réussi à gagner le Tour. En 1930, un Tricolore (avec son splendide maillot d'équipe nationale) l'emporte : André Leducq. « Dédé » triomphe dans un Parc des Princes en délire.

FOCUS

Fin de série pour les Belges

Le passage aux équipes nationales et le réveil des Français ont mis fin à deux décennies prolifiques pour le peuple belge : de 1912 à 1929, en 14 éditions, nos voisins ont collectionné 9 victoires dans le Tour dont 7 d'affilée (avant et après la Première Guerre mondiale) !

- **1912 :** Odile Defraye
- **1913 :** Philippe Thys
- **1914 :** Philippe Thys
- **1919 :** Firmin Lambot
- **1920 :** Philippe Thys
- **1921 :** Leon Scieur
- **1922 :** Firmin Lambot
- **1926 :** Lucien Buysse
- **1929 :** Maurice De Waele

Paul Thévenin organise la première caravane publicitaire

Chiffres étonnants : de douze à quinze millions de spectateurs viennent voir le Tour, et ils restent en moyenne six heures sur le bord de la route. La plus grande course cycliste du monde est devenue, au fil des années, l'un des plus grands spectacles sportifs. Il est gratuit, festif, et une fois les coureurs passés, vous repartez avec des images plein les yeux et des cadeaux plein les poches.

La très fameuse caravane publicitaire qui précède les coureurs a été organisée pour la première fois sur le Tour 1930. Une idée de génie, vite acceptée par Henri Desgrange et ses collaborateurs, toujours à l'affût, depuis 1903, de tout ce qui est bon pour leur Tour. Jusque-là, seules trois camionnettes fermaient la marche après le passage des concurrents : chocolat Menier, cirage Lion Noir et réveils Bayard. Les trois véhicules pionniers de la caravane ressemblaient plutôt à des camions-balais, car souvent les spectateurs s'étaient égaillés.

Pour sa vingt-quatrième édition, Henri Desgrange fait sa révolution culturelle : il décide de bannir les équipes de marque (Alcyon, Peugeot, Automoto), de passer aux équipes nationales et surtout de donner des primes aux coureurs, mécaniciens, masseurs et directeurs sportifs, en plus de la nourriture et du logement. L'organisation fournit même, cette année-là, les vélos de course ! Jaunes, comme le journal *L'Auto* et le maillot ! Mais tout cela, il faut le financer !

« Je veux bien donner des sous, mais on passe devant », propose le bien inspiré Paul Thévenin, patron de la publicité des chocolats Menier. Tope là ! disent Desgrange et Desmarets (chef de publicité de *L'Auto*). Accord gagnant-gagnant. Plus de réclames dans le journal, et une caravane devant les coureurs qui distribue des cadeaux : 500 000 bonnets de police frappés du logo chocolat Menier, plusieurs tonnes de chocolat en tablettes et même, en haut des cols, la récompense d'un bon chocolat chaud et, pour les coureurs, les prémices d'un grand prix de la montagne. Thévenin annonçant : « J'offre 5 000 francs de prix au sommet de chaque col et une prime spéciale de 4 000 francs au "touriste-routier" qui parviendra seul au sommet avec quatre minutes d'avance. »

Le Tour 1930 : une révolution sportive et surtout commerciale et très populaire. Succès énorme. Qui n'a jamais quitté la route du Tour sans son chocolat, sa casquette, son bout de fromage et aujourd'hui sa glace, son tee-shirt ou son préservatif ?

Près d'une heure de défilé en couleurs et en musique, dans une ambiance de fête foraine où se mêlent de temps en temps d'anciens champions et des invités vedettes, comme Tom Cruise et Cameron Diaz, qui ont joué le jeu.

Véhicule publicitaire des chocolats Menier (1930).

La carrosserie française sait rechercher du raffinement même en carrossant un camion. Celui-ci est un de ceux utilisés par le Chocolat Menier p préparer, et distribuer les produits de cette marque sur les routes de France et au cours des grandes épreuves sportives.

LE PETIT PLUS

La caravane publicitaire en chiffres

- **18 millions** de goodies et cadeaux en tous genres
- **11 km** de longueur
- **30 minutes** de spectacle gratuit
- **12 millions** de spectateurs
- **35 marques**
- **160 véhicules**
- **600 personnes** : 480 dans le cortège (chauffeurs, figurants et distributeurs) et 120 en logistique
- **47 % des spectateurs** affirment venir uniquement pour la caravane.

ANTONIN MAGNE,
ANDRÉ LEDUCQ,
GEORGES SPEICHER,
ROGER LAPÉBIE

UN SEPTENNAT BLEU BLANC ROUGE

Six victoires françaises entre 1930 et 1937

Histoire de donner un exemple à nos quatre fantastiques que sont Julian Alaphilippe, Thibaut Pinot, Romain Bardet et Warren Barguil, présentons-leur les quatre mousquetaires du cyclisme français des années 1930...

Magne et Leducq bras dessus bras dessous au Parc des Princes pour boucler leur dernier Tour (1938).

Quatre coureurs qui ont conquis six Tours de France en un septennat, mettant ainsi fin à l'écrasante domination des Belges depuis la Première Guerre mondiale. En passant aux équipes nationales en 1930, Henri Desgrange a peut-être réveillé la fibre patriotique et donné un sens à l'esprit d'équipe.

Premier à s'illustrer, André Leducq, titi parisien, beau mec, particulièrement populaire auprès de la gente féminine : on l'appelait « Dédé gueule d'amour » ! Il gagne un premier Tour en 1930, épaulé par Antonin Magne, qui finira troisième. Au cours de l'étape Grenoble-Évian (331 kilomètres avec un départ à 3 heures du matin), Leducq attaque tambour battant la descente du Galibier à 70 km/h, glisse et tombe une première fois avant de partir à la faute. Il découvre avec horreur que sa pédale est cassée ! L'équipe de France se lance alors dans une poursuite mémorable et va réussir à combler les treize minutes perdues dans la mésaventure... Coureur complet et rapide, son truc à lui, c'était de « chasser » les étapes, il est l'un des plus gros vainqueurs d'étapes de l'histoire du Tour (25 en 9 participations). Pour ne rien oublier, il a même gagné un Paris-Roubaix ! Alors en 1932, il a profité du système de bonification pour gagner un second Tour en terminant douze fois dans les trois premiers !

Le second double vainqueur est Antonin Magne, un champion taciturne, surnommé « Tonin le sage ». Considéré comme le coureur le plus méthodique de sa génération. Comme Anquetil, il était admiré sans être véritablement aimé. Il sera champion du monde sur route en 1936 avant de devenir le directeur sportif de Raymond Poulidor. Il compte trente-huit jours en jaune. Seuls Christopher Froome et les quintuples vainqueurs du Tour ont fait mieux.

Sur le Tour 1934, l'équipe de France a remporté 20 des 23 étapes : c'est un triomphe absolu, un tour en bleu. Magne a endossé le maillot jaune de la deuxième étape pour ne plus le lâcher, et, comme Lance Armstrong au XXIe siècle, le Français a écrasé les deux étapes qu'il avait cochées : Luchon – Tarbes (une victoire en solitaire avec 6 min 31 d'avance) et le premier contre-la-montre individuel du Tour de France, La Roche-sur-Yon – Nantes.

On n'oubliera pas Georges Speicher, premier coureur de l'histoire à gagner la même année le Tour et le championnat du monde. Et enfin Roger Lapébie. Déjà troisième en 1934, il remporte le Tour 1937, le dernier d'un beau septennat français.

EN CHIFFRES

44 %

Le pourcentage d'étapes gagnées par les Français entre 1930 et 1939, soit un total de 92 !

Quelques chiffres évocateurs de la période dorée pour l'équipe de France entre 1930 et 1939
- 6 victoires
- 10 podiums
- 26 places dans le top 10
- 92 victoires d'étape
- 110 jours en jaune

NOUVELLE ÉPREUVE

Desgrange lance le contre-la-montre individuel

Après le passage au Tour par équipes nationales et la création de la caravane publicitaire en 1930, Henri Desgrange ne s'arrête plus ! Il veut animer la course. En 1927, il propose les départs par équipes, séparés de quinze minutes. Puis, pour briser la monotonie de la randonnée vers Paris (après les derniers cols, les places sont souvent figées, et les coureurs brident la compétition), le charismatique patron de l'épreuve introduit, sur le Tour 1934, le premier contre-la-montre individuel.

Desgrange a la volonté d'animer la course et, si possible, de provoquer des retournements de situation au classement général après vingt et une étapes et demie. Pourquoi « et demie » ? Parce que ce contre-la-montre est une demi-étape, la deuxième de la journée après une étape en ligne de 81 kilomètres entre La Rochelle et La Roche-sur-Yon, remportée au sprint par René Le Grevès. Pas le temps de respirer pour le pauvre Folco, trente-neuvième et lanterne rouge : il est le premier à prendre le départ du contre-la-montre à peine cinq minutes après être arrivé !

Devant l'épineux problème de l'ordre de départ, les organisateurs ont décidé de faire partir d'abord les classés aux places impaires dans l'ordre inverse du classement. Les coureurs partent par intervalles de deux minutes. Antonin Magne, maillot jaune depuis la deuxième étape, part donc vingtième. Il doit s'arrêter à Thouaré-sur-Loire pour signer la feuille du contrôle fixe et gagne à Nantes au terme d'un effort long de 2 h 32' 05'' (90 kilomètres). « Tonin » devance de 1' 06" Roger Lapébie, resté placide malgré la crevaison de son boyau de piste.

Preuve que Desgrange avait raison, Lapébie bouscule le classement et chipe la troisième place du Tour à René Vietto, qui a perdu plus de une minute par kilomètre sur Magne ! Depuis cette première, cette épreuve à la veille de Paris est devenue une valeur sûre pour le suspense : le maillot jaune changera d'épaule plus d'une fois !

EN CHIFFRES

35,5 km/h

La moyenne d'Antonin Magne, vainqueur de ce premier contre-la-montre individuel de l'histoire du Tour

LES CLÉS POUR COMPRENDRE

Une lente désaffection pour le chrono individuel

Avec 27 km, le Tour 2019 est l'édition qui a comporté le moins de kilomètres en contre-la-montre individuel. Depuis les années 1990, on observe une lente désaffection pour ce type d'épreuves : il y avait environ cinq chronos par édition à cette époque, alors qu'entre 2010 et 2020, on n'en comptait plus que deux en moyenne. C'est certainement un choix des organisateurs pour éviter que la victoire ne revienne au meilleur rouleur, on pense en particulier à Miguel Indurain, écrasant les chronos de sa puissance, qui n'a pas eu besoin de remporter une seule étape en ligne durant son règne de cinq ans...

Antonin Magne entre La Roche-sur-Yon et Nantes (21e étape, 1934).

Vietto donne sa roue à Magne

René Vietto n'a jamais gagné le Tour de France, pourtant, comme Eugène Christophe, Poulidor ou Jalabert, il est devenu, dès sa première apparition sur la Grande Boucle, le chouchou du public français.

René Vietto, inconsolable, sur le bord de la route entre Perpignan et Ax-les-Thermes.

À l'instar de Charly Gaul, Federico Bahamontes, Lucien Van Impe ou Richard Virenque, il est considéré comme l'un des membres éminents du club très fermé des très grands grimpeurs. Mais René Vietto, malgré son talent, son panache et son courage, n'a jamais bénéficié du petit coup de pouce du destin qui aide aux grandes carrières.

L'exemple le plus marquant est symbolisé par la très fameuse photo du « Petit Prince René », en larmes sur un muret, au bord de la route. Il a vingt ans, il débute dans le Tour de France et, déjà, le jeune Cannois étonne tous les spécialistes en avalant la montagne comme un ogre : bon grimpeur et surtout bon équipier, il sera frappé par le destin.

Il a déjà gagné les étapes de Grenoble, de Digne et de Cannes (chez lui), et il passe en tête du col de Puymorens dans la quinzième étape entre Perpignan et Ax-les-Thermes. Antonin Magne, maillot jaune et leader des Tricolores, casse sa roue dans la descente. Très naturellement, Vietto s'arrête et lui offre la sienne : le rôle du parfait équipier. Mais la voiture qui doit l'aider à repartir perd un temps infini. Et René le maudit pleure comme un gamin ses rêves de victoire qui s'envolent. La photo du dossard numéro 38 en larmes est l'une des plus émouvantes de la légende du Tour.

Le lendemain, Antonin Magne, qui gagnera ce Tour 1934, a un nouveau problème avec une roue et le scénario se répète, René Vietto se sacrifie. « Il a été le héros du Tour et il en a été aussi sa petite fleur bleue », écrit Jacques Goddet.

LE PETIT PLUS

1947, à son tour d'être leader !

Treize ans plus tard, la roue a tourné, au tour de Vietto le patron d'éprouver la loyauté de ses équipiers ! Légende ou pas (Chris Froome la cite dans sa biographie), Vietto, obligé de s'amputer un orteil à cause d'une infection mal soignée, aurait demandé à son équipier Apo Lazaridès, de réputation crédule, de l'imiter afin de mesurer les sacrifices exigés pour mériter le Tour de France ! Vietto finira le Tour 1947 à la cinquième place, Lazaridès à la dixième… à deux doigts de la victoire !

Mort de Cepeda : les vélos du Tour dans le viseur

Funeste journée que ce jeudi 11 juillet 1935... Cela aurait dû être un feu d'artifice dans les Alpes, le théâtre d'un duel au sommet entre Antonin Magne (le vainqueur sortant) et le Belge Romain Maes.

Mais de cette journée, on se souviendra de deux chutes : celle de Magne justement, mettant un point final aux espoirs de victoire de l'équipe de France, et celle de Francisco Cepeda, véritablement dramatique, qui devient le deuxième coureur à décéder sur le Tour après Adolphe Hélière en 1910...

Cette septième étape entre Aix-les-Bains et Grenoble était particulièrement attendue avec le Lautaret et le Galibier où le Français aurait pu boucher les 4 min 06 qu'il avait de retard sur Maes... Mais, près de Montmélian, une mauvaise manœuvre de la voiture de Desgrange a provoqué un carambolage et une cabriole de Magne. Malgré le soutien d'André Leducq, l'autre leader de l'équipe de France et double vainqueur du Tour lui aussi, la sérieuse blessure qu'il vient de contracter à la cheville (une entaille le long du tendon d'Achille) l'empêchera de poursuivre...

L'équipe de France a perdu Magne mais René Vietto, qui s'était dévoué corps et âme pour son leader sur le Tour 1934, saisit sa chance et virevolte en tête dans le Lautaret. C'est dans la descente qu'un coureur espagnol – pour ainsi dire « inconnu au bataillon » – le rejoint. Francisco Cepeda, un jeune Basque de vingt-neuf ans, issu de la bourgeoisie espagnole (son papa est industriel et juge municipal à Bilbao). Alors que le cyclisme est une opportunité de promotion sociale, lui a décidé de faire le Tour de France par passion. Mais son rêve va s'achever par une violente chute dans la difficile descente du Galibier...

Il tente bien, aidé par quelques spectateurs, de remonter en selle mais s'effondre rapidement et perd connaissance. Cepeda souffre d'une fracture au crâne ! Il est transporté à l'hôpital de Grenoble dans un profond coma et trépané en urgence. Le Basque ne se réveillera jamais de ce rêve brutalement transformé en cauchemar...

Étape de repos à Perpignan (1931) : Francisco Cepeda (polo blanc) à table avec Antonin Magne et André Leducq.

LES CLÉS POUR COMPRENDRE

Pourquoi le Tour est-il responsable de cette mort ?

Depuis 1930, pour redonner de l'intérêt à sa course chérie, Henri Desgrange avait décidé de passer aux équipes nationales et de fournir un matériel identique (le fameux vélo jaune) à tous les coureurs, y compris, à partir de 1935, aux « individuels nationaux » comme Cepeda. Un vélo jaune donc et ... les toutes nouvelles jantes en « dural » (duraluminium), plus légères et plus rigides que les traditionnelles jantes en bois. Sauf que, depuis le début du Tour, les coureurs se plaignaient de crevaisons, trop nombreuses et surtout incompréhensibles... La réponse est simple : les freins produisaient un échauffement intense du métal qui faisait fondre le chatterton chargé d'assurer la jonction entre le boyau et la jante. Résultat, les coureurs déjantaient sans arrêt ! C'est comme cela que Cepeda a perdu le contrôle de son vélo à haute vitesse dans la descente du Galibier...

Julien Moineau organise un ravitaillement et gagne en solitaire à Bordeaux !

Le piège de Moineau a marché : le voici en train de creuser l'écart à l'approche de Bordeaux !

Le Tour de France 1935 est marqué par la mort de Francisco Cepeda (le premier décès en course) et l'abandon du vainqueur sortant, le Français Antonin Magne, accidenté dans les Alpes.

Cette vingt-neuvième édition est remportée par le Belge Romain Maes, treizième enfant d'une famille nombreuse. Il est le troisième vainqueur du Tour de France (après Bottecchia et Frantz) à avoir porté le maillot jaune de bout en bout : vainqueur de la première étape Paris – Lille, puis de la onzième étape à Cannes et enfin de la dernière à Paris au Parc des Princes.

Une autre histoire, insolite et drôle, a fait la légende de ce Tour 1935 : c'est celle de la victoire de Julien Moineau à Bordeaux. Mercredi 24 juillet, dix-septième étape entre Pau et la capitale girondine. 224 kilomètres et une arrivée qui devait très probablement se finir au sprint... Sauf que Moineau en avait décidé autrement !

Une chaleur suffocante écrase le Tour ce jour-là... 38 °C à l'ombre ! Les Belges entourent leur maillot jaune, Romain Maes, et assurent un train de sénateur : à peine plus de 20 km/h ! Les Alpes et les Pyrénées sont passées, le Tour est quasiment joué, alors le Français Julien Moineau, équipier modèle et local de l'étape, décide de s'échapper de la cage !

« Le Piaf » – son surnom – a prévu son coup et spécialement fait venir sur le Tour un plateau de 52 dents pour développer plus de 7 mètres par coup de pédale, ce qui est rare à l'époque... Formé au club de Clichy, il roule depuis six ans pour le club d'Arcachon et connaît donc très bien le parcours du jour. Une première tentative au quarantième kilomètre, mais pas de « bon de sortie » : le peloton ne veut pas le laisser partir... Qu'à cela ne tienne, Moineau a d'autres tours dans son chapeau !

C'est dans le village du Barp, à 40 kilomètres de l'arrivée, que le Français retente le coup, réussissant cette fois-ci à prendre un quart d'heure au peloton ! L'occasion de mettre une belle option sur la prime de 10 000 francs offerte au coureur réalisant le plus gros écart sur une étape. Grand rouleur, Moineau est un spécialiste de l'endurance (lors de ses quatre participations à Bordeaux-Paris, il a toujours terminé dans le top 5). Alors avec son 52-dents, Moineau s'envole et se met « à la planche » (à 45 km/h) jusqu'à Bordeaux !

Mais comment a-t-il pu prendre autant de temps en si peu de distance ? Non pas que les coureurs se soient désintéressés de l'étape, c'est en fait le vainqueur lui-même qui a piégé le peloton ! Le stratège avait positionné dans ce village du Barp quelques copains les bras remplis de canettes de bière. Une irrésistible tentation par cette canicule insupportable ! Pendant ce temps-là, « le Piaf » avait discrètement pris la poudre d'escampette... On peut donc dire, avec le sourire, que cette étape, Moineau l'a volée !

ORAGE SUR LA PREMIÈRE ÉTAPE

La route du Tour inondée à Carvin

En préparant son trentième Tour de France, Henri Desgrange espère, au fond de lui-même, que la victoire du Belge Romain Maes sur le Tour 1935 n'est qu'une parenthèse dans la domination française, d'autant que la course cet été-là va pouvoir compter sur un afflux massif de spectateurs grâce aux premières mesures sociales du Front populaire : création des congés payés (deux semaines) et billets de train à – 40 % pour les ouvriers et les employés. Seulement rien ne va se passer comme prévu...

La traversée de Carvin avec une route inondée.

Tout d'abord, gravement malade, Henri Desgrange se retire dès la deuxième étape et confie son bébé à Jacques Goddet. Ensuite, pour les Français, ce Tour est une véritable zizanie : René Vietto brise deux fois sa chaîne et abandonne dans les Alpes, Speicher chute lourdement dans la descente du Galibier, Maurice Archambaud fait l'impossible pour souder l'équipe, Le Grevès essaie bien de sauver le Tour des Français avec six victoires d'étapes... Mais Antonin Magne (le dernier vainqueur français en 1934) n'y est pas, il temporise dans les Alpes et n'attaque les Belges que tard dans l'Izoard. Il se prend un retour de manivelle dans Sospel. Enfin, dans les Pyrénées, il crève entre Luchon et Pau, et Sylvère Maes lui prend 27 minutes (le jour de ses 27 ans). Prévoyant, le Belge avait acheté des boyaux renforcés...

Il faut être honnête : il y a des signes qui ne trompent pas... Ce Tour 1936, qui devait être une fête nationale pour les Français en train de découvrir le concept des vacances et des loisirs, avait bien mal commencé par une météo très longtemps pluvieuse...

Dès la première étape, le mardi 7 juillet, 258 kilomètres entre Paris et Lille, de violents orages ont déchiré le ciel et inondé les bassins miniers... La traversée de Carvin est dantesque... La suite vous est décrite par Raymond Huttier (journaliste et auteur) : « Déchiré par de larges éclairs et par de violents coups de tonnerre, le ciel s'entrouvrit brusquement pour laisser s'échapper ces torrents de pluie. En quelques minutes, les deux bas-côtés cyclables se trouvèrent transformés en d'affreux cloaques de boue noire et, sur les chaussées pavées, d'immenses mares envahirent toutes les parties en contrebas. Pris dans la tempête, aveuglés par les trombes d'eau, les infortunés coureurs étaient balayés comme des fétus de paille. Ils entraient les yeux fermés dans les flaques d'eau et, ahanant de peine, ils traversaient en zigzaguant avec de l'eau jusqu'aux moyeux et en soulevant des gerbes noirâtres. Certains, découragés, écœurés, mettaient pied à terre, entraient dans les cafés, dans les maisons, en ressortaient avec un sac, un vieux morceau de toile d'emballage, un lambeau de toile cirée. »

1937

ROGER LAPÉBIE,
SYLVÈRE MAES

Roger Lapébie retrouve son vélo le guidon scié

Lundi 19 juillet 1937, quinzième étape du Tour entre Luchon et Pau avec au menu les cols de Peyresourde, l'Aspin, le Tourmalet et l'Aubisque ! Rien de tel comme juges de paix pour établir une hiérarchie entre les Belges et les Français. Deux nations de cyclisme qui, depuis la fin de la Première Guerre mondiale, s'étaient partagé l'essentiel des victoires sur le Tour. Le début des années 1930 fut favorable aux Français avec les quatre victoires de Magne et Leducq, mais en 1935 et 1936, les Belges venaient de reprendre la main avec Romain puis Sylvère Maès.

Sylvère, justement, était en jaune depuis la neuvième étape (Briançon – Digne), remportée par Lapébie, mais le Français espérait beaucoup de cette quinzième étape. Sauf qu'au moment d'enfourcher son vélo pour aller se chauffer, il s'est étalé de tout son long sur le macadam. Surprise de Jean Leulliot, le directeur sportif des Tricolores : le guidon du champion avait été scié ! Les soupçons se sont très vite tournés vers un mécanicien belge employé par l'équipe de France... Ni une ni deux, un guidon de rechange était trouvé et monté dans l'urgence, et Lapébie partit au front pour cette étape décisive... Un petit détail qui allait avoir son importance durant l'étape, ce guidon n'avait pas de porte-gourde ! Lapébie tomba à sec dans le Tourmalet ! Mais c'était compter sans l'aide des spectateurs et notamment de son frère Guy, qui racontera plus tard au journal *Libération* : « Planqué dans les fourrés en haut du col de Peyresource, je lui ai fait passer un bidon par un spectateur avec des petits-beurre écrasés et du thé. » Histoire d'exciter un peu plus les spectateurs français, réussissant à rallier l'arrivée groupé avec Maes, Lapébie a écopé de quatre-vingt-dix secondes de pénalité pour ce ravitaillement illicite !

La journée de repos aurait pu faire retomber la tension dans le peloton et parmi les supporters mais, bien au contraire, elle fut l'occasion de préparer la riposte pour le lendemain entre Pau et Bordeaux ! Les fans tricolores réglèrent d'abord leur compte aux commissaires fautifs d'avoir pénalisé leur chouchou : impossible pour eux de finir l'étape, ils ont quitté le parcours à Hostens ! Ce fut ensuite au tour des coureurs belges de subir les foudres du public : la barrière d'un passage à niveau aurait été abaissée sous leur nez alors qu'ils tentaient de rentrer sur les Français (les Bleus avaient attaqué au moment où le maillot jaune Maes avait crevé) ; les Belges se sont également plaints d'avoir reçu des coups de poing et du poivre à la figure !

Un peu comme Bartali et les Italiens déserteurs en 1950, cet excès patriotique du public français a fini par pousser les Belges et le maillot jaune à l'abandon, laissant une voie royale à Lapébie jusqu'à Paris...

Roger Lapébie pressé de traverser le passage à niveau.

HENRI DESGRANGE,
JACQUES GODDET,
JOANNY PANEL,
PAUL DE VIVIE

Enfin, le Tour avec un dérailleur !

Le Zodiac, le four à micro-ondes, Internet, le GPS, la boîte de vitesses semi-automatique, l'ABS, l'anti-patinage, la suspension active, l'électronique embarquée... Saviez-vous que cette foule d'inventions qui nous facilitent la vie et nous sécurisent provient de la recherche militaire et du sport de haut niveau ?

Une innovation échappe à la règle : le dérailleur, cet équipement permettant, en changeant facilement de braquet, d'adapter son coup de pédale au terrain. Certainement la plus grande avancée que le monde de la « petite reine » ait connue après la conception de la fameuse « bicyclette de sécurité ». Un accessoire révolutionnaire imaginé en 1895 par le Français Jean Loubeyre (le dépositaire du brevet du « polycélère »), et longtemps boudé par le patron du Tour, Henri Desgrange, pour qui il valait mieux « triompher à la force du muscle », c'est-à-dire pédaler comme un damné sur les chemins de l'enfer, dans les Alpes et les Pyrénées. À l'époque, les pionniers du Tour n'avaient que deux développements, un pour la plaine et un pour la montagne, et il fallait s'arrêter en plein effort pour retourner la roue arrière.

Longtemps interdit en course, c'est à travers le cyclotourisme que le dérailleur s'est démocratisé. Une pratique loisir du vélo née de l'esprit de Paul de Vivie, dit « Vélocio » (« celui qui va vite à vélo »). Pris d'un coup de foudre pour la bicyclette, il ferme son entreprise de filature de soie et crée sa manufacture sous la marque La Gauloise et un magazine baptisé *Le Cycliste*, dans lequel il n'aura de cesse d'encourager les gens à se mettre au vélo. Joignant les actes à la parole, « Vélocio » se lance dans de grandes randonnées (qui sont à l'origine des Diagonales de France : neuf parcours reliant les extrémités de l'Hexagone), des raids qui vont le motiver à développer et tester de nombreux systèmes de démultiplication !

Son élan a fédéré de nombreuses énergies, des disciples au sein de ce que l'on a appelé « l'école stéphanoise », en particulier un certain Joanny Panel, qui créa en 1911 son propre dérailleur sous la marque Le Chemineau et décida de le tester grandeur nature sur le Tour de France dans la catégorie des « isolés » ! Panel s'attira les foudres de Desgrange, qui décida en 1913 d'interdire les dérailleurs sine die. Ce n'est d'ailleurs qu'à sa retraite que Jacques Goddet, son successeur, revint sur cette interdiction et, dans un souci d'équité sportive, homologua un modèle unique (le « Super Champion » fabriqué par Simplex). Résultat spectaculaire : la lanterne rouge du Tour 1937 fut plus rapide que le vainqueur du Tour 1936, le dernier de l'ère Desgrange !

Le dérailleur Super Champion était positionné juste en dessous du grand plateau.

LES CLÉS POUR COMPRENDRE

Pourquoi le dérailleur était-il si indispensable ?

Henri Desgrange était un puriste de l'effort et tout ce qui pouvait en réduire la dureté ne pouvait trouver grâce à ses yeux : il s'était par exemple publiquement opposé à la roue libre le 20 juillet 1912 dans les colonnes de son journal, reprochant aux coureurs de n'avoir pédalé que la moitié de l'étape menant à La Rochelle (qui mesurait – excusez du peu – 379 km !). « Nos courses sont-elles sérieusement menacées de décadence par la roue libre ? » écrivait-il.

Il faut se souvenir qu'en 1910, lorsqu'il a mené les coureurs jusqu'aux pentes du Tourmalet, Octave Lapize avait un braquet de 42 x 17 avec pignon fixe (soit 5,19 m par coup de pédale). On comprend que sur les chemins muletiers pentus et escarpés des Pyrénées, il ait posé pied à terre et insulté les organisateurs ! Comparativement, Louis Trousselier, qui avait réussi l'exploit de monter tous les cols à vélo, développait 3,60 m seulement.

Le dérailleur, généralisé à partir de 1937 sur le Tour, allait permettre de choisir le développement le plus adapté au terrain, petit pour les cols, gros pour le plat... Mais la technique de pédalage a mis du temps à évoluer. Dans les années 1980, tout le monde emmenait encore « trop gros ». Même avec un 39 x 23 (3,56 m) dans les années 1990, Virenque et Jalabert tapaient encore trop dans les muscles. C'est Armstrong, avec ses 110 tr/min en montagne, qui a fait comprendre que la cadence était plus efficace que la force. Aujourd'hui, il n'est pas rare de voir les purs grimpeurs emmener des 36 x 30 (2,56 m), c'est-à-dire un tour de roue pour un tour de pédale !

Le Tour découvre le col de l'Iseran

L'Iseran, rien que le nom stimule notre imaginaire pour projeter une interminable montée vers les cieux et les glaces…

René Vietto lors du 2e passage du Tour à l'Iseran (1939). Il fait -4 °C.

Un col perché à près de 2 770 m d'altitude entre la vallée de la Tarentaise et celle de la Maurienne. Une ascension de 48 km et un dénivelé positif total de 1 955 m depuis Bourg-Saint-Maurice en passant par Val-d'Isère, 32,9 km de montée par l'autre versant depuis Lanslebourg. L'Iseran compte notamment 13 km à 10 % de moyenne !

Bien avant le tourisme, ce sont le commerce et la défense qui ont permis de développer les routes de montagne… Pour l'Iseran, cela remonte au XVIIe siècle : le col était traversé à l'époque par un sentier muletier servant notamment à transporter les fromages du Beaufortain vers les marchés du Piémont en poursuivant par le col du Mont-Cenis.

Avec le développement des stations thermales et l'attrait de citadins pour les paysages de montagne, c'est en 1912 que fut prise la décision d'ajouter l'Iseran à la route des Grandes Alpes, puis en 1929 de moderniser ce chemin pour en faire une vraie route. Ces 29 km nécessitèrent 600 ouvriers et près de huit ans de travaux ! Le président de la République, Albert Lebrun, inaugura cette route le 10 juillet 1937 et le Tour a franchi le col pour la première fois le 23 juillet 1938 lors de l'étape Briançon – Aix-les-Bains (311 km). Au menu, le Galibier, qui a fait peau neuve, puis l'Iseran, dont la route est certes bien empierrée mais pas encore goudronnée…

Les Belges sont en force et c'est Félicien Vervaecke qui passe le premier au sommet. Bartali accuse le coup avec 2 min 48 s de retard, certainement en retrait suite à son exploit de la veille à Briançon… Mais l'Italien ne s'avoue pas vaincu et refait son retard au fil des 120 km de plat qui séparent le col de l'Iseran de l'arrivée à Aix-les-Bains.

Dès l'année suivante, le deuxième passage du Tour au col de l'Iseran laissera une trace indélébile dans la chair des coureurs : une température sibérienne de – 4 °C, de la neige, une route détrempée, un vent glacial… L'Iseran est monté en contre-la-montre, départ de Bonneval-sur-Arc et arrivée à Bourg-Saint-Maurice : 14 km de montée puis 50 de descente. Et pour corser le tout, les coureurs ont deux autres « tiers d'étape » à réaliser dans la même journée : départ à 4 heures du matin de Briançon en direction de Bonneval-sur-Arc pour 126 km en passant par le Télégraphe, le chrono de l'Iseran à la mi-journée puis pour finir 103,5 km entre Bourg-Saint-Maurice et Annecy en franchissant le col de Tamié !

Pour la petite histoire, c'est un autre Belge, Sylvère Maes, le vainqueur du Tour cette année-là, qui a survolé le chrono. Deuxième du général, le grimpeur français René Vietto a explosé dans la montée de l'Iseran (8 min 35 s de retard au sommet) avant de limiter la casse dans la descente (17e de l'étape à 9 min 48 s).

DEUX VICTOIRES À DIX ANS D'INTERVALLE

Bartali : Gino le vieux, Gino le pieux

Tour et retour : unique dans la belle histoire de la Grande Boucle, le destin du champion italien Gino Bartali. Il va gagner le Tour de France en 1938 et en 1948, à dix ans d'intervalle. Un véritable exploit dû à ses deux secrets.

Gino vient d'avoir vingt-quatre ans en 1938. Il a déjà prouvé l'année précédente qu'il était un excellent grimpeur et surtout qu'il était un des rares coureurs du Tour à savoir se servir des nouveaux changements de vitesse enfin autorisés sur le Tour de France. Son secret technique : un ancien coureur italien, Tullio Campagnolo, vient d'inventer un dérailleur, le « Cambio Corsa ». Bartali, avec beaucoup de finesse, réussit à changer de pignon et à donner un petit coup de pédale en arrière sans perdre de vitesse et sans faire sauter la chaîne. Un expert ! Cela ajouté à sa classe naturelle, et Gino le bricolo s'impose en équipe d'Italie dix-sept ans après Bottecchia et gagne le Tour 1938. Revanche sur le sort, il avait dû abandonner en 1937 après une chute spectaculaire dans un torrent alors qu'il était maillot jaune.

Le second secret de Bartali ne l'est pas resté très longtemps, ni en Italie ni ailleurs. Une petite médaille portée ostensiblement hors de son maillot explique tout : Gino est croyant, catholique pratiquant, et se réfère sans cesse au ciel et aux saints. Dès qu'une étape à enjeu se présente, il fait appel à son confesseur, dom Bruno, qui accourt et célèbre une messe à l'hôtel du coureur. On l'a vite surnommé « Gino le Pieux ».

« Bartali étincelant vainqueur du Tour de France », titre *L'Auto* le lundi 1er août 1938. Dix ans plus tard, nouvelle victoire et foi intacte. « J'espère que, du paradis, M. Desgrange me voit et m'estime toujours », déclare le champion italien après sa victoire, dédiée entre autres à l'ancien patron du Tour décédé. Il a trente-quatre ans en 1948 ; au sommet de sa gloire, il prend le meilleur sur Louison Bobet, déjà très ambitieux, et gagne surtout sept étapes, dont une très chère à son cœur arrivant à Lourdes ! Ce jour-là, on peut le dire, transcendé, Gino ne touchait plus terre...

FOCUS

Un palmarès riche

C'est en montagne que l'Italien a construit ses deux victoires dans le Tour. Véritablement aérien sur les pédales, comme en 1938, il était passé en tête de neuf des douze ascensions à bonifications et avait fini à Paris avec 18 min et 27 sec d'avance !
Mais le champion collectionnait aussi les victoires de classe :

- 3 Giro (1936, 1937 et 1947)
- 7 fois meilleur grimpeur du Giro (1935, 1936, 1937, 1939, 1940, 1946, 1947)
- 4 fois champion d'Italie (1935, 1937, 1940 et 1952)
- 4 Milan-San Remo (1939, 1940, 1947 et 1950)

LA PETITE HISTOIRE

Bartali a sauvé 800 Juifs des griffes nazies !

Pendant la Seconde Guerre Mondiale, sous couvert d'entraînements, Bartali convoyait des faux papiers dans son tube de selle et sa potence. Lors des contrôles, profitant de sa popularité, il demandait aux policiers de ne pas toucher à « ces éléments-là », prétendant qu'ils étaient « réglés au millimètre pour la vitesse »... Avec ses grandes vadrouilles, Bartali a sauvé plus de huit cents juifs, mais il ne s'en est jamais vanté... On attribue d'ailleurs au champion italien les propos suivants : « Le bien, on ne le dit pas, on le fait. » Un grand homme, ce Gino, reconnu comme « Juste parmi les nations » par l'État d'Israël en 2013.

LA CURIOSITÉ

Bartali a sauvé l'italie de la Guerre Civile !

Le Tour 1948 est une tout autre histoire : l'Europe se reconstruit, mais certaines tensions persistent. 14 juillet en Italie, le peuple grogne et gronde, on tire sur Palmiro Togliatti, le leader communiste. On appelle à la grève, aux manifestations, on envahit même les principales installations du pays. Alcide De Gasperi, le président italien, se retrouve dans une impasse et tente un coup de poker. Bartali sera son joker !
Il n'y a que lui, leader de l'équipe d'Italie sur le Tour, qui puisse détourner l'attention et faire retomber la pression. Il doit gagner. Ni une ni deux, Gino le patriote s'exécute dès le lendemain et renverse le Tour pour éviter que l'Italie soit renversée. Une étape magistrale entre Cannes et Briançon, où il grappille 18 minutes sur Louison Bobet, avant de le terrasser le 16 juillet au terme d'un duel de titans : Lautaret, Galibier, Croix-de-Fer et col de Porte. Bartali en jaune, on respire en Italie !

COUP DE CŒUR

BERNARD PIVOT

Journaliste / Présentateur TV

MON HÉROS C'EST GINO BARTALI

Performance exceptionnelle pour ce coureur italien extraordinairement populaire qui, à 10 ans d'intervalle, a gagné les Tours de France 1938 et 1948. Il est évident que, sans la guerre, il en aurait gagné beaucoup d'autres.
Dans ma famille, nous étions très catholiques et donc très touchés par ses démonstrations religieuses permanentes. Il allait par exemple prier le matin des étapes à la chapelle du coin. On l'appelait Gino le Pieux. Était-ce un dopage métaphysique ? Ce serait tout de même extraordinaire d'imaginer un dopage divin. Grand respect pour cet homme qui a bravé les fascistes et qui est, aujourd'hui, sur la liste des Justes pour avoir mystifié les Allemands et sauvé des Juifs de la déportation.
Bravo Gino !

Gino Bartali devant Louison Bobet et André Brulé dans l'ascension du col de la Croix-de-Fer (1948).

Gino Bartali seul au monde dans la Casse Déserte et prêt à dompter le col de l'Izoard (1938).

WIM VANSEVENANT,
PHILIPPE GAUMONT,
YOANN OFFREDO

Chaque jour, la lanterne rouge est éliminée

Comme l'écrivait saint Matthieu dans son Évangile : « Les derniers seront les premiers, et les premiers seront les derniers. » Il est vrai, sur le Tour de France, que les médias et le public n'ont souvent d'yeux que pour ceux qui sont à l'avant et animent la course : le maillot jaune, ses principaux adversaires, le maillot à pois rouges, les meilleurs sprinters… Peu de place et peu de temps pour raconter les histoires des coureurs de l'ombre…

Il n'y a pas forcément de gloire à finir dernier en compétition, surtout pour un sportif de haut niveau, qui a fait de sa vie une sorte de calvaire pour croire en la victoire… Pourtant, de nombreux coureurs se sont battus pour cette dernière place sur le Tour. La raison est simple : les journalistes ont commencé à s'intéresser à partir de 1909 à celui qui fermait le classement général en lui décernant le titre de « lanterne rouge » (la lumière que l'on accrochait à l'arrière d'un convoi ferroviaire). Un phénomène médiatique amplifié par les critériums d'après-Tour (où les coureurs sont payés pour faire le spectacle), qui veulent à la fois le maillot jaune et la lanterne rouge !

Le Belge Wim Vansevenant, trois fois dernier d'affilée (2006, 2007 et 2008), détient le record du nombre de lanternes rouges du Tour de France. Talonné par le Français Jimmy Casper (deux fois : en 2001 et 2004). Preuve que l'on se battait pour cette place, le Français Philippe Gaumont racontait dans son autobiographie que Cyrille Guimard, son directeur sportif, lui avait demandé de simuler des maux de ventre et de lambiner à l'arrière de la course. Il fallait s'assurer de perdre la vingtaine de minutes nécessaire pour finir « bon » dernier du Tour 1997…

Sur les premières éditions, les coureurs étaient livrés à eux-mêmes pour réparer leur biclou ou se nourrir… Finir lanterne rouge n'était pas forcément une fin en soi, finir tout court était déjà un exploit : même à plus de 101 heures du vainqueur comme pour Antoine Deflotrière, la lanterne rouge de 1904. L'attrait des journalistes pour les petites histoires à l'arrière de la course a tout changé. Alors est née une sorte de « course inversée », où la place de dernier était devenue l'objet de nombreuses convoitises… Cela ne plaisait guère à Henri Desgrange. Ainsi, à partir de 1930, avec l'instauration d'un Tour par équipes nationales, les écarts se sont fortement réduits et, en 1939, dès la deuxième étape, Jacques Goddet, le successeur du fondateur, a décidé de mettre en place une forme de guillotine en éliminant chaque jour le dernier du classement général. Vingt-huit éliminations : un « génocide cycliste » ! L'organisation du Tour a de nouveau agité la menace de la faucheuse en mettant en place ce principe d'élimination lors de la dernière semaine du Tour 1980, mais la fronde des coureurs et du public eut raison de cette « peine de mort ». Le principe des délais calculés sur le vainqueur d'étape étant suffisant pour obliger les derniers à pédaler…

Dernière étape Dunkerque – Paris : l'heure de sourire pour Jacques Pfister et Pierre Claes, les lanternes rouges du Tour 1927.

Amédée Fournier s'accorde une sieste !

Un coureur en train de faire la sieste en pleine étape du Tour ! La photo est particulièrement surprenante tant on sait aujourd'hui combien le temps est précieux sur ce « sprint d'endurance » de trois semaines...

Amédée Fournier s'accorde une trêve, allongé sur une botte de paille.

LA CURIOSITÉ

Fournier, dans une équipe française « régionale »

Pour pallier l'absence des Italiens et des Allemands, Henri Desgrange a décidé de relancer les équipes régionales (déjà présentes en 1928 et 1929). Quatre équipes de huit coureurs : avec notamment comme têtes d'affiche Maurice Archambaud pour l'équipe « Nord-Est-Île-de-France » (il avait refusé de courir pour l'équipe de France), René Vietto pour l'équipe « Sud-Est », et René Le Grevès et Pierre Cloarec pour l'équipe « Ouest ». Amédée Fournier, médaillé d'argent de la poursuite par équipes aux Jeux olympiques de Los Angeles (1932), participait pour la deuxième fois au Tour de France (après 1936), sélectionné dans cette toute nouvelle équipe Nord-Est-Île-de-France. Il a remporté deux étapes : la cinquième, entre Lorient et Nantes, et surtout la première, entre Paris et Caen, ce qui lui a permis de porter le maillot jaune pendant la première demi-étape du lendemain (un contre-la-montre entre Caen et Vire). Fournier avait fini ce Tour dans les profondeurs du classement, à la 47e place...

Cette photo a été prise en 1939, dans les environs de Pau à l'occasion de la trente-troisième édition du Tour. Au menu pour les coureurs : 18 étapes, 3 jours de repos et un total de 4 225 kilomètres à parcourir en 20 jours.

En ce qui concerne la course, les tensions politiques sont palpables entre les pays européens : l'Allemagne et l'Italie de Gino Bartali (le vainqueur sortant) sont absentes. Magne, Leducq et Speicher, les trois derniers vainqueurs tricolores, n'ont pas pris le départ. Théoriquement, c'est une voie royale pour René Vietto, le chouchou du public, mais le Français fera illusion en portant le maillot jaune durant 11 jours par-delà les Pyrénées avant de s'écrouler dans les Alpes, relégué par Sylvère Maes à 20 minutes dans l'Izoard puis à 30 minutes après le premier contre-la-montre en montagne de l'histoire dans l'Iseran... C'est ainsi que le Belge a pu conquérir son deuxième tour de France après celui de 1936...

L'une des images fortes qui ont fait la légende et le folklore du Tour reste tout de même celle d'Amédée Fournier en train de piquer un « roupillon » en plein milieu d'un champ à proximité de Pau... Pour décrire cette scène, on aurait très bien pu reprendre les paroles du « Dormeur du val », ce poème écrit par Arthur Rimbaud, sans bien-sûr le côté guerrier et sanglant.

Mais comment Fournier a-t-il pu se permettre cette petite pause ? Tout s'explique ! Henri Desgrange avait eu la « bonne idée » d'imposer deux demi-étapes dans la même journée (une pratique instaurée sur le Tour à partir de 1934 avec le tout premier contre-la-montre individuel) : un premier départ à 4 h 30 du matin pour 210,5 km entre Bordeaux et Salies-de-Béarn, puis à la mi-journée un chrono de 68,5 km entre Salies-de-Béarn et Pau... Tout cela la veille de la première étape pyrénéenne de 311 kilomètres entre Pau et Toulouse avec un départ « à la fraîche », à 6 heures du matin ! L'organisation du Tour de France avait (quand même) prévu une heure de pause entre l'arrivée de la première demi-étape et le contre-la-montre : c'est donc tout naturellement que le jeune Amédée s'est assoupi contre une botte de foin...

1948

PIERRE SABBAGH

LE PETIT PLUS

Orson Welles totalement subjugué

Après avoir donné le départ fictif place du Palais-Royal, Orson Welles est monté à bord d'une voiture pour suivre la première étape arrivant à Metz… Voici ses commentaires dithyrambiques à l'arrivée : « Je viens d'assister à l'un des plus étonnants spectacles qu'il m'ait jamais été donné d'admirer. Il s'en dégage une somme d'émotions sportives et dramatiques à la fois dont je n'aurais jamais soupçonné l'intensité. Et quel beau film on pourrait faire ! Quel cadre, quel décor. Comme je regrette d'être si peu compétent en cyclisme pour ne pas raisonnablement songer à le réaliser. »

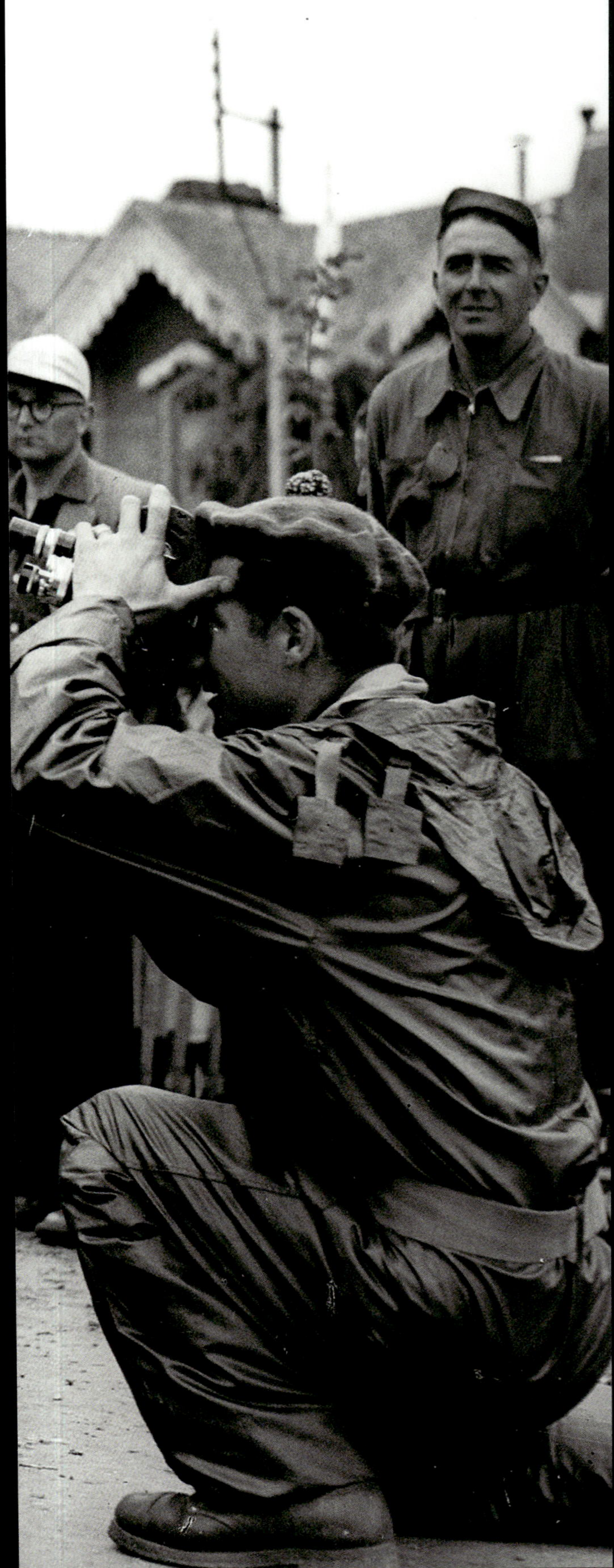

DU SON À L'IMAGE

Premier direct télé sur le Tour

**Le Tour de France à la télévision est sans aucun doute l'un des plus merveilleux spectacles de sport. Tous les ingrédients sont réunis pour faire de ces retransmissions un événement unique au monde.
Le direct d'abord, partout et par tous les temps, le décor ensuite, on découvre une France vue du ciel comme jamais, et enfin le suspense d'une compétition à rebondissements.**

Invité à donner le départ du Tour 1950 place du Palais-Royal à Paris, le cinéaste américain Orson Welles (réalisateur entre autres de *Citizen Kane* en 1941) avait résumé avec justesse ce que beaucoup d'entre nous pensent tout bas : « Le Tour est digne d'une superproduction de Hollywood ! »

Tout a commencé le dimanche 25 juillet 1948, sur une idée de Pierre Sabbagh. Le grand pionnier de la télévision a installé ses caméras de la radiodiffusion française au Parc des Princes pour l'arrivée de la dernière étape. Gino Bartali – qui a gagné sept étapes cette année-là – ne réussit pas à s'imposer à Paris mais remporte tout de même son deuxième Tour de France, dix ans après le premier. En direct donc, mais sans le son – les caméras sont dépourvues de micro –, Giovanni Corrieri, un autre Italien, franchit la ligne le premier. Les images muettes sont transmises aux studios de la rue Cognacq-Jay, le siège de l'ORTF, par un ballon dirigeable en vol stationnaire au-dessus du Parc des Princes ! Les commentaires de Jacques Sallebert – grand journaliste radio à Paris-Inter – ponctuent l'événement : « Le sport vient d'entrer de plain-pied à la télévision ! »

Un an plus tard, le 29 juin 1949, lors du premier journal télévisé tout en images, sans présentateur et presque sans téléspectateurs (car seulement 1 % des foyers est alors équipé d'un téléviseur), on assiste au premier reportage télévisé de l'histoire du Tour de France ! C'est un autre personnage légendaire de la télévision qui pose sa voix sur le sujet et raconte les préparatifs de la Grande Boucle : Georges de Caunes.

Les professionnels de l'audiovisuel et les organisateurs de la course perçoivent très vite l'impact de l'image pour glorifier les héros du Tour. Alors dès 1952, Henri Persin, caméraman, vient sur les routes du Tour et filme les étapes. Lui aussi vit donc une véritable course contre la montre pour tourner, développer et rapatrier les bobines pour le résumé du soir. Moto, auto, train ou avion : tous les moyens sont bons ! C'est ainsi, par exemple, que les Français ont pu voir au journal télévisé les images de la première ascension de l'Alpe-d'Huez et la victoire de Fausto Coppi, commentées par Georges de Caunes.

Fiorenzo Magni filmé au départ du contre-la-montre de 85 km La Guerche-de-Bretagne – Angers (1951).

FOCUS

Les grandes évolutions de la retransmission télé

- 1948 : premier direct sur le Tour (arrivée au Parc des Princes)
- 1949 : premier reportage au journal de 20 heures
- 1957 : premier reportage de Robert Chapatte
- 1958 : première diffusion en direct des passages de cols (l'Aubisque, Peyresourde)
- 1959 : premières images prises par hélicoptère et résumé quotidien à 20 h 30
- 1960 : les 10 derniers kilomètres de l'étape sont retransmis en direct
- 1962 : les 30 derniers kilomètres sont filmés par des caméras HF et commentés par Robert Chapatte
- 1963 : toutes les étapes sont filmées par hélicoptère
- 1967 : l'époque des grands directs sous la houlette de Georges de Caunes et la célèbre voix de Léon Zitrone
- 1968 : les images du Tour sont retransmises en Eurovision, c'est-à-dire dans les pays adhérents à l'Union européenne de radio-télévision
- 1975 : TF1 et Antenne 2 se partagent les retransmissions
- 1985 : Antenne 2 obtient l'exclusivité des droits de retransmission
- 1990 : première étape diffusée en intégralité (Saint-Gervais – l'Alpe-d'Huez) car, jusqu'alors, Antenne 2 et FR3 n'offraient que 90 minutes de direct
- 1992 : un avion relai survole la course pour garantir la transmission des images prises par les motos et les hélicos à la régie
- 2007 : les images du Tour passent en HD
- 2017 : les étapes sont retransmises en intégralité

DUEL EN ALTITUDE

Briançon-Aoste : Bartali devant, Coppi derrière va gagner l'étape et lui prendre le maillot jaune.

Coppi vs Bartali : la passation de pouvoir

Anquetil-Poulidor, Leducq-Magne, Armstrong-Ullrich, Contador-Schleck, etc. La légende du Tour se nourrit de ces batailles entre deux champions, de ces duos qui pimentent les courses, enflamment les supporters et déchaînent les passions.

La rivalité entre Fausto Coppi et Gino Bartali est un sommet dans l'histoire du Tour. Tout les oppose : Gino est musclé, puissant, croyant, il a un visage de boxeur, il est l'image de l'Italie de la campagne. Fausto est fin, longiligne, plus jeune, plus moderne, capable de quitter son épouse pour une passion amoureuse... et l'Italie est divisée entre ces deux champions qui vont pourtant se retrouver dans la Squadra Azzurra en 1949.

Vainqueur du Giro cette année-là avec près de vingt-quatre minutes d'avance sur Gino Bartali, Coppi conditionne sa participation au Tour à l'absence de son frère ennemi (vainqueur sortant de l'édition 1948). Bartali sur la pente descendante, Coppi – en pleine ascension – veut le pouvoir. Avec talent et diplomatie, le directeur sportif de la Squadra Azzurra, l'ancien champion Alfredo Binda, les aligne ensemble et réussira à leur faire signer un « pacte de non-agression » à quinze jours du départ.

La course commence bien mal pour Fausto, parti à la faute dans la cinquième étape, Rouen – Saint-Malo, et dépanné tardivement (il accuse plus d'une demi-heure de retard au classement général au pied des Pyrénées !). Mais, sans exagérer, on peut dire que Coppi est un coureur exceptionnel : il rattrape une partie de son retard dans les deux longs contre-la-montre, entre Les Sables-d'Olonne et La Rochelle (92 km à 39,951 km/h) puis en fin de Tour entre Colmar et Nancy (137 km à 37,562 km/h). Au prix d'un effort phénoménal, il rejoint Jean Robic et Stan Ockers, partis 8 et 12 minutes avant lui (il met même hors délai 20 coureurs, repêchés par la direction de course !) et gagne le chrono avec 7 minutes d'avance sur Bartali.

Dans les Alpes, il offre à son frère ennemi la victoire et le maillot jaune sur l'étape Cannes – Briançon (275 km) : joli cadeau d'anniversaire pour Gino ! Mais le lendemain, entre Briançon et Aoste (257 km), crevaison de Bartali, Binda change de cheval et donne à Coppi un « bon de sortie ». Le Campionissimo décolle, prend 5 minutes à Gino et enfile définitivement le maillot jaune pour l'emmener de l'Italie jusqu'à Paris...

Fausto Coppi restera pendant des dizaines d'années LA référence pour un nouveau cyclisme où tout est important : le travail, l'entraînement, la tactique et la technique. Coppi a préféré une technologie française pour son dérailleur, le fameux Simplex, qui fera beaucoup d'adeptes grâce à son exemple.

Si Gino Bartali rimait avec paradis, Fausto Coppi, lui, était bien « le champion d'un autre monde », comme le disait en souriant Géminiani. Bartali avait étonné les passionnés en gagnant le Tour deux fois à dix ans d'intervalle. Coppi suscitera une plus grande admiration encore en gagnant la même année le Tour d'Italie (Giro) et le Tour de France. Deux victoires dans la Grande Boucle en trois participations !

FAUSTO COPPI,
GINO BARTALI

FOCUS

Coppi : le champion des champions

Il y en a qui considèrent que le plus grand coureur cycliste de tous les temps n'est pas Eddy Merckx mais Fausto Coppi. Ils ont peut-être raison. Bien avant Merckx, Fausto Coppi fut un coureur tout-terrain, qui gagnait tout au long de la saison, en atteste son palmarès hors normes :

- 5 Tours d'Italie (1940, 1947, 1949, 1952, 1953) et 22 étapes
- 2 Tours de France (1949, 1952) et 9 étapes
- 2 doublés Tour d'Italie/ Tour de France (1949 et 1952)
- 1 titre de champion du monde sur route (1953)
- 3 Milan-San Remo (1946, 1948, 1949)
- 5 Tours de Lombardie (1946, 1947, 1948, 1949, 1954)

EN CHIFFRES

28 min 17 sec

L'écart de Coppi avec son dauphin, le Belge Stan Ockers, à Paris sur le Tour 1952. Un record sur le Tour depuis 1947.

GINO BARTALI,
FIORENZO MAGNI,
ALFREDO BINDA

Bartali et l'Italie quittent le Tour !

Les coureurs ont besoin du public pour se transcender, mais en même temps ce public est souvent si près d'eux qu'ils peuvent en sentir les vapeurs d'alcool, perdre un tympan pour un encouragement un peu trop bruyant, recevoir ici quelques gouttes devant, là une chopine de bière et puis parfois un jet d'urine…

L'Aspin, le Tourmalet, l'Aubisque, le mont Ventoux, l'Izoard, le Galibier, l'Alpe-d'Huez… Ces cols mythiques où les passionnés de la Petite Reine passent des heures pour attendre le passage de leurs idoles…

Le Tour 1950 a connu un incroyable rebondissement dans les Pyrénées : onzième étape, Pau – Saint-Gaudens, avec au programme les cols d'Aubisque, du Tourmalet et d'Aspin. Une étape animée entre autres par Robic et Kübler mais aussi par Bobet et Bartali. À la bagarre dans le col d'Aspin, le Français est bousculé par les spectateurs – pas très disciplinés et peut-être un peu grisés ! Bartali, tentant de l'éviter, accroche alors Robic. Des insultes fusent, et même des coups selon le champion italien, et les deux champions repartent… 80 kilomètres de plat pour rejoindre Saint-Gaudens où Bartali, furibond, aligne tout le monde au sprint (ils étaient neuf à prétendre à la victoire d'étape). Dernière victoire d'étape et dernier coup d'éclat de Gino « le Vieux » sur le Tour et maillot jaune pour son coéquipier Fiorenzo Magni.

Malgré sa victoire, Bartali ne se calme pas : cette attitude du public est inacceptable, il craint pour sa sécurité et décide de quitter le Tour de France dans la nuit. Alfredo Binda, le patron de l'équipe, ne parviendra pas à lui faire changer d'avis, idem pour Jacques Goddet (le patron du Tour). Le lendemain matin c'est même pire : ce sont les deux équipes italiennes avec Magni le maillot jaune (pourtant bien décidé à le défendre) qui renoncent et se retirent !

Pau – Saint-Gaudens : en trench-coat et après avoir gagné l'étape, Bartali veut quitter le Tour !

COUP DE CŒUR

FRANCIS HUSTER

Comédien, metteur en scène, scénariste et réalisateur

VIVA ITALIA !

J'ai une vraie passion pour l'Italie, les films de Visconti, Antonioni, Pasolini… Évidemment pour les coureurs italiens comme Fausto Coppi, Gino Bartali, Gastone Nencini, qui a gagné en 1960, Pantani, en 1998, et Nibali, en 2014. Mais j'ai un vrai coup de cœur pour un garçon qui n'a jamais gagné mais qui luttait jusqu'au bout de l'humain pour sauver l'honneur de son pays et de son équipe : Ercole Baldini. Pour moi, Ercole c'est l'exemple même du type qui se dépasse. J'avais neuf ans quand il est devenu champion du monde et spécialiste de la piste. Il ne sera jamais un grand du Tour de France mais son courage m'a toujours bluffé. Il gagne même une étape en montagne le 14 juillet 1959, incroyable ! Il terminera sixième de ce Tour de France remporté par Bahamontes.

LES CLÉS POUR COMPRENDRE

Les caprices de Bartali

Officiellement, Gino Bartali justifie son retrait par son sentiment d'insécurité vis-à-vis du public français. Explications : primo, la domination. L'Italie domine outrageusement le Tour depuis deux ans avec les victoires de Bartali justement en 1948 et de Fausto Coppi en 1949 (et Bartali deuxième). Secundo, la vengeance. Sur le Tour 1949, le public italien avait réservé un accueil houleux aux coureurs français à Aoste ; pour Bartali, il se pourrait que, sur ce Tour 1950, les spectateurs français aient répondu dans les Pyrénées en voulant secouer les coureurs transalpins. Tertio, l'agacement. La tactique italienne (on ne roule pas dans les échappées et on gagne l'étape au sprint), un manque de fair-play qui aurait excité les spectateurs français. Officieusement, il se pourrait que Bartali ait claqué la porte et poussé l'Italie à l'abandon car il n'aurait pas supporté de voir le maillot jaune sur les épaules d'un compatriote fasciste alors que lui – Gino le Pieux – a participé à la Résistance. Une explication peut-être tirée par les cheveux ?

Abdelkader Zaaf lors de la treizième étape, entre Perpignan et Nîmes.

MALAISE SUR LE TOUR

La soif de Zaaf

Drôle d'année que cette année 1950, marquée par le déclenchement de la guerre de Corée, la mort d'Albert Lebrun et de Léon Blum, le succès incroyable de la 2 CV, ou l'exploit de Maurice Herzog, Lionel Terray, Louis Lachenal et Gaston Rébuffat, qui réussissent la première ascension de l'Annapurna (8 078 mètres). Drôle d'année, marquée aussi par la victoire de Ferdi Kübler dans le Tour de France, premier Suisse à gagner la Grande Boucle. Et marquée également par la fameuse soif de Zaaf.

Abdelkader Zaaf, coureur hors norme né à Chebli, en Algérie, est engagé pour ce Tour dans l'équipe d'Afrique du Nord. Sa spécialité, c'est casser la baraque, c'est-à-dire attaquer n'importe où, n'importe quand, quelles que soient les circonstances de course. À tel point qu'en 1951, une de ses échappées foldingues sera à deux doigts de provoquer l'élimination de Fausto Coppi.

Le jeudi 27 juillet 1950, treizième étape, Perpignan-Nîmes (215 km). Dans un peloton rendu apathique par la canicule, Marcel Molines (son coéquipier) s'enfuit à Narbonne (km 61), Zaaf le rattrape 15 kilomètres plus tard. Leur avance grimpe à douze minutes à Pézenas au km 110 avant que ce dernier ne tente de prendre la poudre d'escampette…

Mais peut-être a-t-il présumé de ses forces ? Car l'Algérois peine sur le bitume surchauffé, il zigzague et titube plusieurs fois… Épuisé, déshydraté, K.O… tous les 50 mètres, on lui tend à boire… N'en pouvant plus, il s'effondre dans le fossé. On adosse le malheureux contre un arbre, à l'ombre. Gros malaise pour Abdelkader qui, malgré sa casquette, est victime d'une terrible insolation. Des viticulteurs charitables vont l'aider.

Vont-ils l'arroser ? Le faire boire ? On raconte que Zaaf repartira en empestant le rosé, lui dont la réputation était de ne jamais boire d'alcool. Et surtout, scène tout à fait insolite, il va enfourcher son vélo et repartir sur la route du Tour… à l'envers !

Comme le chantait Graeme Allwright : « Jolie bouteille, sacrée bouteille, veux-tu me laisser tranquille… »

FOCUS

Abdelkader Zaaf

Surnommé « le Zouave du peloton », il fut le cycliste maghrébin le plus populaire du Tour. Zaaf est né en Algérie coloniale en 1917. Il est deux fois champion de France sur route (1942, 1947) et champion d'Algérie (1946). Il compte quatre participations au Tour et aucun résultat (si on peut le dire ainsi) : une élimination en 1948, ce fameux abandon en 1950, il est hors délai en 1952. Entre-temps, il aura quand même réussi à finir son troisième Tour en 1951… comme lanterne rouge !

LA PETITE HISTOIRE

Rien à voir avec le rosé !

À rebrousse chemin, Zaaf a fini par croiser la voiture-balai. C'est le médecin du Tour qui rapporte cette odeur de vin. Mais ce n'est pas le rosé qui est à l'origine de son malaise : lui qui était musulman pratiquant ne buvait pas une goutte d'alcool. Zaaf était simplement allé au bout de lui-même, sans sentir que la déshydratation et l'épuisement allaient l'emporter… Peut-être à cause des amphétamines dont on sait, qu'à l'époque, leur prise était légion dans le peloton…

36
84

LA CANICULE DONNE DES IDÉES

Robic et les petits baigneurs

Question pour des champions : pourquoi, pendant des années, le Tour de France n'est-il plus passé sur la Côte d'Azur ? Réponse : parce que le samedi 29 juillet 1950, les coureurs de la Grande Boucle ont décidé, sur un coup de tête, de plonger dans la grande bleue !

Explications : le Tour est souvent la course des grandes chaleurs, les concurrents peuvent consommer jusqu'à vingt bidons durant une étape. On se souvient que la France, cet été-là, est soumise à une canicule extraordinaire, la plupart des coureurs souffrent le martyre. Déshydratation permanente. Tout est bon pour se rafraîchir, se protéger et garder un minimum de forces : les fontaines, les jets d'eau, les tuyaux d'arrosage et puis, surtout, les bars et les restaurants ; la chasse à la canette est ouverte en permanence. Champions ou pas, tous en prennent pour leur grade, Louison Bobet ou Raphaël Géminiani compris ! Boissons trop glacées, indigestions et des dizaines de minutes perdues.

« Je n'aime pas du tout l'eau, mais je pense à la révolution que cela ferait dans le peloton si je descendais pour aller me baigner », explique Robic au directeur de course, sous les yeux du journaliste Roger Bastide. « Biquet » va plonger, et le Français Apo Lazaridès entraîne les autres. Ils seront soixante-deux à piquer une tête dans la Méditerranée. On dit même qu'André Brulé (nom prédestiné) est entré dans l'eau avec son vélo !

Des scènes cocasses dignes d'un film de Jacques Tati, mais pas du tout appréciées par Jacques Goddet et Félix Lévitan. Les organisateurs sont furieux et le font savoir : amendes et leçon de morale dans la presse.

« Ne serait-il pas plus convenable que les cyclistes apprennent ou réapprennent leur dur métier plutôt que se livrer à cette manifestation de carnaval que fut la plongée collective de la moitié du peloton dans les eaux du golfe de Saint-Tropez ? »

Finie la Côte d'Azur, diront pendant longtemps les responsables du Tour. Finie la grande bleue pour le maillot jaune, à cause d'un plongeon qui avait fait des vagues.

La baignade des coureurs à Sainte-Maxime lors de la 15e étape, entre Toulon et Menton.

Hugo Koblet, le pédaleur de charme

Bien avant Mario Cipollini et Peter Sagan, le peloton du Tour a connu son « pédaleur de charme », un surnom trouvé par le chansonnier Jacques Grello dans *Le Parisien libéré* au lendemain d'un exploit exceptionnel et d'un geste devenu – en une fraction de seconde – iconique…

Le Suisse Hugo Koblet, spécialiste de l'effort solitaire – huit fois champion de Suisse de poursuite –, venait de crever l'écran à Agen. Une victoire après 135 km d'échappée solitaire, à peine descendu de sa bicyclette, il enfilait ses lunettes de ski autour du bras gauche, un petit coup d'éponge pour se nettoyer le visage, un regard à son chrono pour mesurer le retard des favoris et un petit coup de peigne pour se recoiffer… Le sport et l'élégance, la force et le style : Koblet ne faisait aucune concession…

Le coureur suisse participait pour la première fois au Tour de France. Personne ne se préoccupait de ce nouveau venu, septième au général au matin de cette étape inédite entre Brive-la-Gaillarde et Agen (177 km)… Alors quand Hugo a dit « go, j'attaque ! » pour rejoindre puis dépasser les deux premiers échappés, tout le monde a laissé faire… Jusqu'à ce que l'avance grimpe à 4 minutes à 50 km de l'arrivée… Et là, les équipes des prétendants à la victoire finale ont décidé de s'entendre mais des Coppi, Bartali, Magni, Bobet, Géminiani ou encore Ockers, aucun n'a pu revenir et Koblet a levé les bras avec 2 min 35 s d'avance dans la cité agenaise !

Pourtant, tout le monde aurait dû se méfier de Koblet – déjà auteur d'un exploit historique en 1950 en devenant le premier non-Italien à remporter le Giro – et de ses qualités de rouleur. Avant cette échappée victorieuse de 135 km, le Suisse avait déjà gagné la 7e étape (contre-la-montre individuel entre La Guerche et Angers). Désormais à l'affût au général, Koblet va poursuivre sa razzia avec la 14e étape, Tarbes-Luchon (jour où il prenait le maillot jaune pour ne plus le lâcher jusqu'à Paris), puis la 16e étape, Carcassonne–Montpellier, et enfin le contre-la-montre individuel Aix-les-Bains-Genève à deux jours de Paris.

Dernière étape (Dijon – Paris) : c'est l'heure de se détendre pour Koblet. Il a course gagnée !

COUP DE CŒUR

JACQUES AUGENDRE

Journaliste, écrivain – 55 Tours de France

UN CHAMPION PLAY-BOY

J'ai eu la chance de suivre 55 Tours de France : le choix d'un champion m'est donc difficile. Par exemple, entre Bobet, Coppi ou Koblet… mais c'est lui que je vais choisir. C'est le beau Suisse Hugo Koblet. La perfection sur un vélo, l'élégance et l'efficacité, extrêmement sympathique dans la vie, sur son vélo les spécialistes racontent qu'il « pédalait dans l'huile ». Son exploit date du dimanche 15 juillet 1951 (Brive-Agen) : 135 km d'échappée. Robic, Bartali ou Coppi ne pourront jamais le rattraper. Il va gagner ce Tour de France 1951 en marquant l'histoire avec un geste d'une élégance folle au moment de passer la ligne : petit coup d'éponge sur le visage, il sort un peigne de sa poche et se recoiffe tranquillement. Hugo Koblet c'était un champion play-boy. 1951, c'est aussi l'année du miracle : le Hollandais Wim Van Est, qui a gagné à Dax et endossé le maillot jaune, et qui tombait le lendemain dans un ravin de l'Aubisque… Une chute extraordinairement impressionnante de plus de 75 m. Pratiquement sain et sauf, il avait quand même dû abandonner.

LA PETITE HISTOIRE

Les dessous de la victoire d'Agen

Comment un coureur que la moitié du peloton ignorait a-t-il pu s'échapper seul durant 135 km et gagner de cette façon ? La question est légitime ! La réponse est cocasse : le champion suisse a souffert d'une violente crise d'hémorroïdes. Durant la nuit à Brive, son équipe a dépêché un médecin à son chevet, lequel lui a conseillé l'incision immédiate. Un refus poli d'Hugo, qui demande l'avis d'un second médecin. Le traitement : aspirine, anti-inflammatoire puissant et pommade. Après avoir fini sa nuit tant bien que mal, Koblet s'est copieusement enduit les fesses de la crème prescrite et est parti sur les chapeaux de roue dès le 40e kilomètre (on aurait pu dire le 40e rugissant !) de l'étape. Le remède (visiblement) miracle avait fait son effet et pour cause : la pommade était une préparation à base de cocaïne, qui, utilisée sous cette forme, est à la fois un anesthésique et un euphorisant !

Wim Van Est indemne après une chute de 70 m !

Si le Tour 1951 reste dans l'histoire comme celui de la victoire de Hugo Koblet, l'Apollon suisse, il est aussi celui d'un miracle pour Wim Van Est, le Hollandais porteur éphémère du maillot jaune quasiment indemne malgré une chute dans un ravin de près de 70 mètres...

La chute vertigineuse de Wim Van Est en contrebas de l'Aubisque.

Nous sommes en 1951, et tous les grands sont au départ de ce trente-huitième Tour : Coppi, Bartali, Kübler et Bobet. Défaillances énormes pour Coppi et Bobet. Fausto Coppi, devenu l'ombre de lui-même (suite au décès brutal de son frère Serse), perd trente-trois minutes entre Carcassonne et Montpellier. Les offensives sont lancées par Abdelkader Zaaf, le facétieux Algérois rendu célèbre par son malaise sur la route de Nîmes l'année précédente. Le « Campionissimo » mettra un point d'honneur à terminer dans les délais. Louison Bobet, fatigué par son début de saison, craque à son tour. Hugo Koblet, « le pédaleur de charme » – comme le dit le chansonnier Jacques Grello –, gagne ce Tour de France après une échappée monstrueuse entre Brive et Agen.

Mais, au tableau d'honneur de ce Tour, il faut inscrire, le 17 juillet, le Hollandais Wim Van Est. Vainqueur à Dax, il vient de prendre la tête du classement général. L'étape entre Dax et Tarbes est donc un grand jour pour lui : il porte le maillot jaune. Mais ce sera aussi une très grande désillusion. Galvanisé, sans doute par sa belle tunique, il va tout faire pour rester au contact des meilleurs dans les grands cols. Descente de l'Aubisque (l'un des cols les plus pentus et les plus difficiles du Tour). Trop vite, trop audacieux, trop maladroit. Une première chute, une glissade, il se relève. Une deuxième chute, plus sérieuse, le Hollandais s'en sort encore sans une égratignure. Le troisième gadin, bonjour le ravin !

L'acrobate raconte : « Je n'ai rien compris. J'ai senti que je virais mal, j'étais déjà tombé et j'aurais dû être prudent. Mais je voulais tant garder le maillot. Alors, j'ai foncé et je me suis envolé... En un éclair, j'ai vu la mort... et le reste, je ne me rappelle plus très bien, un grand boum dans ma tête... et un silence religieux. »

Selon les témoins, le ravin mesure plus de 100 mètres ! Impressionnant ! Il ne bouge plus. On l'appelle, pas de réponse. Puis il se relève doucement, des suiveurs et des journalistes mettent une heure à tresser une corde en nouant des boyaux et le remontent. Des égratignures, mais rien de grave : un miracle ! Malgré son maillot jaune, il abandonnera quand même la course.

LE PETIT PLUS

Un bon coup de pub

Comme Abdelkader Zaaf, qui a tiré profit de son malaise caniculaire de 1950 et de sa lanterne rouge en 1951 pour être invité dans les critériums d'après-Tour, après cette chute spectaculaire, Van Est ne perd pas le nord ! En effet, un publicitaire fera même fortune en faisant dire au héros : « Je suis tombé à 70 mètres de profondeur, mon cœur s'est arrêté de battre, mais ma montre Pontiac fonctionnait toujours. »

LE GÉANT DE PROVENCE

Le Tour à l'assaut du mont Ventoux

Dans la mythologie du sport, il y a des dieux et des « monts Olympe »… Le Tourmalet, le Galibier, l'Izoard, l'Iseran ou encore l'Alpe-d'Huez sont les sanctuaires des héros de juillet et peut-être plus encore parmi ceux-là une montagne isolée qui domine la Provence, un mont de pierres, brûlé par le soleil et balayé par les vents : le mont Ventoux… Une montagne lunaire, et une route construite en 1886 pour l'installation d'un observatoire météo en son sommet.

En 1336, Pétrarque en tenta l'ascension comme pour mener un parcours initiatique censé lui faire oublier sa Laure. Arrivé au sommet, non sans avoir renoncé plusieurs fois, le poète florentin déclara : « C'est au sommet que tout s'accomplit, c'est là que tendent nos pérégrinations. »

Roland Barthes, dans ses *Mythologies*, évoque le « caractère hiroshimatique » du mont Chauve. Cet endroit de Provence où la vie semble avoir été éradiquée par une catastrophe, un soleil de plomb, un environnement minéral, lunaire, sans air, si ce n'est le vent de face… Pour l'écrivain, le mont Ventoux est un « dieu du mal auquel il faut sacrifier » ou encore « un terrain damné, un lieu d'épreuve pour le héros, quelque chose comme un enfer supérieur où le cycliste définit la vérité de son salut ». La plume d'Antoine Blondin complète cette description infernale : « Peu de souvenirs heureux s'attachent à ce chaudron de sorcière qu'on n'aborde pas de gaieté de cœur. Nous y avons vu des coureurs raisonnables confiner à la folie sous l'effet de la chaleur et des stimulants, certains redescendre les lacets alors qu'ils croyaient les gravir, d'autres brandir le gonfleur au-dessus de notre tête en nous traitant d'assassins. »

Le mont Ventoux : une montagne maudite ? Peut-être… Premier exemple en 1955, troisième ascension de l'histoire du Tour, le Français Jean Malléjac s'effondre, victime d'un malaise (attribué au dopage). On lui appose un masque à oxygène et on doit l'attacher dans l'ambulance, car le coureur, visiblement désorienté par le dopage et la chaleur, ne comprend pas ce qui lui arrive et veut descendre du brancard ! Mêmes causes mais conséquences plus graves pour l'Anglais Tom Simpson, qui ne se relèvera pas en 1967. Un drame vécu en direct à la télévision…

Il a fallu attendre 48 ans pour que la Grande Boucle daigne l'escalader. C'était lors du Tour 1951, 17e étape entre Montpellier et Avignon (224 km). 143 premiers kilomètres insipides, les coureurs redoutaient le mont Chauve. C'est Lucien Lazaridès (3e au général), le frère d'Apo, qui est passé en tête une quarantaine de secondes devant Bartali, suivi de Géminiani et Barbotin, puis de Koblet et Bobet. Louison Bobet, qui s'échappera à 3 kilomètres d'Avignon pour passer la ligne en solitaire avec plus de 50 secondes sur ses compagnons d'ascension…

C'est sept ans plus tard, le 14 juillet 1958, que l'arrivée est organisée pour la première fois au sommet : un contre-la-montre de 22 kilomètres au départ de Bédoin. Victoire de Charly Gaul, le grimpeur luxembourgeois qui remportera le Tour cette année-là. Survolté, il a rattrapé puis déposé Louison Bobet. Une humiliation pour le Français, un jour de fête nationale…

LE PETIT PLUS

Les vainqueurs au sommet du Ventoux

- **Charly Gaul :** 1958 – 18e étape (contre-la-montre de 22 km)
- **Raymond Poulidor :** 1965 – 14e étape
- **Eddy Merckx :** 1970 – 14e étape
- **Bernard Thévenet :** 1972 – 11e étape
- **Jean-François Bernard :** 1987 – 18e étape (contre-la-montre de 36,5 km)
- **Marco Pantani :** 2000 – 12e étape
- **Richard Virenque :** 2002 – 14e étape
- **Juan Manuel Gárate :** 2009 – 20e étape
- **Christopher Froome :** 2013 – 15e étape
- **Thomas De Gendt :** 2016 – 12e étape (arrivée ramenée au chalet Reynard à cause du vent au sommet)

LA CURIOSITÉ

Un sommet et trois voies

Le mont Ventoux, qui est une montagne isolée au cœur de la Provence, a la particularité d'avoir trois voies :
- depuis Bédoin (versant sud) : 22,7 km, 1 622 m de D+ (dénivelé positif), 7,2 % de pente moyenne et 10,8 % de pente maximale
- depuis Malaucène (versant nord) : 21,2 km, 1 588 m de D–, 7,2 % de pente moyenne et 11 % de pente maximale
- depuis Sault (versant est) : 25,7 km, 1 152 m de D+, 4,5 % de pente moyenne et 10,5 % de pente maximale

Foule au Ventoux pour applaudir le passage en tête de Lucien Lazaridès.

LUCIEN LAZARIDÈS,
RAPHAËL GÉMINIANI,
HUGO KOBLET,
LOUISON BOBET,

Première arrivée en altitude de l'histoire. Jean Robic dans la roue de Fausto Coppi.

LE PETIT PLUS

Les trois premières arrivées en altitude de l'histoire du Tour

Ce Tour 1952 est celui des premières arrivées en altitude. Tout d'abord à l'Alpe-d'Huez (10e étape) le 5 juillet, puis à Sestrières (11e étape) le 6 juillet et enfin au puy de Dôme (21e étape) le 17 juillet. Trois étapes remportées par Fausto Coppi, le champion des champions, vainqueur du Tour avec plus de 28 min sur Stan Ockers !

LES CLÉS POUR COMPRENDRE

Pourquoi l'appelle-t-on la montagne des Hollandais ?

La montée de l'Alpe-d'Huez est peut-être le théâtre sportif qui appartient le moins à la France tellement le palmarès de ses vainqueurs est éclectique et international… D'ailleurs les Britanniques la surnomme « le Wembley du cyclisme » !
Des Italiens, des Portugais, des Colombiens, des Américains, des Luxembourgeois, des Français… et surtout des Hollandais ! Sur les trente arrivées disputées entre 1952 et 2018, huit ont été remportées par des coureurs bataves (pour être précis : huit victoires en l'espace de treize arrivées entre 1976 et 1989) : Joop Zoetemelk (1976, 1979), Hennie Kuiper (1977, 1978), Peter Winnen (1981, 1983), Steven Rooks (1988), Gert-Jan Theunisse (1989). Pas étonnant donc, depuis cette époque glorieuse pour le cyclisme batave, que les supporters hollandais aient colonisé et annexé le virage n° 7 !

PREMIÈRE ARRIVÉE EN ALTITUDE

Coppi et Robic inaugurent l'Alpe-d'Huez

Un mur de 1 000 mètres, on l'appelle la « muraille de l'Oisans »... 13,8 km avec une pente moyenne de près de 8 %. Les connaisseurs apprécieront !

Impossible de monter à l'Alpe, comme on dit, sur la réserve, il faut être en forme et en avoir gardé sous le pied, sous peine de coincer dès le bas... Car le premier kilomètre est à 10,4 %, et en dézoomant un peu, les trois premiers kilomètres pour arriver jusqu'à La Garde-en-Oisans et son clocher, au virage 16, sont proches de 10 % !

Cette montée de l'Alpe-d'Huez au menu du Tour ? On pourrait croire que c'est un classique (et pour cause, avec 30 arrivées jusqu'en 2018, la station est la quatrième localité à avoir accueilli le plus d'arrivées après Paris, Bordeaux et Pau !) mais elle n'est régulièrement gravie que depuis 1976. La première ascension date de 1952. Les sports d'hiver commencent à décoller et les hôteliers de la station se cotisent pour payer les 2 690 000 francs exigés par Jacques Goddet pour organiser une arrivée au sommet. La toute première de l'histoire du Tour ! Avec la présence dans la course pour la première année d'un caméraman à moto pour des reportages dans le journal télévisé, le retour sur investissement ne peut être que positif pour les hôteliers !

Vendredi 4 juillet 1952, dixième étape au départ de Lausanne. 266 kilomètres, dont 251 totalement insipides au dire des journalistes sportifs de l'époque : les coureurs redoutent cette montée inconnue... C'est de Jean Robic que va venir la première escarmouche en attaquant dès le pied, Coppi recollera au train avant d'en placer une à 6 kilomètres de l'arrivée et d'écraser le Tour. La vitesse du Campionissimo n'est pas exeptionnelle (45 min 22 s d'ascension à 18,664 km/h) comparée au record absolu d'un Marco Pantani chargé à bloc en 1997 (37' 35'', soit 23,08 km/h), mais elle permet de mesurer l'évolution (et les dérives) du cyclisme en l'espace de quarante-cinq ans...

Cette démonstration de force de la part de Coppi a découragé la concurrence et retiré une part de magie à la suite du Tour 1952, raison probable pour laquelle les organisateurs ne sont pas revenus à l'Alpe avant 1976 ! Mais, depuis, la montée mythique est devenue un rendez-vous incontournable du spectacle et des coups d'éclat : en 1977, Bernard Thévenet, qui lutte contre Hennie Kuiper ; en 1986, Hinault et LeMond, qui passent la ligne main dans la main et enterrent la hache de guerre ; en 2001, Lance Armstrong, qui toise Ulrich et décolle ; en 2004, il gagne un contre-la-montre historique qui transforme la montée en vélodrome à ciel ouvert ; en 2013, Christophe Riblon gagne après avoir monté deux fois les 21 virages. Avec Pierre Rolland (2011) et Thibaut Pinot (2015), il fait partie des rares Français à pouvoir se vanter d'une victoire à l'Alpe...

LE PETIT PLUS

21 virages numérotés

En France, la plupart des routes des cols sont jalonnées de bornes kilométriques sur lesquelles figure le pourcentage de la pente. En ce qui concerne la montée de l'Alpe-d'Huez, devenue un véritable classique du Tour de France depuis 1976, il faut ajouter comme point de repère le nombre 21. Pour 21 virages, numérotés par ordre décroissant depuis le pied, à la sortie du Bourg-d'Oisans. Une plaque, la plupart du temps fixée à même la roche, porte le numéro du virage ainsi que le nom d'un ou plusieurs vainqueurs d'étape arrivant au sommet.

EN CHIFFRES

37 min 35 sec

Le record de Marco Pantani réalisé lors du Tour 1997, soit la vitesse moyenne de 23,08 km/h

Le Campionissimo avec une demi-heure d'avance

Nul besoin d'être un grand spécialiste du cyclisme pour reconnaître Fausto Coppi dans les pelotons des années 1950 : une allure et un physique idéals pour la pratique du vélo, un buste court, des bras immenses et surtout des jambes longues et fines.

« Coppi courait comme un artiste peint une aquarelle », écrit André Leducq, journaliste mais surtout ancien vainqueur du Tour de France, « vissé sur la selle, il semble caresser son guidon. Ses jambes démesurées se déploient telles les pattes agiles d'une gazelle. » Une gazelle pour les uns, un héron pour les autres. Une certitude : Coppi méritait à merveille le superlatif légendaire que lui ont attribué les tifosi italiens : « Campionissimo ».

Car, pendant toute sa carrière, sa marque de fabrique a été « victoire en solitaire ». D'ailleurs, longtemps, les commentateurs des radios italiennes n'avaient qu'une expression en bouche : « Coppi *solo in testa* », « Coppi seul en tête » ! En course, sa tactique était simple : attaquer, se détacher et gagner – 149 victoires entre 1940 et 1959. Ayant gagné pratiquement toutes les grandes classiques, dont Milan-San Remo 1946 – remportée avec quatorze minutes d'avance après une échappée solitaire de 140 kilomètres –, Fausto Coppi a surtout été le premier champion à réussir le doublé Giro-Tour en 1949, et il recommencera en 1952.

C'était l'époque où l'on conquérait le Tour sans se cacher, en gagnant les étapes les plus dures avec l'art et la manière... Sur ce Tour 1952 long de 4 898 km, Coppi en avait coché cinq : le contre-la-montre Metz-Nancy (60 km), bouclé à 38,716 km/h de moyenne malgré deux crevaisons et un changement de roue, un sprint à Pau après le passage du Tourmalet et surtout les trois premières arrivées en altitude de l'histoire du Tour. À l'Alpe-d'Huez avec 1 min 20 sur Robic, à Sestrières avec plus de 7 minutes sur Bernardo Ruiz (le grimpeur espagnol troisième du Tour cette année-là) et le puy de Dôme.

L'Italie du vélo a toujours adoré se passionner pour les rivalités entre grands champions, Girardengo contre Binda dans les années 1920, puis le duel Guerra-Binda. À partir de 1940, l'opposition Coppi-Bartali a atteint des sommets. Gino Bartali, le catholique pratiquant, « le Pieux » (son surnom), aimé de l'Italie traditionnelle paysanne, contre Fausto Coppi, le progressiste, qui scandalisa les milieux conservateurs en tombant amoureux d'une femme mariée, la fameuse « Dame blanche ». Excommunié, Coppi ira même en prison pour cette histoire !

Expliquer la domination de Coppi sur ses rivaux tient en deux mots : surdoué et perfectionniste. Non seulement il était naturellement constitué pour réaliser de grandes performances avec un vélo, mais, depuis son adolescence où, apprenti charcutier dans le Piémont, il livrait les saucisses à bicyclette, devenu pro, il cherchait sans arrêt à tout améliorer, sa nutrition, son entraînement, son matériel, sa tactique. Peut-être, avant l'heure, la recherche des gains marginaux...

Décédé en 1960 de la malaria, contractée en Afrique, Fausto Coppi a inspiré les plus grands compliments. Curzio Malaparte écrivait : « Si Bartali avait du sang dans les veines, Coppi, lui, avait de l'essence. » Et Raphaël Géminiani d'ajouter : « C'était un champion d'un autre monde. »

Après sa victoire la veille à l'Alpe-d'Huez, comme il sait si bien le faire, Coppi *solo in testa* va gagner à Sestrières.

COUP DE CŒUR

ÉRIC FOTTORINO

Journaliste / Fondateur du journal *Le UN*

FIER QUE MON NOM SONNE COMME COPPI FAUSTO !

L'immense champion italien est mon héros. Sa vie est une véritable tragédie grecque. Naissance dans la pauvreté, débuts en compétition sans vraie réussite, la mort de son frère, la gloire et puis la polémique avec une histoire d'amour et un divorce qui a divisé l'Italie... Une vie « style tragédie ».

Ma grand-mère qui était allée voir passer le Tour de France dans les Alpes à l'été 1952 s'était mise à pleurer en voyant son champion préféré. Le visage blanc, la carcasse tellement maigre, la souffrance exprimée dans le col du Puymorens : elle a éclaté en sanglots. Encore aujourd'hui j'y pense car j'aurais peut-être fait pareil.

Je continue de faire beaucoup de vélo malgré l'écriture de mes romans et de mon journal *Le UN* et au soleil couchant lorsque mon nombre me rattrape et me dépasse j'ai souvent pensé que c'était Fausto Coppi qui me faisait signe. Son ombre, comme un grand frère qui venait me rattraper pour ne jamais l'oublier. Cela rime tellement bien : Fausto, Fottorino, vélo... et Coppi avec pour moi... « modestie ».

EN CHIFFRES

28 min 17 sec

L'écart avec son dauphin, le Belge Stan Ockers, à Paris sur le Tour 1952. Un record sur le Tour depuis 1947.

Yvette Horner et son mannequin sur le toit du véhicule publicitaire de la marque Suze (1955).

ACCORDÉON ET (BAL) MUSETTE

PERSONNALITÉS

1952

YVETTE HORNER, LOUISON BOBET

Yvette Horner : star du Tour des années 1950

Un sondage mené auprès des spectateurs sur les routes du Tour de France indique que près de la moitié d'entre eux ne viennent que pour les cadeaux distribués par la caravane publicitaire.

Il faut le reconnaître : entre les déguisements, les animations, les décors des chars et les goodies, le spectacle commercial offert par les sociétés partenaires du Tour de France est particulièrement attrayant ! À plus forte raison quand la caravane publicitaire embauche des vedettes de la chanson !

En 1937, par exemple, Joséphine Baker assure la promotion de la banane française et anime les soirées du Tour habillée de son pagne fait de bananes. En 1948, la marque Ricard gâte les foules de gadgets publicitaires et d'une tournée musicale sur les étapes avec Tino Rossi et Charles Trenet. Line Renaud et Annie Cordy rejoindront le barnum du Tour dans les années qui suivent. Mais une vedette en particulier symbolise à elle seule le folklore du Tour de France de ces années-là… Yvette Horner !

Jeune fille du Sud-Ouest, née à Tarbes en 1922, fille d'un entrepreneur en bâtiment, c'est sa maman qui l'incite à se mettre à l'accordéon parce que peu de femmes en font et qu'elle tirera son épingle du jeu. Maman a eu raison, Yvette gagne entre autres la Coupe mondiale de l'accordéon 1948 et va vite se faire repérer par la firme Calor, qui parraine le maillot jaune sur le Tour 1952. La marque, qui a notamment inventé le premier fer à repasser électrique européen et le sèche-cheveux, décide de recruter la musicienne pour faire danser les gens avec son accordéon au départ et à l'arrivée des étapes. Succès immédiat !

« J'avais ce côté populaire, semblable au monde du vélo. Du coup, j'ai tout de suite été adoptée par les gens. Je remettais en plus le bouquet au vainqueur », raconte Yvette Horner.

En 1954, c'est Suze, la marque d'apéritifs, qui reprend le flambeau et lui demande, en plus de tout le reste, d'intégrer la caravane publicitaire pour jouer tout au long de l'étape à bord d'un véhicule floqué aux couleurs de Suze ! Un sombrero, un accordéon : Yvette est la coqueluche du public et tout le monde crie sur le bord de la route « vas-y Vévette ! ». Mais les journées deviennent vite harassantes pour l'accordéoniste, alors Suze propose à Yvette de la remplacer par un mannequin à son effigie et de jouer sa musique avec un tourne-disque pour qu'elle puisse faire quelques poses dans la journée ! Pas dupes et un peu mécontents, les spectateurs se sont mis à lancer quelques projectiles de toutes sortes sur la berline, par exemple dans le col d'Aspin, obligeant Yvette la vedette à se donner à 300 %, comme les grimpeurs…

Onze années durant, les mélodies dansantes ont mis en musique la grand-messe du cyclisme et fait des mois de juillet des années 1950 et 1960 une vraie kermesse itinérante… Et Yvette de conclure, peu de temps avant de s'envoler vers les cieux : « Le Tour de France a changé ma vie, il m'a rendue célèbre. »

LE PREMIER TRIPLÉ

Chapeau Louison !

Christiane encourage son champion de mari lors du contre-la-montre de 70 kilomètres entre Lyon et Saint-Étienne (1953).

Qu'elle est belle, cette photo du quarantième Tour de France ! Nous sommes exactement le vendredi 24 juillet 1953 dans la vingtième étape. Un contre-la-montre de 70 kilomètres entre Lyon et Saint-Étienne.

Louison Bobet, avec le maillot jaune qu'il a endossé deux jours plus tôt à Briançon, va gagner le chrono à 38,532 km/h de moyenne, reléguant le deuxième, le Hollandais Wim Van Est, à 1 min 45 !

En plein effort, grimaçant mais efficace, le champion tourne la tête pour écouter les encouragements d'une spectatrice. Et cette jolie femme en robe de vichy qui s'adresse à lui, c'est son épouse ! Instantané splendide d'une belle communion. Et Christiane sera encore là, évidemment, dans la tribune du Parc des Princes pour fêter avec leur petite fille Maryse la première victoire dans le Tour de France de son champion de mari. Bobet, que la France appelle maintenant « Louison », a sévèrement bataillé pour conquérir ce premier Tour. Un Tour qu'il a mal commencé : d'abord une induration à la selle, avec à plusieurs reprises l'intervention du médecin et même une incision pour crever l'abcès et, dès la première étape, un lourd déficit sur le Français Jean Robic, arrivé échappé avec dix minutes d'avance sur le peloton. Curiosité de l'histoire, dans ce Tour 1953 (organisé par équipes nationales depuis 1930), les Français étaient répartis en six équipes : l'équipe de France (avec entre autres Bobet et Géminiani) et cinq équipes des régions, dont celle de l'Ouest où figurait Jean Robic, le plus sérieux rival de Bobet.

Première tâche : écarter Robic, qui s'est emparé du maillot jaune lors de la onzième étape, Cauterets-Luchon, après un feu d'artifice dans le Tourmalet et l'Aspin. Un 14 juillet de folie dans les Pyrénées. Chose faite deux jours plus tard, entre Albi et Béziers : l'équipe de France à l'attaque, Robic, retardé par une chute et démotivé, accusera plus de trente-huit minutes de retard à Béziers. Deuxième tâche : renverser le Tour et prendre le maillot jaune. Rendez-vous mercredi 22 juillet entre Gap et Briançon où Louison Bobet, parti de l'arrière dans le col de Vars, se sert de son coéquipier Adolphe Deledda comme point d'appui dans la vallée avant de se détacher dans le mythique Izoard. La note est salée : entre cinq et dix minutes sur les concurrents directs ! Et Bobet d'entamer son triplé historique : trois Grandes Boucles d'affilée (de 1953 à 1955).

Sur le Tour 1954, c'est de nouveau dans l'Izoard que Louison Bobet fait la différence en remportant l'étape Grenoble-Briançon avant de consolider son maillot sur le contre-la-montre individuel Épinal-Nancy (72 km à 40,311 km/h de moyenne), mettant par la même occasion une valise (2 min 30) à son second au classement général : le Suisse Ferdi Kübler...

Le Tour 1955 fut le plus dur à conquérir pour Bobet, notamment à cause d'une nouvelle induration à la selle, devenue si insupportable qu'elle l'avait forcé à ne plus pédaler qu'en danseuse sur les dernières étapes ! Confronté à la montée en puissance de Charly Gaul, le formidable grimpeur luxembourgeois, le Français n'a pas survolé ce Tour. Histoire de ne pas oublier que c'était quand même lui le plus fort, il avait juste remis les pendules à l'heure en remportant la onzième étape (Marseille-Avignon), marquée par la toute première ascension du mont Ventoux.

Louison, au dire de tous ceux qui l'ont approché, était un vrai gentleman. Intelligent, modeste et ambitieux, perfectionniste aussi, à l'instar de son rival et ami Fausto Coppi. Le petit « mitron » (il travaillait dans une boulangerie) de Saint-Méen-le-Grand, en Bretagne, est devenu en quelques années l'un des cyclistes professionnels les plus exemplaires. Carrière remarquable suivie d'une reconversion particulièrement réussie avec la création très innovante de centres de thalassothérapie. Son frère Jean, qui fit le Tour avec Louison en 1954, écrivit avec beaucoup de justesse : « Le vélo n'a que des légendes, le cyclisme pédale dans le sillage de ses héros ou de ses souvenirs. » Louison Bobet en faisait bien partie.

COUPS DE CŒUR

JEAN-PAUL OLLIVIER

Journaliste (France Télévisions) - 32 Tours de France

LOUISON : L'ÉLÉGANCE ABSOLUE

Pour moi il était aussi beau, grand, fort que Cary Grant au cinéma. Louison sur son vélo, c'était l'élégance absolue. Dans la vie aussi d'ailleurs : la gentillesse, l'humanité, l'intelligence. Sa reconversion en lançant des centres de thalassothérapie montre bien qu'il avait autre chose que des grosses cuisses. On lui disait : « Vous avez gagné des grandes courses mais pas Paris-Roubaix »... Alors pour combler ses supporters il s'entraînait et allait gagner la course des pavés.

CLAUDE LELOUCH

Cinéaste

BOBET : « J'AI PLEURÉ EN REGARDANT VOTRE FILM MONSIEUR LELOUCH. »

J'avais 15 ans dans les années 1950, et j'ai eu un vrai coup de cœur pour Louison Bobet. Le panache et la classe absolue. Sur un vélo, c'était un gentleman et dans la vie aussi. On m'a raconté qu'en 1953, son directeur sportif, Marcel Bidot, demande à son équipe qui se sent capable de gagner à Paris, un seul coureur lève le doigt : Bobet. Il devient le patron, Louison, et j'avais adoré cette prise du pouvoir. Il va gagner trois Tours de France consécutifs.
Et un jour, il va au cinéma voir *Un homme une femme*, il demande à me rencontrer en me faisant cet aveu : « J'ai pleuré en regardant votre film monsieur Lelouch. » On est devenus amis, il m'a emmené à Quiberon découvrir sa thalassothérapie, le lieu de sa reconversion réussie.

BOBET

STELL

FOCUS

Louison Bobet

Comme Fausto Coppi ou plus tard Eddy Merckx, Louison Bobet, coureur complet, aérien en montagne et puissant dans l'effort solitaire, s'est forgé un palmarès de classe mondiale :

- Champion de France (1950 et 1951) et du monde (1954)
- Tour de France : 3 Tours (1953, 1954 et 1955), 11 victoires d'étapes et le maillot de meilleur grimpeur (1950)
- Giro : 2 victoires d'étapes et maillot de meilleur grimpeur (1951)
- Paris-Nice (1952)
- Critérium du Dauphiné libéré (1955)
- Paris-Roubaix (1956)
- Milan-San Remo (1951)
- Tour de Lombardie (1951)
- Tour des Flandres (1955)
- Bordeaux-Paris (1959)
- Grand Prix des Nations (1952)

COUP DE CŒUR

WENDY BOUCHARD

Journaliste / Présentatrice TV / radio

GASTON ET LOUISON

Mon Tour de France, c'est l'image de mon grand-oncle Gaston qui avait une admiration sans bornes pour Louison Bobet, le champion français qui a gagné 3 Tours de France d'affilée (1953, 1954 et 1955). Gaston roulait presque tous les jours malgré son handicap : il avait perdu une jambe lors d'un accident. En 1953, le Tour passant le mercredi 8 juillet tout près du Mans, il s'est débrouillé pour se glisser dans le peloton et se rapprocher de son champion fétiche ! Et Gaston a réussi !! Il a roulé pendant quelques centaines de mètres avec son idole Louison Bobet ! Le rêve de sa vie ! La photo a traîné dans l'entrée de sa maison pendant des dizaines d'années, et pour moi le Tour de France c'est mon oncle Gaston !

Grenoble – Briançon : Louison Bobet seul dans le col de l'Izoard (1954).

Robic charge ses bidons de plomb !

Tout sauf bidon, Jean Robic, même s'il est entré dans la légende du Tour grâce à ses bidons et à son culot. En fait, comme l'écrit si bien Jacques Augendre : « Jean Robic ne ressemble à personne et il n'a rien fait comme les autres. Breton né dans les Ardennes, il a remporté le Tour de France 1947 au cours de la dernière étape sans avoir endossé une seule fois le maillot jaune, du jamais-vu !

« Bobet, j'en fais mon affaire ! Coppi, il ne m'impressionne pas ! » Voilà tout le culot de « Biquet », qui se permet, lors de la dernière étape de ce Tour 1947 entre Caen et Paris, avec un panache énorme, de lâcher Brambilla et Ronconi dans la côte de Bonsecours, les deux Italiens qui le précédaient de trois minutes au classement général. Il avait promis à Raymonde, qu'il avait épousée juste avant de partir sur le Tour, de revenir avec une dot. Du « Biquet » pur jus ! « Biquet » le panache, « Biquet » le malin surtout. Tout petit gabarit, le Breton grimpe bien mais a du mal dans les descentes. Il est trop léger. Vrai à skis, vrai à vélo : plus on est lourd, plus on va vite.

En 1953, grande bagarre entre Jean Robic et l'équipe de France de Géminiani et Bobet. Invectives, intimidations et menaces ; climat plus que tendu. Marcel Bidot déteste « Tête de cuir » (autre surnom de Robic, qui porte un casque en cuir depuis Paris-Roubaix, où il s'est fracassé le crâne), et Robic est bien décidé à écraser les Tricolores !

Ambiance et invention : nous voici dans les Pyrénées, étape Cauterets-Luchon. Jour de gloire pour « Biquet », qui portera le maillot jaune au soir de ce mardi 14 juillet, jour d'astuces aussi. Il passe en tête du Tourmalet, s'arrête quelques secondes et récupère un bidon. Descente efficace, très efficace. Petite chute. Vite, il retrouve le bidon et repart. Dans les derniers kilomètres vers Luchon, un spectateur récupère le bidon, écrit notre confrère Jean-Paul Brouchon. Surprise : il est plein de plombs, 9 kilos ! Et « Biquet », avec son aplomb, descendait beaucoup mieux. L'année suivante, le règlement interdira ces bidons au plomb « bidon ».

Un petit bidon, « Biquet » ?

Blondin : le lyrisme au service du cyclisme

« Bourré de talent » : l'expression de Jacques Augendre, en trois mots, vaut tous les portraits du monde, et Antoine Blondin, avec son humour et son sens du raccourci légendaire, n'aurait rien eu à renier !

Comment écrire sur celui qui a le mieux écrit sur le cyclisme et le Tour de France ? Le respect naturel que nous devons à Antoine Blondin oblige à poser la plume et à relire du Blondin dans le texte et parfois les témoignages de ses meilleurs amis, dont Jacques Augendre dans *Un singe en été* (éditions L'Équipe), qui le cite ainsi : « Le Tour de France constitue l'un des plus magnifiques voyages organisés dont on puisse rêver... Le Tour c'est la fête et les jambes. Il a fait couler beaucoup d'encre, beaucoup de sueur aussi. Ainsi permet-il à l'homme de tous les jours de mêler ses humeurs les plus capricieuses et ses appétits les plus aventureux. »

Blondin écrivain, Blondin journaliste, ces mots et ces images sublimes que l'on retrouvera dans ses principaux romans, *L'Europe buissonnière* (1949), *Monsieur Jadis ou l'école du soir* (1970) et *Un singe en hiver*, prix Interallié 1959. Blondin leur donnera une dimension nouvelle avec ses 524 chroniques du Tour de France (écrites de 1954 à 1982, au fil des 27 éditions qu'il a suivies), que Stéphanie Rysman a eu la bonne idée de regrouper avec les éditions de La Table ronde...

Bien calé dans les sièges de la voiture n° 101 du journal *L'Équipe*, il confessait : « Mon pays c'est désormais le Tour de France, il m'a introduit dans une certaine forme de compagnonnage. » Ajoutant : « Dans le Tour il y a tout, et leTour m'a tout donné. » Alors, le soir après l'étape, Antoine Blondin, avec une écriture toute ronde, presque enfantine, faisait revivre sa course aux lecteurs du quotidien sportif. Son cri de ralliement : « Maintenant au goulot ! », car, personne ne l'ignore, Blondin buvait, il ne s'en cachait guère. Lui qui avait un faible pour le jaune (le Pastis 51), qu'il commandait toujours en double (« Un 102 s'il vous plaît ! »), commentait avec humour : « Au quinzième muscadet, il fait toujours beau quelque part ! » Antoine le facétieux qui n'hésitait pas à inscrire sur ses notes de frais : « verres de contact » !

Le champion des calembours bien ajustés régalait des millions de lecteurs avec ses « légende des cycles », « le jour du soigneur », « le col tue lentement » ou « l'art d'être grimpeur ». « Ne pas oublier qu'on écrit avec un dictionnaire et une corbeille à papiers, tout le reste n'est que litres et ratures. »

Jean Cormier, son ami, et Symbad de Lassus, son petit-fils, lui rendant hommage dans le livre *Antoine Blondin : la légende du Tour* (éditions du Rocher), se souviennent qu'il déclamait : « Je préfère le maillot jaune à l'habit vert ! » ou « L'argent liquide est fait pour être bu ! »

Le merveilleux Antoine Blondin, disparu le 7 juin 1991, avait l'habitude de répéter : « L'amitié ou l'amour des autres aura été mon manteau et ma maison. »

Antoine Blondin (à gauche, avec un maillot du rugbyman Guy Boniface) en compagnie de Jacques Anquetil (Tour 1963).

EN CHIFFRES

524

Le nombre de chroniques écrites au fil de ses 27 Tours de France

JUGE DE PAIX

La photo-finish arrive sur le Tour

Le cœur bat à près de 200 pulsations, le pouls tape sur les tempes, le souffle est court, l'adrénaline tétanise encore les mâchoires... Mais la question essentielle reste : Qui a gagné ? Qui a franchi cette ligne le premier ?

Ligne d'arrivée de l'étape Thonon-les-Bains – Briançon (1955).

Lors de la septième étape du Tour 2017 entre Troyes et Nuits-Saint-Georges, ce beau village de vins de Bourgogne, le sprint s'est disputé à 70 km/h et la victoire s'est décidée pour un écart de seulement 0,3 millième de seconde (soit 6 mm) au bout de 216,5 km. Marcel Kittel devant Edvald Boasson Hagen et Michael Matthews pour un rien, juste un souffle... Le coureur des Quick-Step ajoutait à ce moment-là une onzième victoire d'étape à son palmarès, égalant ainsi le record de victoires allemandes détenu par l'illustre Erik Zabel.

Heureusement que les commissaires de course sont désormais aidés par tout un tas d'outils, car à l'œil nu, à cette vitesse-là, et pour un écart aussi infime, impossible de départager les fusées ! Les sprinters eux-mêmes lèvent parfois les bras, croyant à leur victoire alors qu'un autre à côté a jeté sa roue au dernier moment...

L'histoire du Tour de France est marquée par quelques hésitations et tergiversations... On se souvient par exemple dans le tour 1907 de la deuxième étape, Roubaix – Metz (398 km) : Louis Trousselier et Émile Georget n'ayant pu être départagés lors du sprint, ils avaient été classés ex aequo. Tout comme Antonin Magne et André Leducq, arrivés main dans la main au Parc des Princes lors de la dernière étape du Tour 1938... En revanche, en haut de l'Alpe-d'Huez en 1986, Hinault et LeMond, qui avaient aussi tenu à passer la ligne ensemble, ne furent pas classés ex aequo : Hinault un, LeMond deux. Entre-temps, la photo-finish était arrivée sur la route de la Grande Boucle...

Un mirador, un appareil photo et des dizaines de clichés pour pouvoir identifier celui qui plaçait son boyau devant au moment de franchir la ligne... Inventée en 1948, la photo-finish fut utilisée pour la première fois sur le Tour à partir de 1955. Depuis, la technologie a complètement révolutionné le travail des commissaires de course : plus aucune hésitation possible !

La marque Tissot, chronométreur officiel du Tour de France, déploie huit ingénieurs chaque jour sur la ligne d'arrivée, tous dirigés par Pascal Rossier, qui explique comment ils font des miracles tous les jours pour que la télévision puisse fournir les résultats en quelques secondes : «On a entre 5 et 10 secondes pour donner les trois premiers, entre 10 et 15 secondes pour donner le classement de l'étape et environ 20 secondes pour le classement général, pour qu'on puisse faire le podium, que la télévision ait les graphiques... Pour faire ça, on a les caméras photo-finish [qui filment l'arrivée à 10 000 images/seconde, NDLR], une principale et une de l'autre côté, afin de voir les coureurs des deux côtés. On a une troisième caméra, parce que tous les systèmes sont doublés, et on a les « chip » [« transpondeurs » de 5 à 8 grammes dotés de petites puces qui sont placés sur la fourche ou sur la partie arrière du vélo, NDLR], ils nous aident à faire le jugement plus rapidement. »

EN CHIFFRES

6 mm

L'écart infime entre Marcel Kittel et Edvald Boasson Hagen à l'arrivée à Nuits-Saint-Georges (2017).

Roger Walkowiak : de l'ombre à la lumière

Roger aime Pierrette, et Pierrette aime Roger. L'histoire est belle, et, comme il n'est pas superstitieux, le vendredi 13 juillet 1956, Roger offre à sa Pierrette son plus beau cadeau d'amour : le maillot jaune du Tour de France !

Roger, c'est Walkowiak, né à Montluçon, coureur discret, modeste, sérieux et très amoureux. Pierrette est une jeune femme, secrétaire aux mines de Commentry, que Roger a épousée juste avant Noël, quelques mois auparavant.

Le tournant de ce Tour, qui sera qualifié par Jacques Goddet, son directeur, du « plus pétillant des Tours que j'ai suivis... », va se produire lors de la septième étape (Lorient – Angers). Une grande échappée se forme. Trente et un coureurs. Toutes les équipes sont représentées devant et le peloton derrière laisse faire... beaucoup trop. Walkowiak, entre autres, ne laisse à personne le soin de rouler en tête et de mener bon train. L'Italien Fantini gagne, l'équipe de France a renoncé à la poursuite et le Français Darrigade perd plus de dix-huit minutes et le maillot jaune, qu'endosse Roger Walkowiak, membre de l'équipe Nord-Est Centre : une fois n'est pas coutume, un équipier se retrouve sur le devant de la scène et leader du classement général !

Sauveur Ducazeaux, son directeur sportif, le félicite chaleureusement et lui explique même qu'il le sent capable de gagner le Tour. Roger Walkowiak, très étonné, sourit, pensant que Sauveur se moque de lui. « Pas du tout, répète-t-il, et tu vas même laisser ce maillot jaune aux autres pour ne pas avoir la pression de la course et garder des forces. » « Walko » ne sourit plus, et il ajoute : « Pas question de lâcher ma tunique jaune. Pierrette, ma femme chérie, va venir à Bordeaux, elle doit voir ce maillot, ce sera mon plus beau cadeau de mariage. »

À Bordeaux, Pierrette vint, heureuse et fière. Et Roger écouta Sauveur. Il perdit le maillot pour quelques jours, avant de le récupérer après la dix-huitième étape à Grenoble et de le ramener à Paris pour un succès mérité.

Roger Walkowiak, à Paris, a tenu sa promesse et ramené le maillot jaune à Pierrette !

LE PETIT PLUS

L'expression « faire un Tour à la Walkowiak »

On parle encore aujourd'hui de ce Tour 1956 comme d'un « Tour à la Walkowiak », car il est vrai que le vainqueur de la Grande Boucle n'a pas gagné une seule étape ! Même si ce n'était pas une première dans le Tour, l'expression est restée, au grand dam de l'intéressé... Voici la liste de ceux qui ont gagné un « Tour à la Walkowiak » :

- Firmin Lambot (1922)
- Roger Walkowiak (1956)
- Gastone Nencini (1960)
- Lucien Aimar (1966)
- Greg LeMond (1990)
- Oscar Pereiro (2006)
- Christopher Froome (2017)

ACCIDENT AU SPRINT

Une fête gâchée par l'imprudence du patron du Parc des Princes

« Drôle de drame », écrit le quotidien *L'Équipe* sous la photo de Charly Gaul et d'André Darrigade, prise le samedi 19 juillet juste après l'arrivée du Tour 1958.

Charly Gaul, maillot jaune, bouquet de fleurs à la main, fête sa première et unique victoire dans la Grande Boucle. Il a fait un très mauvais temps sur ce Tour. Antoine Blondin, plume de génie, écrit : « Victoire du Grand Douché du Luxembourg. » André Darrigade, le Français qui l'embrasse, est couvert de pansements. Cinq points de suture au front seulement. Un miracle lorsque l'on découvre l'autre cliché, cette fois à la une du journal le lundi matin. L'un des accidents les plus spectaculaires d'arrivée au sprint du Tour.

Cette année-là, la révélation est un autre Français, Jean Graczyk, qui terminera ce quarante-cinquième Tour avec le maillot vert sur les épaules. André Darrigade a confirmé son titre de roi des sprints avec cinq victoires (à Gand, Saint-Nazaire, Toulouse, Nîmes et Besançon). Et « Dédé » n'a pas dit son dernier mot, il veut évidemment, comme l'année précédente, passer la ligne le premier sur la piste rose du Parc des Princes. Son couronnement sera gâché.

Le sprint est lancé, et les plus rapides du peloton sont là, de Groussard à Gainche, en passant par Nencini, Graczyk et Baffi. André Darrigade accélère et percute soudain, à pleine vitesse, un spectateur trop curieux qui voulait se rapprocher des coureurs. L'histoire se répétera trente-six ans plus tard à Armentières, pour Jalabert et Nelissen. Choc terrible. Drame. Ce spectateur est connu de tous les habitués du Parc, c'est Constant Wouters. Tout le monde se demande comment un homme expérimenté comme lui (il est le secrétaire général du stade) a pu commettre une telle erreur.

Frappé avec violence par Darrigade, Wouters ne s'en remettra pas. Transporté à l'hôpital Boucicaut, il mourra onze jours plus tard. Destin tragique que le champion français, modèle de gentillesse et de dévouement pour son leader Louison Bobet, avait pressenti : « J'avais pensé à la chute juste avant », avait-il confié à l'époque à Jacques Augendre, le grand historien du vélo.

COUP DE CŒUR

PATRICK DE CAROLIS

Ancien président de France Télévisions

MON HÉROS C'EST LE « LÉVRIER DES LANDES » !

Le « Lévrier des Landes » (le surnom d'André Darrigade), qui fut champion du monde mais n'a jamais gagné le Tour de France, et pour cause, il n'était pas grimpeur mais sprinteur.
Il a par exemple gagné cinq fois la première étape, et donc porté le fameux maillot jaune.
Un champion loyal, jamais fanfaron, élégant, avec une pointe de vitesse incroyable. J'ai longtemps habité dans le Sud-Ouest avant d'être aujourd'hui maire d'Arles, et quand le tour passait devant notre maison, je cherchais des yeux l'ami Darrigade. Ensuite, vite vite vite, retour dans la cuisine avec mon frère et mes copains et nos petits vélos pour jouer au Tour de France sur les tomettes rouges du sol. Chaque carré était une étape… et puis le soir petit tour à bicyclette avec mon beau vélo Mercier et un bruit infernal, car comme tous les gamins je mettais un petit bout de carton coincé avec une pince à linge dans la roue pour faire comme un bruit de moteur.

André Darrigade percute Constant Wouters à l'arrivée de la dernière étape, au Parc des Princes.

EN CHIFFRES

11 ans

se sont écoulés entre sa première et sa dernière victoire sur le Tour.

FOCUS

André Darrigade

Grand sprinteur devant l'éternel, Darrigade était de la trempe des Cippolini, Cavendish, Zabel, Kittel… En témoigne un palmarès riche en particulier de 22 victoires d'étape sur le Tour :

- Champion de France (1955) et du monde (1959)
- Tour de France : 22 étapes, 19 jours en jaune, deux fois maillot vert (1959 et 1961) et prix de la combativité (1956)
- Tour d'Italie : 1 étape
- Critérium national (1959)

ANDRÉ DARRIGADE,
CONSTANT WOUTERS

LE PLUS FORT MALGRÉ UNE PLUIE GLACIALE

Charly Gaul avait donné rendez-vous

« Je donne rendez-vous à mes adversaires à Aix-les-Bains, c'est là que se jouera le Tour ! » Jacques Augendre, formidable journaliste historien, rapporte ce propos de Charly Gaul, prononcé dix jours avant la fameuse étape où il va écraser toute la concurrence. Bluff, forfanterie ou calcul stratégique ? Il faut reconnaître que Charly Gaul, le mercredi 16 juillet 1958, est au rendez-vous !

Jacques Anquetil va craquer, victime de ses poumons malades, et Raphaël Géminiani va pleurer son beau maillot jaune perdu. Gaul, lui, va surclasser tous les autres coureurs. C'est tout sauf une surprise. Il avait déjà montré sa forme dans le premier contre-la-montre de Châteaulin. Il récidive dix jours après sur son terrain de prédilection, les ascensions. Il dompte le mont Ventoux, il bat la référence Federico Bahamontes et se rapproche du maillot jaune, le surprenant Vito Favero. Géminiani y croit encore, mais leurs courbes de forme physique vont se croiser dans cette troisième semaine de course. Géminiani perd pied, Gaul se sent de plus en plus léger. La météo va l'aider. On le sait, on le dit, il aime le temps pourri. Un vrai passager de la pluie.

Des lieux et des noms nous remémorent les étapes de légende : Pra-Loup pour Thévenet, puy de Dôme pour Bahamontes, le mont Ventoux pour Jean-François Bernard, etc. Pour Charly Gaul, s'il faut retenir un exploit, ce sera la Chartreuse en ce mercredi 16 juillet, entre Briançon et Aix-les-Bains. L'hiver en juillet : le déluge, des pluies torrentielles, du vent, et Gaul n'en a cure. Au contraire, il voltige alors que les autres sont essorés, tordus, rincés. Géminiani perd douze minutes et recule définitivement au classement...

Gaul est l'un des meilleurs grimpeurs de l'histoire du cyclisme (vainqueur sur le Tour du classement de la montagne en 1955 et en 1956), mais son palmarès (deux Giro notamment, en 1956 et en 1959) révèle son inconstance. Le Tour 1958 sera sa seule conquête dans la Grande Boucle.

COUP DE CŒUR

ANTOINE DE CAUNES

Présentateur TV

L'ANGE DE LA MONTAGNE

J'étais trop jeune pour connaître son époque, mais c'est mon papa, Georges de Caunes, journaliste sportif, qui a été le premier à en parler. Et puis j'ai revu quelques images. Comme le disait Louison Bobet : « Charly n'est pas un coureur comme les autres : c'est un être surnaturel. »
À mes yeux, il échappait à toute classification. Il était lyrique dans ses ascensions. Et il a réussi des performances phénoménales, en particulier en 1958 dans les Alpes du côté de la Chartreuse. Sous la pluie, c'est à ce moment-là qu'il excellait. Il a largué tout le monde pour s'envoler. Géminiani, qui portait le maillot jaune, n'a rien pu faire. Bobet et Anquetil non plus. Charly c'était l'ange de la pluie.
Et lui au moins il attaquait dès le premier col, contrairement aux champions d'aujourd'hui qui attendent les trois ou quatre derniers kilomètres avant l'arrivée. Trop de calcul à présent. Si on peut dire qu'il y a un avant et un après Internet dans nos relations sociales, dans le vélo il y a un avant et un après les oreillettes.
Charly Gaul est un des rares Luxembourgeois (François Faber, Nicolas Frantz et Andy Schleck après le déclassement de Contador) à avoir gagné le Tour de France. Et je me souviens d'Antoine Blondin disant de lui en 1958 : « C'est la victoire du Grand Douché ! »

Briançon – Aix-les-Bains : Charly Gaul au col de la Porte.

Bahamontes mate le volcan

Voir un Espagnol gagner le Tour de France, avec ou sans dopage, au cours de ces dernières années, c'était devenu une habitude : Pedro Delgado (1988), Miguel Indurain (de 1991 à 1995) et, plus près de nous, Óscar Pereiro (2006), Alberto Contador (2007, 2009 et 2010) et Carlos Sastre (2008).

Contre-la-montre du puy de Dôme : Bahamontes (à gauche) dépasse Roger Rivière.

Mais vous souvenez-vous du premier vainqueur ibérique du Tour de France ? Il a fallu attendre longtemps, très longtemps... quarante-six Tours exactement. Samedi 18 juillet 1959, victoire de Federico Bahamontes devant Henry Anglade, Jacques Anquetil, Roger Rivière et François Mahé !

Un Espagnol devançant quatre Français. Voilà une partie de l'explication : Bahamontes était un formidable grimpeur (il remporta six fois le classement du meilleur grimpeur). Pour ainsi dire, en montagne, il voltigeait, capable de devancer la concurrence en haut des cols par poignées de minutes ! Souvenez-vous du Tour 1954 où il s'arrêta pour manger une glace au col de Romeyère en attendant le peloton ! Et sur ce Tour 1959, d'une part, l'Ibérique était extrêmement en forme, d'autre part, les Français ne se sont jamais entendus pour livrer une course d'équipe et mettre au point une stratégie pour le battre.

Le chef-d'œuvre de « l'Aigle de Tolède » reste sans aucun doute le vendredi 10 juillet 1959, avec sa chevauchée fantastique dans l'ascension du puy de Dôme. Pour une fois, cette étape est disputée en contre-la-montre. Effort solitaire intense, admirable. Et « l'Aigle » survole tout et tout le monde. Le Castillan au visage émacié et aux yeux noirs perçants ne gagne qu'une étape dans ce Tour 1959, mais cela suffira, tellement la rivalité Anquetil-Rivière va peser sur la course. À tel point que les Tricolores seront sifflés à leur arrivée au Parc des Princes. Du jamais-vu pour des champions de ce niveau.

Federico Bahamontes, son bouquet de fleurs dans les bras, sera applaudi et fêté. Muchas gracias. Maillot jaune et maillot de meilleur grimpeur. Pas de cocorico, mais bravo Federico !

COUP DE CŒUR

BRIGITTE FOSSEY

Comédienne

VAMOS FEDERICO !

Au mois de juillet pour les vacances, pas question pour ma maman d'oublier le transistor, car c'était incroyable, ma maman écoutait le compte rendu des étapes du Tour de France, obsédée par le résultat d'un Espagnol, le meilleur grimpeur de son époque : Federico Bahamontes... Au moment de la sieste, c'étaient des cris dans la maison : « Vas-y Federico ! Attaque Federico ! » Il n'y en avait que pour « l'Aigle de Tolède » (son surnom). Il sera désigné six fois meilleur grimpeur du Tour de France et va gagner la Grande Boucle 1959, profitant de la zizanie chez les Bleus. Il devance quatre Français cette année-là : Henry Anglade, Jacques Anquetil, Roger Rivière et François Mahé. Et ma maman répétait : « Tu te rends compte, c'est le premier Espagnol qui a gagné le Tour de France ! »

FOCUS

Federico Bahamontes

Champion d'Espagne (1958), il n'était pas surnommé « l'Aigle de Tolède » pour rien, Federico était un grimpeur de légende et il l'a prouvé sur chacun des trois grands Tours :

- Tour de France : vainqueur en 1959 et 2 podiums (2e en 1963, 3e en 1964), 7 victoires d'étape (en montagne ou avec des cols), 6 fois meilleur grimpeur (1954, 1958, 1959, 1962, 1963 et 1964)
- Vuelta : 3 victoires d'étape, 2 fois meilleur grimpeur (1957 et 1958)
- Giro : 1 victoire d'étape, 1 fois meilleur grimpeur (1956)

1960

GÉNÉRAL DE GAULLE,
JACQUES GODDET,
GASTONE NENCINI

UN SPECTATEUR PAS COMME LES AUTRES

Le général de Gaulle au bord de la route

Il y a sur le Tour de France des spectateurs pas comme les autres. Les vedettes bien sûr, celles de la chanson, du cinéma, les stars des autres sports...

Tout comme à Roland-Garros début juin, elles aiment venir faire un petit tour sur le Tour, goûter à la folie des étapes de montagne, découvrir le gigantisme de l'organisation. Et cela depuis des décennies... Joséphine Baker dans les années 1930, Yvette Horner dans les années 1950, Line Renaud, puis Alain Delon dans les années 1980, et dans les années 2000, sous le règne de Lance Armstrong, les stars du box-office américain (Tom Cruise, Arnold Schwarzenegger, Ben Stiller, Robin Williams)...

Vingtième étape du Tour 1960 entre Besançon et Troyes, 229 km... Nous sommes à la veille de l'arrivée à Paris. Anquetil n'est pas venu sur le Tour cette année, fatigué par sa victoire dans le Giro. Roger Rivière s'est gravement blessé (fracture des vertèbres) dans la descente du col de Perjuret. Le Tour va revenir au vainqueur du Giro 1957 : l'Italien Gastone Nencini. Ce sera la troisième année de suite qu'un Français ne gagne pas le Tour. Petite frustration donc chez les organisateurs et parmi les spectateurs... Néanmoins, il va se passer un événement rare ce 16 juillet : le président de la République se trouve sur le parcours de la course. Puisque l'étape passait par Colombey-les-Deux-Églises, le général de Gaulle est venu en personne voir passer le peloton, sans avoir rien demandé à personne !

Pas de téléphone portable à l'époque : Jacques Goddet, le patron du Tour, apprend la nouvelle au ravitaillement à Chaumont, 20 kilomètres avant le village du président, et informe les coureurs qu'ils feront une halte pour lui rendre hommage. Cette visite impromptue, c'est du gagnant-gagnant : l'aura et la présence du président confirment le caractère quasi patrimonial de la course, tandis que de Gaulle se montre sur l'événement qui constitue depuis déjà cinquante-sept ans la fête de juillet.

Fier de ce coup médiatique, Goddet prend le porte-voix : « Le Tour salue affectueusement le président de Gaulle. » Henry Anglade, deuxième du Tour 1959, s'avance et va serrer la main du Général. Puis c'est au tour du maillot jaune d'être félicité par de Gaulle : « Bonne chance et bravo mon vieux, vous allez gagner ! »

Revenons à la course du jour, ce sera celle des « régionaux » : à cette époque, le Tour était organisé entre des équipes nationales de 14 coureurs et 4 équipes régionales de 8 coureurs, une portion congrue et donc la volonté d'exister... Bernard Gauthier (Est-Sud-Est) suivi de Busto et Vermeulin allument des mèches. La halte de Colombey va neutraliser la course mais elle va également profiter à un autre régional, Pierre Beuffeuil, de l'équipe Centre-Midi, qui a pu ainsi rejoindre le peloton après sa crevaison avant de s'échapper à son tour, à 25 kilomètres de l'arrivée. Les « sans-grades » se sont portés en tête du peloton pour préserver ses chances et le fuyard est allé au bout, à Troyes. Levant les bras avec quarante-neuf secondes d'avance, il eut l'élégance de déclarer en cette journée où le Tour croisa un visiteur très particulier : « J'ai toujours voté de Gaulle ! »

Neutralisation de la course pour la visite surprise du président de la République, Charles de Gaulle !

Rivière se brise au Perjuret

La difficile évacuation de Roger Rivière dans la descente du Perjuret.

C'est l'histoire d'une folle poursuite, d'un doux rêve paré de jaune et d'or et d'un drame immense pour un homme, pour le sportif de haut niveau qu'était Roger Rivière, dont la carrière et la vie s'abîment dans un ravin du col de Perjuret, le 10 juillet 1960.

Rivière est dans la force de l'âge. En 1958, il est le premier homme au monde à dépasser les 47 kilomètres en une heure sur piste (un record qui tiendra dix ans). Quatrième du dernier Tour de France 1959, il en est devenu le favori pour l'édition de 1960 en l'absence de Jacques Anquetil.

Au terme de la treizième étape du Tour 1960, Roger Rivière est deuxième au classement général, à 1' 38" du maillot jaune, l'Italien Gastone Nencini. Le Tour est encore suffisamment long (il reste huit étapes) pour qu'il imagine combler son retard sur l'Italien. À l'occasion par exemple du contre-la-montre individuel de 83 kilomètres entre Pontarlier et Besançon. Mais le Français est sans doute impatient. Il veut absolument revenir sur Nencini. À tout prix, mais quel prix...

Quatorzième étape, entre Millau et Avignon. Les coureurs sont dans le col de Perjuret (sommet à 1 028 mètres au terme de 11 kilomètres d'ascension à 2,9 % de moyenne, rien de bien compliqué semble-t-il). Nencini précède Rivière de quelques secondes au sommet.

Le Français part bille en tête dans la descente pour revenir sur l'Italien. Tout se passe bien jusqu'à l'avant-dernier virage. Fatal. Rivière fait un tout-droit et bascule dans le ravin. Une chute de 10 à 20 mètres selon les versions. Il se dit même que le malheureux avait oublié de freiner, l'esprit embué par un puissant analgésique, le Palfium. À l'hôpital, le diagnostic est impitoyable : deux fractures de la colonne vertébrale et paralysie définitive des jambes. Rivière coule... Carrière brisée...

Handicapé à 80 %, Roger Rivière va se reconvertir dans la restauration. Il ouvre un café-restaurant à Saint-Étienne, qu'il appellera Le Vigorelli, du nom du vélodrome où il a battu deux fois le record du monde de l'heure en 1957 et 1958. Comme Fausto Coppi, il meurt à quarante ans, frappé par un cancer du larynx.

Valentin Huot avale 60 litres d'eau !

C'est bien connu, par temps de canicule les coureurs du Tour consomment énormément de bidons (jusqu'à une vingtaine chacun en une seule journée, soit plus de 10 litres), à la fois pour se rafraîchir la nuque et la tête mais surtout pour s'hydrater et compenser l'évaporation de la transpiration.

Valentin Huot lors de l'étape Charleroi – Metz sur le Tour 1957.

Un coureur a défrayé la chronique en 1961 en avalant plus de 60 litres d'eau en l'espace de 2 h 30 ! Canicule sur le Tour cette année-là, comme cela peut parfois arriver en juillet, et violent effort produit par les coureurs avec un contre-la-montre individuel de 75 kilomètres entre Bergerac et Périgueux. Cette dix-neuvième étape est remportée par « Maître Jacques », Anquetil le roi du chrono, qui s'est payé le luxe de rejoindre et dépasser Charly Gaul à toute vitesse...

Parmis les concurrents, le Français Valentin Huot, double champion de France 1957 et 1958, arborant le mythique maillot des Mercier-BP-Hutchinson (la future équipe d'un certain Raymond Poulidor), finira le chrono vidé et dépouillé... Normal quand on fait le chrono à fond, mais cet état d'épuisement n'a rien à voir avec la performance sportive : complètement déshydraté, Huot est en eau ! De retour dans sa chambre d'hôtel, il transpire de tout son corps et réclame à boire comme un puits sans fond ! Valentin gît trempé sur son lit et vit un véritable calvaire. À son frère qui entre dans la chambre, il explique qu'il sort de la douche avant de lui révéler que ce sont « sans doute les amphétamines ingérées régulièrement pour tenir le coup » les responsables de cette soif sans fin...

Pour éviter le moindre soupçon, Valentin commande des caisses de bouteilles d'eau au nom de ses coéquipiers et les fait toutes livrer dans sa chambre. Un litre. Deux litres. Trois litres. Dix litres. L'eau coule à flots dans le gosier de Huot... La facture monte à 26 litres puis même 48 en moins de 2 heures ! Le compteur d'eau affichera finalement le record de 60 litres en l'espace de 2 h 30 ! Le volume de deux baignoires ! Et le coureur des Mercier finira ce Tour 1961 à la 39e place...

André Darrigade ex aequo avec Hinault et Cancellara

Beaucoup d'entre nous ont grandi avec l'idée que le départ du Tour de France était un prologue, c'est-à-dire un petit contre-la-montre très court et très intense qui se court généralement à plus de 50 km/h de moyenne.

Dans cette configuration, Fabian Cancellara (5 victoires), Thierry Marie et Chris Boardman (3 victoires chacun), les spécialistes de l'exercice, ou alors Bernard Hinault (5 victoires), Miguel Indurain et Lance Armstrong (2 victoires respectives), les vainqueurs du Tour en puissance, ont frappé dès le premier jour et du coup collectionné quelques maillots jaunes du premier soir…

Le premier prologue du Tour fut organisé en 1967. Une boucle de 5,7 km dans les rues d'Angers. Pour la petite histoire, Raymond Poulidor avait fini deuxième à six secondes de l'Espagnol José-Maria Errandonea.

Jusqu'à cette cinquante-quatrième édition (marquée on s'en souvient par la mort de Tom Simpson sur les pentes du Ventoux et par la dernière arrivée du Tour de France au Parc des Princes), l'étape inaugurale du Tour était généralement une étape « en ligne » avec souvent une arrivée au sprint. Et dans ce registre-là, les plus véloces et les plus téméraires du peloton ont régulièrement levé les bras au passage de la ligne. À ce jeu-là, André Darrigade était le meilleur : Reims – Liège (223 km) en 1956, Bruxelles – Gand (184 km) en 1957, Mulhouse – Metz (238 km) en 1958, Caen – Saint-Malo (189 km) en 1959 et enfin la demi-étape Rouen – Versailles (136 km). Dédé détient le record de victoires au sprint de l'étape inaugurale et donc, ex aequo avec Hinault et Cancellara, le record des maillots jaunes portés au terme de la première journée.

Ce classement recense essentiellement des spécialistes du chrono, car d'une part le prologue est devenu une habitude dans le Tour depuis 1967, et d'autre part, contrairement au sprint, la hiérarchie est beaucoup moins aléatoire et se confirme année après année. Chaque jour au sprint, au moins vingt prétendants sont au coude-à-coude pour la victoire, trop de paramètres entrent en ligne de compte : comment sont emmenés les sprinters, qui a les bonnes jambes, qui est bien placé, etc. Voilà pourquoi Mark Cavendish, qui détient pourtant le record de victoires au sprint sur la Grande Boucle (30 étapes), n'a porté qu'une seule fois le maillot jaune le premier soir après sa victoire à Utah Beach en 2016…

COUP DE CŒUR

CLAUDE SÉRILLON
Journaliste / Présentateur des JT

UN PETIT TAUREAU PLEIN D'ÉNERGIE

Mon héros de légende, c'est André Darrigade. 22 victoires dans le Tour de France dont 5 dans la première étape du Tour, ce qui lui a permis de porter le maillot jaune le premier jour.
D'ailleurs, en 1961, je me souviens qu'il a privé Anquetil d'un exploit historique : deux « demi-étapes », le premier jour du Tour. Darrigade gagne le matin au sprint entre Rouen et Versailles et prend le maillot jaune, mais l'après-midi, à Versailles, Jacques Anquetil remporte le contre-la-montre et lui ravit la tunique. Il ne la lâchera plus jusqu'à Paris après 4 397 kilomètres de course… Rares sont ceux qui ont porté le maillot jaune de bout en bout (sur toutes les étapes), Anquetil a raté de peu l'occasion cette année-là. La faute à Darrigade Ce qui me plaisait chez Dédé, c'était son côté petit taureau plein d'énergie au moment des arrivées. Il jetait toutes ses forces dans le sprint, une énergie folle vraiment ! Il a été récompensé, il faut s'en souvenir, par un titre de champion du monde et après sa carrière s'est occupé d'un kiosque à journaux au Pays basque, ce qui n'est pas fait pour me déplaire, moi le journaliste.

Victoire de Darrigade à Gand lors de la première étape du Tour 1958.

COUP DE CŒUR

PAUL FOURNEL

Écrivain

MAÎTRE JACQUES

La rivalité entre Anquetil et Poulidor peut se résumer à un moment légendaire : au cours du contre-la-montre entre Bourgoin et Lyon, Raymond Poulidor, parti trois minutes plus tôt, se fait rattraper par Anquetil. Son directeur sportif lui dit tout simplement : « Attention, voilà la caravelle qui passe ! » Dans la France coupée en deux de ces années 1960, le sentiment des amateurs de cyclisme vis-à-vis d'Anquetil était très particulier. Il forçait l'admiration même de ceux qui ne l'appréciaient pas. On ne l'aimait pas vraiment car on considérait qu'il était hautain et calculateur, mais on était obligé d'admirer le champion qui a gagné cinq fois le Tour de France et la plupart des grandes courses. Marc Madiot dit de Jacques Anquetil : « Il avait la classe absolue, une place à part parmi tous les champions, parmi les plus grands. »
Et j'ajoute : son coup de pédale était un mensonge car il ne paraissait jamais fatigué, jamais en difficulté.

Raymond Poulidor (à gauche) et Jacques Anquetil lors du contre-la-montre entre Bourgoin et Lyon.

JACQUES ANQUETIL,
RAYMOND POULIDOR,
ANTONIN MAGNE

Anquetil, la caravelle

« Garez-vous, Raymond et regardez la caravelle qui passe. »

La caravelle : Jacques Anquetil, évidemment. Contre-la-montre de 68 kilomètres entre Bourgoin et Lyon. Raymond Poulidor est parti juste devant Anquetil, trois minutes avant, et Anquetil est en train de fondre sur lui. Antonin Magne, son directeur sportif (qui doit normalement rester derrière son coureur), rejoint « Poupou » et lui dit de se garer ! L'histoire est magnifique.

Elle est confirmée par Poulidor et racontée par Paul Fournel dans *Anquetil tout seul*. Fournel, dans sa préface, décrit le phénomène Jacques Anquetil avec un talent aussi magnifique que le champion français maîtrisait l'art du cyclisme : « Son coup de pédale était un mensonge. Il disait la facilité et la grâce, il disait l'envol et la danse dans un sport de bûcherons, d'écraseurs de pédales, de bourreaux de travail, de masculin pluriel. Il pédalait blond, la cheville souple, il pédalait sur pointes, le dos courbé, les bras à angle droit, le visage tendu vers l'avant. Jamais homme ne fut mieux taillé que lui pour aller sur un vélo, jamais cet attelage homme-machine ne fut plus beau. Il était fait pour être vu seul sur la route, découpé contre le ciel bleu ; rien en lui n'évoquait le peloton, la masse et la force en union, il était la beauté cycliste seul. »

« Longtemps, je l'ai regardé comme un sorcier qui a trouvé le grand secret », disait de lui Cyrille Guimard. Et ce grand sorcier n'était pas seulement ce merveilleux lévrier du vélo au style si pur, il fut surtout un guerrier, un immense champion au palmarès impressionnant : Grand Prix des Nations à dix-neuf ans pour ses débuts chez les pros, une course qu'il gagnera neuf fois. Deux records du monde de l'heure, deux Tours d'Italie, cinq fois Paris-Nice, Tour d'Espagne, Gand-Wevelgem, Liège – Bastogne – Liège et, l'exploit dont il était le plus fier, le doublé Dauphiné libéré et Bordeaux-Paris en enchaînant les deux courses ! Sans oublier, évidemment, les cinq Tours de France de « Maître Jacques ».

JACQUES ANQUETIL,
RAPHAËL GÉMINIANI,
FEDERICO BAHAMONTES

La petite magouille d'Anquetil pour passer sur son vélo de chrono !

Le poids est l'un des principaux obstacles que doivent affronter les coureurs. Atout dans la descente pour augmenter la vitesse mais sévère handicap en montée, là où la gravité gêne plus que la résistance du vent. En 1953, « Biquet » s'est alourdi en lestant ses bidons de 9 kilos de plomb pour mieux descendre. Dix ans plus tard, lors de l'étape entre Val-d'Isère et Chamonix, Anquetil s'est allégé pour mieux monter !

On est loin des 6,8 kilos minimum imposés en 1996 par l'UCI dans sa charte de Lugano pour préserver l'équité de la compétition après l'apparition de drôles d'engins (l'Espada de Miguel Indurain) et de postures disruptives (notamment celle de « Superman », les bras très en avant, adoptée par Graeme Obree et Chris Boardman pour le record de l'heure), mais l'histoire est cocasse !

Ce jour-là, Anquetil redoute Poulidor, qui a prévu d'attaquer dans le Grand-Saint-Bernard, mais c'est de Bahamontes que va venir le danger (l'Espagnol finira deuxième de ce Tour 1963 à 3 min 35). Les éboulements barrent l'itinéraire initialement prévu, les coureurs vont devoir passer par l'ancienne Forclaz : une route faite de terre battue, de gravillons et de cailloux avec des rampes à 18 % ! Pour permettre à Anquetil de passer l'étape sans encombre, Raphaël Géminiani – le directeur sportif de l'équipe Saint-Raphaël – a proposé à son poulain de procéder durant l'étape à un astucieux tour de passe-passe : le maillot jaune simulera une panne mécanique au bas de la descente du Grand-Saint-Bernard pour changer de vélo et monter sur son modèle de contre-la-montre, plus léger et avec un développement adapté ! Le plan se déroule à merveille : Anquetil appelle sa voiture et le mécano se penche puis sectionne le câble de dérailleur d'un coup de pince ! Le tour est joué et les commissaires de course sont mystifiés !

Sur son vélo de contre-la-montre, le maillot jaune résiste aux coups de boutoir de l'Espagnol. Même si l'Aigle de Tolède s'envole parfois à 40 mètres, Anquetil revient au train… En haut de La Forclaz, Poulidor est loin, à 3 min 20. Les deux échappés passent le col des Montets et Anquetil gagne au sprint à Chamonix sous une pluie battante.

Anquetil (à droite) en duel avec Bahamontes dans le col de La Forclaz.

JACQUES ANQUETIL
RAPHAËL GÉMINIANI
FEDERICO BAHAMONTES

Le Tour de France à 30 mètres sous la glace dans le col de la Croix-de-Fer.

La Croix-de-Fer et l'Iseran pris dans la glace

À l'heure où la France et les principaux pays développés commencent à prendre conscience de l'impact du réchauffement climatique sur leur mode de vie, voici des photos insolites du peloton du Tour de France sous la glace et entre deux murs de neige !

Nous sommes le mardi 9 juillet 1963 sur la seizième étape entre Grenoble et Val d'Isère. D'ordinaire, à cette période de l'année, peuvent subsister quelques névés sur les pentes des montagnes les plus élevées des Alpes et des Pyrénées... Mais rarement plus. C'est plutôt sur le Giro fin mai-début juin qu'il arrive aux coureurs de passer entre deux murs de glace...

Sauf que cette année-là, les Alpes françaises ont connu de nombreuses avalanches amenant, à certains endroits, une telle hauteur de neige qu'il avait été impossible de libérer la voie avant le passage du Tour de France... À l'Iseran, Fernando Manzaneque passe entre deux murs de neige de près de 5 mètres de haut. Avec cette exploit, l'Espagnol, vingt-neuvième le matin-même, s'est replacé à la douzième place du général, sans toutefois représenter un danger pour les deux premiers du Tour : Bahamontes et Anquetil.

Plus spectaculaire encore, plus tôt dans l'étape, les coureurs avaient dû gravir le col de la Croix-de-Fer. Seulement, la N526 entre Grenoble et Saint-Jean-de-Maurienne était encore fermée à peine quelques jours avant l'arrivée des coureurs dans la région. Des milliers de mètres cubes de neige barraient la route en sept endroits, un volume tel que les Ponts et Chaussées avaient renoncé à utiliser des chasse-neige classiques et opté pour le perçage de tunnels directement à travers la glace (le plus grand d'entre eux, dans le défilé de Maupas, était long de 138 mètres pour un diamètre de plus ou moins 4 mètres) ! Ainsi, le peloton du Tour est passé sous 30 mètres d'épaisseur de glace !

Raymond Poulidor (à droite) et Jacques Anquetil dans la montée du puy de Dôme.

LA FRANCE COUPÉE EN DEUX

Anquetil-Poulidor : coude-à-coude dans le puy de Dôme

Comme en musique rock dans les années 1960, lorsqu'on parlait Tour de France, il fallait choisir son camp : Beatles ou Rolling Stones, pour le vélo, à l'époque, on était « Poupou » ou Anquetil !

Le Tour 1964 est le sommet de cette rivalité, avec ces images et ces photos remarquables du coude-à-coude de la montée du puy de Dôme. Énorme moment de sport, sublime moment de grâce. Sans se regarder, ils se frôlent, ils se relancent... la bataille est poignante, aucun ne veut lâcher. « Nous étions côte à côte. Je ralen[t]issais, il ralentissait. Je démarrais, il répondait. Sincèrement, j'étais [i]mpressionné », raconte Poulidor au journal *L'Équipe*.

On le sait depuis toujours, opposez deux caractères, deux personnalités, deux styles et vous avez les ingrédients très simples des plus grandes histoires de la littérature, du théâtre, du cinéma et du sport : Prost/Senna, Federer/Nadal, Borg/McEnroe. Le puy de Dôme, en ce dimanche 12 juillet 1964, a été le décor idéal d'un duel au sommet.

Il ne s'agit pas de la victoire d'étape, Bahamontes et Jimenez sont devant. Ils se battent pour le maillot jaune et, à 1 500 mètres du sommet, Anquetil craque un peu, Poulidor s'en va, centimètre par centimètre, mètre par mètre. Cela ne sera pas suffisant. À l'arrivée au sommet du puy de Dôme, il a encore quatorze secondes de retard sur Anquetil pour lui reprendre le maillot jaune.

Finalement, « Maître Jacques » gagne ce Tour 1964 avec cinquante-cinq secondes d'avance sur Poulidor. Un quintuple succès de légende, que seuls trois autres champions (excepté Lance Armstrong, déchu de ses sept titres) réussiront après lui : Eddy Merckx, Bernard Hinault et Miguel Indurain.

Raymond Poulidor ne gagnera jamais le Tour de France et n'endossera jamais le maillot jaune, même si, contrairement à ce que pensent ceux qui ne connaissent pas bien le vélo, « Poupou » possède l'un des palmarès les plus complets parmi les professionnels.

LA PETITE HISTOIRE

Poulidor, second d'Anquetil devant l'éternel

Si intenses soient-elles, les rivalités sportives sont souvent empreintes de respect et se muent même parfois en amitié. Souvenez-vous en 1994 des mots de Senna pour Prost lorsqu'il effectuait un tour de reconnaissance du circuit de Saint-Marin sur TF1 : « Alain, tu me manques... » Ce fut le cas pour Anquetil et Poulidor, les deux frères ennemis du cyclisme français : Anquetil se plaisant à répéter que le vélo leur avait volé quinze ans d'amitié. Hélas, Anquetil, qui aimait la bonne chère, mourut bien trop tôt pour rattraper le temps perdu... À cinquante-trois ans, attaqué sans pouvoir [r]épondre par un cancer foudroyant de l'estomac...
On raconte que, sur son lit de mort, le jeune retraité, éternel pince-sans-rire, aurait déclaré : « Raymond, tu vas encore finir deuxième ! »

COUPS DE CŒUR

PATRICE LECONTE

Réalisateur

POULIDOR MODESTE ET POPULAIRE

Le vélo pour moi, tous les étés, c'est 50 kilomètres au soleil, au pied du mont Ventoux, tous les jours, torse nu... Je sais que c'est pas terrible mais ça me fait du bien car c'est la détente absolue et le contact avec la nature. Certains ont le culte des vainqueurs, moi je serais plutôt pour saluer les valeureux, ceux qui ne gagnent pas mais qui vont au bout de leurs forces. Des types comme Raymond Poulidor ou Henry Anglade m'ont toujours bluffé car ils sont dans la souffrance comme les autres sans avoir les bouquets de fleurs à l'arrivée. La fameuse photo du puy de Dôme, le coude-à-coude Anquetil-Poulidor, est un moment de légende, un moment de cinéma incroyable ! Un combat de boxe, un affrontement où personne ne veut céder, les deux coureurs sont épuisés, tendus, aucun ne veut lâcher, une tension extrême entre les rivaux, qui, en fait, étaient des amis.
Mais entre le prince Anquetil et le paysan Poulidor, j'avoue que je préfère vraiment le modeste, le populaire, qui n'a jamais gagné le Tour mais qui a gagné mon cœur.

FRANÇOIS HOLLANDE

Ancien président de la République (2012-2017)

LA FRANCE COUPÉE EN DEUX

Il est rare qu'un événement sportif rassemble autant de monde. J'ai fait souvent partie des spectateurs sur le bord de la route. En juillet, alors qu'il faisait très beau, on passait mes enfants et moi trois heures, toute l'après-midi donc, à attendre le Tour pour savoir ce qui allait se passer. Et souvent, d'ailleurs, il ne se passait rien ! Mais pour nous, le Tour de France c'était les vacances et une fête nationale ! Un peu comme en politique, la France a longtemps été coupée en deux, il fallait choisir son camp : Poulidor ou Anquetil. En réalité, on aimait Poulidor et on admirait Anquetil.

PHILIPPE DELERM

Écrivain

POUPOU POUR L'ÉTERNITÉ !

Quand la France s'est séparée en deux à propos du cyclisme, Anquetil ou Poulidor, très naturellement je suis devenu « poulidoriste » sans vraiment m'expliquer pourquoi. Il fallait choisir son camp, comme à l'époque de l'affaire Dreyfus, ou, plus légèrement, entre Fernandel et Peppone... Je me suis retrouvé du côté de Raymond plutôt que de Jacques. Anquetil était le premier champion bling bling, avec la une de *Paris Match*, une blonde à ses côtés, un verre de champagne et une belle auto. Poulidor, lui, c'était un tracteur, un village et un bal avec une musique d'accordéon. Et puis Poulidor dans le Tour de France, c'était l'homme battu, j'ai toujours bien aimé ceux qui se battent même s'ils perdent. Dans la fameuse montée du puy de Dôme en 1964, j'ai rêvé de l'impossible : que Poulidor se détache et largue vraiment Anquetil... Mais c'était un rêve, cela n'a pas suffi. Je me souviens parfaitement de l'endroit où j'étais pour cette montée mythique du dimanche 12 juillet. J'étais à Brest, avec des dragueurs de mine, on criait, on s'échauffait et puis Jimenez a gagné devant Bahamontes. Mais Poulidor n'a pas réussi à prendre assez de temps à Maître Jacques, qui gagnera encore le Tour cette année-là.

JACQUES ANQUETIL,
RAYMOND POULIDOR

1964

RUDI ALTIG.
JOSÉ PEREZ-FRANCES

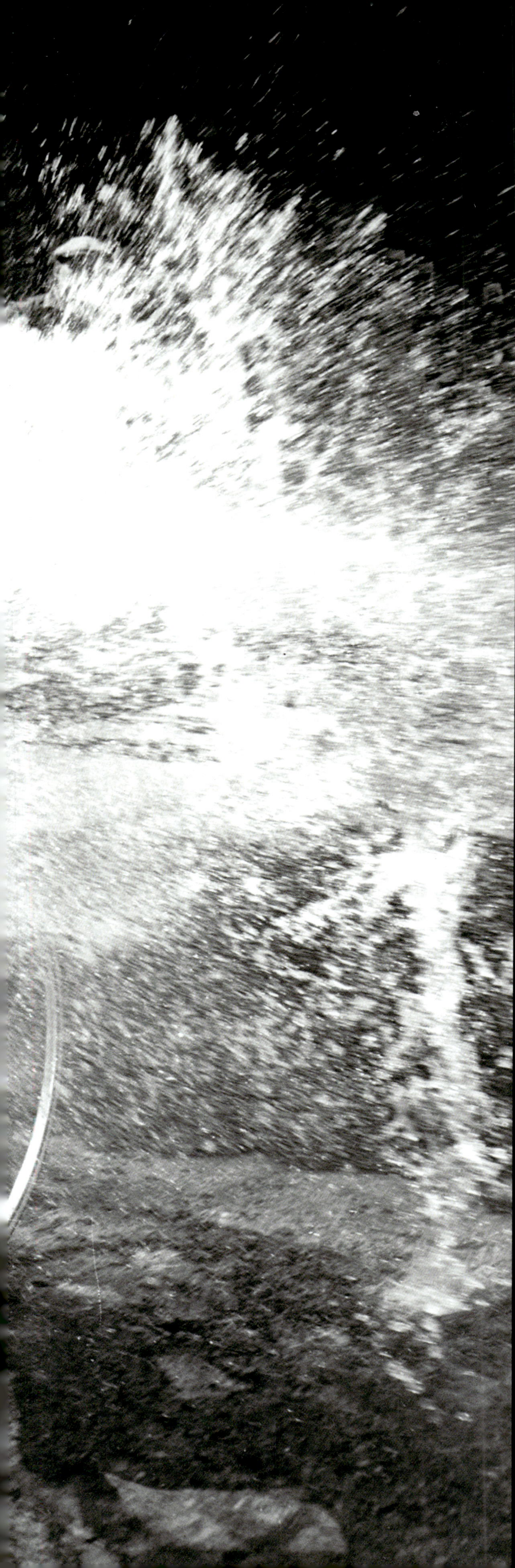

RAFRAÎCHISSEMENTS !

La chasse à la canette

La route du Tour de France peut être le théâtre de scènes totalement insolites, notamment en ce qui concerne l'hydratation. En juillet, il fait souvent chaud et parfois même des températures caniculaires comme en 1950 où le peloton s'est baigné dans la baie de Sainte-Maxime.

Même si le chiffre semble spectaculaire, sachez que le peloton du Tour consomme 35 000 bidons en trois semaines ! Un coureur boit en moyenne dix bidons par étape et jusqu'à vingt en cas de grosse chaleur. Tantôt pour se réhydrater, tantôt pour s'asperger quand l'air est trop chaud et que la transpiration s'est trop vite évaporée. Le rôle des équipiers est essentiel : redescendre régulièrement à la voiture du DS (le directeur sportif) au cul du peloton pour glisser sous le maillot plus de dix gourdes en une seule fois et les remonter aux cadres et au leader. Voilà l'origine de l'expression « les porteurs d'eau » !

Autre époque, autres mœurs : jusque dans les années 1970 existait ce qu'on appelle la « chasse à la canette » ! Exemple en 1964, le fameux Tour du coude-à-coude Anquetil/Poulidor dans le puy de Dôme. La onzième étape entre Toulon et Montpellier est courue sous une chaleur intense et, une fois n'est pas coutume, les coureurs se préoccupent plus de trouver de quoi boire que de faire la course !

La légende raconte qu'Anquetil – qui fait (comme la plupart des favoris) très attention – a bu deux bidons de thé non sucré, six bouteilles de coca et deux bouteilles de bière (!). Oui, de la bière en plein effort ! Mais ce n'est rien comparé à d'autres, raconte *Le Miroir des sports* : « Chaque groupe de coureurs s'arrêtant auprès d'un camion de livraison de boisson, d'un café ou d'une installation de campeurs, avait autant d'efficacité qu'un vol de sauterelles se posant sur une récolte : c'était la razzia totale. »

Une autre solution pour se rafraîchir : se faire asperger comme Aldo Ronconi sur le Tour 1947 ou le Hollandais Jean Nolten en 1953, à l'attaque sur la quatorzième étape entre Béziers et Nîmes. Ça peut surprendre, mais il est probable que ça leur a fait le plus grand bien !

LA PETITE HISTOIRE

Le ravitaillement embarqué à partir de 1968

Certainement lassée par l'image que donnaient les coureurs à se jeter sous les fontaines et dans le premier bistrot venu pour « chasser la canette », l'organisation du Tour de France a mis fin en 1968 à cette « débandade » avec une réglementation permettant le ravitaillement liquide pendant la course auprès des voitures techniques.

Ci-dessus, pause fraîcheur pour Rudi Altig (dossard n° 2) qui se rue sur un camion rempli de bières !
Ci-contre, Ax-les-Thermes – Barcelone (1965) : en matière d'arrosage, José Perez-Frances est servi !

PREMIERS CONTRÔLES ANTIDOPAGE

Le peloton en grève et à pied

« Doper le coureur est aussi criminel, aussi sacrilège que de vouloir imiter Dieu ; c'est lui voler le privilège de l'étincelle. » La phrase n'est pas de nous mais de l'écrivain Roland Barthes.

Seulement, de tout temps, les coureurs cyclistes (ou leur entourage) ont été tentés d'ouvrir l'armoire à pharmacie. Cela commence déjà en 1896 avec Arthur Linton, le premier décès d'un coureur imputé au dopage, cela se poursuit en 1924 avec la folklorique interview des frères Pélissier par Albert Londres. Le journaliste découvrant le milieu du cyclisme s'était montré un peu crédule... Les champions français en avaient fait des tonnes pour être plaints comme les « forçats de la route » qu'ils étaient...

Là où le bât blesse c'est que la fiction s'est fait rejoindre par la réalité... Dans les années 1950, le directeur de l'équipe de France sur le Tour, Marcel Bidot, estime que 75 % des coureurs utilisent des produits dopants – ils ne s'en cachent pas à l'époque – et en particulier les amphétamines, ces excitants utilisés par l'armée de l'air pendant la guerre !

Sur le Tour 1960, c'est au tour de Pierre Dumas, médecin-chef du Tour de France, de faire une surprenante découverte en entrant dans la chambre de Gastone Nencini : l'Italien est allongé sur son lit avec un tube de plastique dans chaque bras relié à une bouteille contenant des hormones ! Le futur vainqueur du Tour cette année-là ne sera pas inquiété... En revanche, les dérives et les accidents ont tendance à se multiplier : le malaise de Jean Malléjac durant l'ascension du mont Ventoux (1955), la chute de Roger Rivière dans le Perjuret (1960), les douleurs aux bras et l'abandon de Bahamontes suite à une injection de calcium (1957), les vomissements et l'abandon de quatorze coureurs après un mauvais dosage de morphine (1962)... Dumas a décidé d'alerter la Fédération française de cyclisme et Maurice Herzog, l'alpiniste devenu ministre des Sports, a proposé une loi antidopage.

Une première vague de contrôles a touché le Tour dès 1966, le mardi 28 juin, au soir de l'étape Royan – Bordeaux. Deux médecins agréés se sont rendus à l'hôtel des coureurs, accompagnés d'un officier de police judiciaire, pour procéder à des prélèvements d'urine et à des auscultations dans le but de déceler des traces de piqûres synonymes d'injections. Trois équipes ont été visitées : les Man-Grundig, les Pelforth-Sauvage et les Mercier-BP, avec comme cible principale Raymond Poulidor.

Le lendemain, lors de l'étape Bordeaux-Bayonne, visiblement très agacé d'être traité ainsi par les autorités, le peloton, emmené par le Belge Rik Van Looy et Jacques Anquetil, a marqué sa désapprobation par une grève spontanée : pied à terre et 300 mètres à côté du vélo. Les autorités avaient pourtant raison : les contrôles avaient révélé six cas positifs aux amphétamines (sans sanction pour les coureurs) et, cette année-là, les chiffres disent que 87 % des contrôles menés en France s'étaient révélés positifs...

Jacques Anquetil interrogé par un radio-reporter et, tout autour, les coureurs en grève entre Bordeaux et Bayonne.

Tom Simpson s'écroule dans le Ventoux

Dans la grande histoire du Tour de France, il y a un avant et un après la mort de Tom Simpson. Jeudi 13 juillet 1967 : le champion britannique va mourir pratiquement en direct à la télévision, sur les pentes du mont Ventoux. La fête nationale que représente le Tour de France vire au drame. Et le sport bascule dans l'horreur.

Attroupement de curieux au mont Ventoux. Tom Simpson, victime d'un malaise, est en train de mourir...

COUP DE CŒUR

CLAUDE SÉRILLON

Journaliste / Présentateur des JT

L'ABSURDITÉ DE MOURIR SUR LE TOUR

Un jeudi de juillet, une grosse chaleur, on avait fermé les volets. La télévision peinait en noir et blanc, les images sautillaient au rythme des virages du Tour de France... Déjà je vivais selon les images et les commentaires l'épreuve des héros. Des types aux visages de « crève la faim » mais beaux ! Tom Simpson en était. Et là, je distinguais mal son corps sur des cailloux et la femme qui tentait de le sauver. Images confuses mais toujours présentes. Mourir sur le Tour. Cela me parut invraisemblable. On ne meurt pas à vingt-neuf ans. Pingeon a gagné mais c'est le corps de Simpson qui se fige dans ma mémoire... Toutes les révélations sur le dopage viendront plus tard. C'est absurde de perdre la vie sur un vélo.

Bien sûr, avant ce drame, il y a eu sur la Grande Boucle des abandons spectaculaires, des incidents, des chutes et des accidents, mais cette fois la télévision est là. Et même si l'ami Robert Chapatte ne peut pas se rendre compte tout de suite de la réalité de la situation, les images sont impressionnantes. Elles vont rester gravées dans toutes les mémoires jusqu'à aujourd'hui.

D'abord les zigzags. Tom Simpson, la casquette de travers, maillot blanc de Peugeot marqué du drapeau britannique, n'arrive plus à tenir sur son vélo. Soleil de plomb, jambes en coton, plus de force, il tombe sur les pierres brûlantes. On est déjà dans la partie lunaire du « Géant de Provence », plus un arbre, pas d'ombre pour s'abriter, la canicule. L'enfer. Et Tom est à terre, le regard absent.

Des spectateurs l'aident à remonter sur son vélo. On le pousse, on lui parle, il est ailleurs, épuisé. Il va tomber de nouveau, moment terrible ; il est allongé sur la pierraille, sa vie est en train de s'échapper, le cœur va lâcher. On lui fait du bouche-à-bouche pour le réanimer, en vain. Les médecins du Tour sont là, l'hélicoptère arrive, l'emmène vers Carpentras, mais il est trop tard, Tom Simpson est mort.

Chaleur et amphétamines (en vogue à l'époque) ont probablement conduit le Britannique à aller au-delà de ses limites et à faire naître un syndrome d'épuisement. « Je ne me soucie pas des contrôles, disait-il. Seuls m'importent les médecins qui me prescrivent les piqûres. » Et Roger Pingeon, vainqueur du Tour en cette année tragique, ajoutera dans *L'Équipe* en 2002 : « Tom avait tendance à abuser il terminait souvent dans de drôles d'états. »

Gentil, drôle, talentueux, Tom Simpson est mort à 2 kilomètres du sommet du Ventoux où, aujourd'hui encore, une stèle marque le lieu du drame. Mort d'un coureur, mort d'un homme. Leçon antidopage ? Même pas. Électrochoc pour le public mais pas pour les coureurs, juste l'occasion de basculer d'un dopage assumé à un dopage clandestin. Histoire de maintenir l'opinion publique dans l'illusion...

EDDY MERCKX : LE CANNIBALE

5 Tours, 34 victoires d'étapes, 96 jours en jaune

Eddy Merckx en plein effort entre Luchon et Mourenx, parti pour écraser le Tour 1969 au terme d'une échappée solitaire de 140 km !

Il y a toujours des phrases qui marquent une vie : Johnny Hallyday, alors apprenti chanteur, avait croisé la route de Maurice Chevalier, et l'illustre comédien lui avait prodigué ce conseil simple : « Soigne tes entrées et tes sorties, au milieu, fais ton métier. »

Sur le Tour de France le roi Eddy, pas l'acolyte des Vieilles Canailles mais l'immense champion belge, a appliqué cette maxime à la lettre... Une victoire sur le Tour dès sa première participation, une sixième place pour sa dernière et en ce qui concerne le métier, un cumul de records : 5 victoires finales (un record), 34 victoires d'étapes (encore un record), 96 jours en jaune (toujours un record et 111 si on compte en « étapes » avec, à l'époque, la mode des tiers et des demi-étapes).

De nos jours, ceux qui visent le Tour de France ne font pratiquement que ça, c'était le cas pour Lance Armstrong, ça l'est aussi pour Chris Froome. À l'inverse, des gars comme Bernard Hinault et Eddy Merckx surtout couraient et gagnaient toute la saison. Pour preuve, voici un extrait du palmarès gargantuesque du « Cannibale ». Sur les grands Tours d'abord : 5 Tours de France, 5 Giro. Sur les classiques, 31 victoires dont 19 sur les monuments du cyclisme : 5 Liège-Bastogne-Liège, 7 Milan-San-Remo, 3 Paris-Roubaix... Ajoutez à cela trois maillots arc-en-ciel de champion du monde et puis le record de l'heure aussi, qui a longtemps fait figure de référence car il l'avait réalisé avec un vélo traditionnel. Au total, 525 victoires sur route !

Eddy Merckx était l'homme de tous les exploits, capable par exemple de s'échapper 140 km en jaune et en solitaire. Il ne fallait pas lui manquer de respect au roi Eddy ! Son coéquipier Martin Van Den Bossche l'a vécu à ses dépens sur la dix-septième étape (Luchon – Mourenx) du Tour 1969 : VDB voulant faire les points pour le classement de la montagne, il avait demandé à Merckx de pouvoir passer en tête au sommet du Tourmalet. Seulement, le lieutenant venait deux jours plus tôt de lui annoncer son départ pour l'équipe Molteni en fin de saison... Autant vous dire qu'il n'est pas passé au sommet en tête et qu'en plus Merckx, doublant l'indélicat sans un regard, a poursuivi son effort en solitaire pour une échappée légendaire de 140 km ! Avec rage, « le Cannibale » ce jour-là a mis tous ses concurrents à plus de 8 minutes !

Comme toujours dans ces cas-là il y a les admirateurs, enivrés par l'exploit de légende, et les détracteurs, qui ont trouvé que cette domination sans partage enlevait son intérêt au Tour de France... Merckx le coureur total a continué son chemin et sa moisson de victoires, par exemple sur le Tour 1970, où il a établi un record de plus : 8 victoires d'étapes lors d'une seule et même édition...

COUP DE CŒUR

JULIEN CLERC

Chanteur

C'ÉTAIT TOUJOURS MERCKX QUI GAGNAIT AVEC MOI !

La plus grande leçon de tactique concernant le Tour de France, c'est sans doute le plus intelligent de tous les directeurs sportifs qui me l'a offerte : Cyrille Guimard.
Un vrai professeur de cyclisme qui, au cours d'un contre-la-montre où nous suivions ensemble Bernard Hinault, m'a décortiqué la stratégie idéale d'un vainqueur du Tour : être entouré par une équipe qui surveille toutes les attaques, économiser de l'énergie à chaque fois que c'est possible et attaquer au bon moment. L'exemple parfait,
C'est mon idole, mon idole absolue qui l'a pratiquée pendant des dizaines d'années : Eddy Merckx. Il a tout gagné, non seulement parce que c'était le plus fort de tous, mais aussi parce qu'il savait s'entourer d'une équipe formidable.
J'ai souvenir par exemple des Molteni.
Le Tour de France pour moi, c'est à la fois Merckx et mes jouets d'enfance que je viens de retrouver au cours d'un déménagement. Des dizaines de petits coureurs en fer. Ils portaient les maillots de leur équipe nationale. Les couleurs sont un peu passées mais les souvenirs sont là. On jouait sur la plage avec les copains dans le sable, les côtes, les descentes, les virages, une petite bille, beaucoup d'éclats de rire, et c'était toujours Merckx qui gagnait avec moi !

LA CURIOSITÉ

Qui se souvient des dauphins de Merckx ?

Faites le test avec vos amis s'ils connaissent un peu le vélo et vous verrez bien que Merckx a effectivement écrasé toute concurrence en reléguant ses dauphins aux oubliettes :

- **Tour 1969 :** Roger Pingeon (2e) et Raymond Poulidor (3e)
- **Tour 1970 :** Joop Zoetemelk (2e) et Gösta Pettersson (3e)
- **Tour 1971 :** Joop Zoetemelk (2e) et Lucien Van Impe (3e)
- **Tour 1972 :** Felice Gimondi (2e) et Raymond Poulidor (3e)
- **Tour 1974 :** Raymond Poulidor (2e) et Vicente Lopez Carril (3e)

BIC
MIKO
BIC

COUPS DE CŒUR

CHRISTIAN PRUDHOMME

Directeur du Tour de France

UN HÉROS DE TRAGÉDIE

Luis Ocaña est un des rares – avec Bernard Thévenet – à avoir contesté la suprématie du « Cannibale ». Sa rivalité au début des années 1970 avec celui qui gagnait tout, tout le temps, était un ingrédient du genre théâtral qu'on appelle la tragédie et qui nous fait ressentir la vie avec une intensité inégalée... Ocaña / Merckx : deux héros que tout oppose, le latin grimpeur face à l'ogre belge, le panache du téméraire qui ose affronter l'invincible au moment de son apogée... Et puis la dramaturgie se met en place : l'exploit d'Ocaña, sa chute trois jours plus tard, la conquête du trône en 1973 en l'absence du roi, puis la maladie et le suicide... Jean-Marie Leblanc m'a raconté qu'à l'époque, pour se motiver et exacerber son adrénaline, le grimpeur espagnol s'adressait des invectives le soir à l'hôtel en pensant à Merckx ! Ocaña était un « soleil noir » et les mots de Christian Laborde résument bien le personnage : « Le panache, l'audace, l'insolence, la lumière, le soleil, mais aussi le drame, l'ombre. »
À l'extrême inverse, le sourire et le plaisir de Bernard Thévenet : le premier maillot jaune sur les Champs-Élysées avait réussi à faire sur le Tour 1975 ce dont tous rêvaient à l'époque : vaincre le roi Merckx à la pédale !

MICHEL SARRAN

Chef étoilé

OCAÑA, L'ESPAGNOL DU GERS

J'étais au lycée avec sa sœur, à Magnan, près de Nogaro, dans le Gers. C'est ma grand-mère qui lui a appris le français. Luis était un garçon absolument charmant, un vrai gentil, dont le destin a été incroyable. C'était notre ambassadeur du Sud-Ouest dans le peloton. Et jusqu'à son suicide – car il n'a pas supporté d'être malade –, il a toujours honoré son Sud-Ouest de cœur. Il supportait difficilement la domination d'Eddy Merckx, son grand rival ; en plus, dans les années 1970, il a multiplié les pépins : chute en 1969, maladie en 1970, et en 1971, au moment où il était au top de sa forme, maillot jaune sur les épaules, il y a sa fameuse chute dans le col de Menté. J'ai encore les images dans la tête : non seulement il tombe à pleine vitesse dans le virage, mais il est percuté par Zoetemelk, qui lui atterrit dans le dos. Merckx, seigneur le lendemain, refuse de porter le maillot jaune. Il va même réconforter Luis Ocaña à l'hôpital de Mont-de-Marsan. Ce sont des souvenirs terribles. Heureusement que deux ans plus tard il a gagné le Tour il le méritait tellement !

LE MAILLOT JAUNE À TERRE

Luis Ocaña tombe dans le col de Menté

« Hors délais » : l'expression est terrible pour les coureurs du Tour de France. Violente, même. Cela veut simplement dire dehors, fin de la course, retour à la maison.

Or ce jeudi 8 juillet, dans la onzième étape du Tour 1971, entre Grenoble et Orcières-Merlette, seuls trente-neuf coureurs ont passé la ligne dans les temps, tous les autres sont hors délais ! Éliminés ! Histoire unique dans le Tour ! Le responsable ? Un homme en état de grâce : Luis Ocaña.

L'étape était très courte mais très ardue, et, derrière Ocaña, en forme déjà la veille et qui est vraiment décidé, comme l'écrivait Antoine Blondin, à « mettre la panique dans le cérémonial », tout le monde ou presque craque. Même le grand Eddy Merckx va lâcher prise. Le champion belge termine troisième à près de neuf minutes du coureur espagnol. Un vrai coup de force qui permet à Luis Ocaña de s'emparer du maillot jaune avec 8' 43'' d'avance sur Joop Zoetemelk. Acteurs d'une étape complètement folle, ils restituent sa légence au Tour. « Ocaña souverain, Merckx héroïque », titre *L'Équipe* à la une ! Il est important de noter que les patrons du Tour, étonnés par la performance de l'Espagnol mais intelligents, repêchent pratiquement tous les éliminés. Ouf !

Ocaña est en jaune, mais pour trois jours seulement. Merckx, déjà deux fois vainqueur du Tour, en 1969 et en 1970, n'a pas du tout l'intention de se laisser malmener. On attaque la troisième semaine de course avec les Pyrénées. « Le Cannibale » montre les dents dès les premiers cols, et Ocaña s'accroche.

Mais les spectateurs de Luchon ne verront jamais le maillot jaune à l'arrivée de la quatorzième étape : orage sur le Tour ! Dans la descente du col de Menté, Merckx tombe, Ocaña chute aussi. Zoetemelk, juste derrière, ne peut rien faire pour éviter Ocaña et le heurte de plein fouet ! Ocaña, choqué, devra abandonner. Soigné par le docteur Judet, il sera emmené à l'hôpital dans des cris de douleur et de colère, sans quitter son maillot jaune.

« Ocaña brisé, le Tour foudroyé », annonce *L'Équipe* le mardi 13 juillet. Le lendemain, en hommage au champion espagnol, Merckx, qui gagnera ce Tour 1971, ne porte pas le maillot jaune, et, par chance, Ocaña reviendra sur le Tour pour le remporter deux ans plus tard.

Luis Ocaña brisé dans la descente du col de Menté.

L'esprit chevaleresque du roi Eddy

Sévèrement mis en défaut par l'échappée fleuve et l'exploit de Luis Ocaña sur l'étape d'Orcières-Merlette, Eddy Merckx avait mis un point d'honneur à refaire son retard à la pédale. L'Espagnol avait collé près de neuf minutes au roi Eddy, il avait fait du « Cannibale » son plat de résistance !

Première réponse avec une échappée des Molteni (l'équipe de Merckx) et deux minutes récupérées à Marseille. Au contre-la-montre d'Albi, les adversaires font jeu égal. Le Belge entend bien planter une nouvelle banderille dès le lendemain dans les Pyrénées sur la route de Luchon... Étape à la météo exécrable et théâtre de la chute d'Ocaña dans la descente du col de Menté...

Ocaña abandonne, Merckx – deuxième du général avant l'étape avec 7 minutes 34 de retard – arrive à Luchon avec Lucien Aimar, Van Impe et Zoetemelk. C'est lui qui doit hériter du maillot jaune mais – coup de canif au règlement du Tour et au protocole bien huilé – le champion belge refusera de monter sur le podium et d'endosser le maillot ce jour-là !

Explication d'Eddy lui-même : « J'aurais préféré terminer second après avoir livré bataille tous les jours, plutôt que me retrouver en tête de cette manière. Gagner le Tour dans ces conditions ne m'intéresse pas ! »

Ce choix de Merckx n'est pas un caprice, c'est juste l'esprit du sport : le porteur du maillot jaune est tombé, il a abandonné; il n'y a rien d'honorable à l'endosser si on ne l'a pas conquis à la régulière, à la pédale. Concrètement, en refusant le maillot jaune ce jour-là, Merckx a entériné le fait que dès le lendemain, le leadership du Tour était à reprendre. Les organisateurs du Tour de France ont compris que l'esprit chevaleresque du roi Eddy glorifiait le maillot jaune comme la quête du Graal et ont accepté son entorse au règlement.

LE PETIT PLUS

Ceux qui ont renoncé à un maillot jaune qu'ils estimaient ne pas mériter

Le maillot jaune est tellement difficile à conquérir, âpre à défendre, déchirant à perdre que ceux qui le reçoivent sans l'avoir mérité n'auraient aucune fierté à le porter... C'est pourquoi ils sont plusieurs dans l'histoire du Tour de France à avoir fait une entorse au protocole.

- **1971 :** Eddy Merckx après la chute de Luis Ocaña dans le col de Menté
- **1980 :** Joop Zoetemelk après l'abandon de Bernard Hinault à Pau
- **1991:** Greg LeMond après la chute du Danois Rolf Sorensen à quelques kilomètres de l'arrivée à Valenciennes
- **2005 :** Lance Armstrong après la chute de David Zabriskie
- **2017 :** Chris Froome après la chute de l'Allemand Tony Martin au Havre

Ajoutons à cette liste Alberto Contador, l'Espagnol qui devait hériter du maillot jaune sur le Tour 2007 suite à l'exclusion du grimpeur dopé, le Danois Michael Rasmussen...

À Luchon, Eddy Merckx refuse d'endosser le maillot jaune.

COUP DE CŒUR

PIERRE ARDITI

Comédien

EDDY, LE SEIGNEUR

Dans le vélo, j'ai eu mes princes, mais le roi des rois, c'est Eddy Merckx. C'est mon Tintin, c'est mon héros. Comme Tintin, Eddy ne pouvait jamais être battu. Le jour où Bernard Thévenet l'a dominé en 1975, j'étais triste et furieux.

Pourquoi c'est un héros ? Parce qu'il ne s'avoue jamais vaincu, il ne calcule pas. D'ailleurs, il n'a jamais calculé. Aujourd'hui, nous avons des grands champions, mais les courses ressemblent un peu à un laboratoire, avec les fameuses oreillettes. Moi, ce que j'ai toujours aimé, c'est l'aventure individuelle, la bagarre comme lorsque je rentre sur scène, je donne tout.

On gagne on gagne, on perd on perd... Mais on n'a pas de regrets ! C'est pour ça que j'ai adoré Eddy Merckx. En plus c'est un grand seigneur : le jour où Ocaña est tombé, en 1971, Eddy est allé le voir à l'hôpital et surtout il a refusé le lendemain de porter le maillot jaune. Bravo Tintin !

Le Tour en avion, Capitaine Eddy aux commandes !

Vous vous souvenez peut-être de cette image de Bernard Hinault en maillot bleu blanc rouge, en 1978, les mains dans le dos, le regard dans le vide, le visage fermé en première d'un peloton de grévistes.

Les coureurs avaient décidé de manifester contre la multiplication des demi-étapes (c'est-à-dire deux étapes plus courtes mais dans la même journée), celles-ci les obligeant à se lever aux aurores et donc à avoir trop peu de récupération et de temps pour les soins... L'image a surpris beaucoup de monde à l'époque, mais elle était le fruit d'une situation ubuesque dans laquelle les organisateurs du Tour de France s'étaient mis tout seuls : le produit d'une course en avant pour mondialiser l'épreuve et le désir chaque année de collecter plus de dotations de la part des villes candidates...

Alors, pour satisfaire toutes les attentes – l'argent, la visibilité, l'intérêt sportif –, les organisateurs ont eu la brillante idée de placer parfois deux étapes dans la même journée : plus de villes étapes = plus de villes sous le feu des projecteurs = plus d'argent dans les caisses de l'organisation mais aussi des contraintes logistiques pour les coureurs avec des transferts, certaines années sur de longues distances.

Au début, il n'y avait pour ainsi dire pas de transfert (seulement 2 lors des 33 premières éditions pour un total de 400 km !). Le Tour de France des premières années était un enchaînement de longues étapes de 350 à 450 km (environ) entre les grandes capitales de province. La Grande Boucle est peu à peu devenue une « ronde de France » flirtant avec les frontières de l'Hexagone jusqu'à atteindre 5 745 km en 1926 ! Longtemps d'ailleurs – et c'est curieux – le Tour a ignoré le Massif central...

Le premier transfert officiel connu de l'histoire date du Tour 1959 : il s'est effectué en autocar entre Rennes et Blain. L'année suivante, le Tour a connu son premier transfert en train pour emmener les coureurs de Bordeaux à Mont-de-Marsan.

Enfin, le dimanche 4 juillet 1971, le Tour passait à la vitesse supérieure avec le premier transfert en avion. Journée de repos à la suite d'une étape en Picardie et dans le Pas-de-Calais entre Amiens et Le Touquet. Les coureurs étaient embarqués direction Orly avec une photo restée légendaire : Eddy Merckx, le meilleur coureur du monde, aux commandes !

Depuis, le kilométrage et le nombre des transferts n'ont fait qu'augmenter : en moyenne, 1 739 km de route supplémentaire pour les coureurs. Et en la matière, l'année 2015 a battu tous les records : 2 300 kilomètres de transfert en bus ou en avion pour un tracé de 3 360 kilomètres à vélo !

Eddy Merckx aux commandes du premier transfert aérien de l'histoire du Tour pour un court trajet entre Le Touquet et Orly.

Eddy Merckx frappé au foie dans le puy de Dôme

Le Tour de France est magique parce que les héros qui en écrivent la légende – par leurs exploits homériques – réalisent leurs prouesses sur le pas de la porte de la France rurale et montagnarde, à portée de main même, sans barrières ni filtrage…

Merckx au puy de Dôme : la solitude du vestiaire pour un champion meurtri dans sa chair.

Tellement proches qu'on peut entendre le bruit de leur dérailleur, de leur chaîne, sentir le souffle de leur passage, lire sur leur visage les traits de la fatigue… Une proximité parfois à double tranchant, car combien chaque année se plaignent dans les cols de recevoir des fessées appuyées dans les reins sans avoir rien demandé à personne… En ce qui concerne Eddy Merckx, agressé dans la montée du puy de Dôme, la mésaventure a eu une énorme influence sur la suite de son Tour 1975…

Cette montée, restée dans les mémoires pour le meilleur du sport et le fameux coude-à-coude entre « Poupou » et Anquetil (1964)… mais aussi pour le pire : en ce vendredi 11 juillet 1975, les rampes du volcan endormi ont peut-être scellé le destin et la chute du roi belge du cyclisme…

La quatorzième étape touche à sa fin, la victoire va se jouer entre Lucien Van Impe et Bernard Thévenet, tous deux échappés dès le pied du « Géant d'Auvergne ». Merckx, en souffrance, tente de recoller en compagnie de Joop Zoetemelk. La foule est compacte, l'ambiance est volcanique ! Les coureurs n'entrevoient qu'un mince ruban de bitume devant eux. La ligne d'arrivée approche. 300 mètres, 200, 150…

L'impossible va se produire : « le Cannibale » s'effondre et porte la main droite à son torse. Un revival de la mort de Simpson ? Non, juste un spectateur – Nello Breton – qui vient de frapper le roi au foie et de lui couper le souffle au summum de l'effort, après 173,5 km de vélo ! Passé la ligne, Merckx, voyant sa victoire sur le Tour s'évanouir, fera demi-tour pour retrouver le voyou… « C'est la première fois qu'on a eu des hooligans sur le Tour, raconte-t-il à la presse. Des inconscients. J'étais le premier à pouvoir gagner six Tours. Mais j'étais étranger, et il y avait une animosité. »

Le roi déchu intentera un procès au spectateur boxeur, défendu – c'est un comble – par maître Daniel Thévenet ! Englué dans son déni malgré les preuves télévisuelles, Breton écopera d'une peine de prison avec sursis et d'une interdiction d'assister à une course cycliste pendant deux ans. Merckx ajoutant, un peu marri : « Il a été condamné à verser 1 franc symbolique et moi, ça m'a coûté 2 500 francs de frais d'avocat. »

Pra-Loup : Bernard Thévenet dompte Eddy Merckx

Dans la légende du Tour, il y a les lieux mythiques (l'Alpe-d'Huez, le Tourmalet, l'Aubisque, le Ventoux, etc.) et il y a des moments de légende, comme le jour où Thévenet le petit français a croqué Merckx « le Cannibale ».

Nous sommes le dimanche 13 juillet 1975, la petite station de ski de Pra-Loup ne fait pas partie des « classiques » du Tour mais elle passera à la postérité pour avoir été la scène d'un véritable régicide... C'est cela qu'on appelle la Légende du Tour !

Il est champion du monde... Porteur du maillot jaune, il a gagné en début de saison toutes les grandes courses : Milan-San Remo, le Tour des Flandres, l'Amstel Gold Race et Liège-Bastogne-Liège. Il roule, premier au classement général, vers une sixième victoire dans le Tour de France. Bref, Eddy Merckx est encore ce jour-là le plus grand coureur de tous les temps... Et pourtant il va craquer, et c'est un Bourguignon de vingt-sept ans qui fera abdiquer le roi. Une révolution menée par Bernard Thévenet.

À quoi attribuer cette victoire ? À la montée en puissance du Français ? Au déclin du Belge ? En tout cas, deux jours plus tôt, avant l'étape de repos, quelqu'un s'est occupé de couper l'appétit gargantuesque du « Cannibale » en la frappant au foie ! Trente-quatre secondes de débours pour Merckx à l'arrivée, son maillot jaune était fragilisé...

Alors sur l'étape Nice-Pra-Loup, le Cannibale et sa tribu vont imprimer un train soutenu pour qu'il lance une attaque à 1 kilomètre du sommet du col d'Allos. Mais c'était compter sans la détermination et la forme étincelante de Thévenet, qui revient sur le Belge et le dépose dans la montée de Pra-Loup. Véritablement dans le dur, Merckx se met à « pédaler carré » et vit un enfer de 4 kilomètres. Il perd deux minutes sur Thévenet, qui remporte l'étape et s'empare du maillot jaune.

Deux jours plus tard, nouveau coup du sort pour le Cannibale, qui se fracture la mâchoire en heurtant un autre coureur au départ de Morzine ! Mais le Belge est coriace et tenace, il ira jusqu'à Paris malgré la douleur !

COUP DE CŒUR

PHILIPPE SELLA

Joueur de rugby à XV, international

LA PASSION DES GRANDS DUELS

Pour moi le Tour de France c'est avant tout les grands duels : Coppi-Bartali, Fignon-LeMond et surtout Merckx et Thévenet. Mon papa était coureur cycliste amateur dans un petit village du Lot-et-Garonne dans les années 1950, alors évidemment on suivait le Tour de France. D'ailleurs tous les agriculteurs qui travaillaient aux champs toute la journée faisaient une pause spéciale dans l'arrosage du maïs pour suivre la fin de l'étape. En rugby de temps en temps, tout le monde le sait, le combat est rude. Mais à vélo, on atteint des sommets, physiquement et psychologiquement... Comment font-ils pour aller aussi loin ? Ces champions vont au-delà de la fatigue, au-delà du raisonnable. Avec la boxe c'est sans doute l'un des sports les plus durs au monde.

Bernard Thévenet en train de distancer le roi Eddy Merckx dans la montée vers Pra-Loup.

LA PETITE HISTOIRE

La phrase incroyable de Thévenet

Au cours de nos discussions avec le champion, il a partagé avec nous cette réflexion : « Ce qui est formidable quand on gagne une étape sur le Tour de France, c'est qu'on donne du bonheur à des millions de gens. Alors en plus avec le maillot jaune, un véritable Graal, là c'est le bonheur absolu ! En 1975, lorsque j'ai endossé le maillot jaune à Pra-Loup, le soir, en rentrant à l'hôtel, je l'ai mis sur une chaise devant mon lit. Pendant la nuit, je me suis réveillé, il y avait un petit rayon de lune qui passait par la fenêtre et qui éclairait le maillot ! Et je me suis dit cette phrase incroyable : " Pourquoi Merckx a mis son maillot jaune dans ma chambre ? " »

Yves Mourousi suggère que le Tour se finisse sur les Champs-Élysées !

Qu'elle est belle, cette Marseillaise qui résonne sur les Champs-Élysées le dimanche 20 juillet 1975 ! Et le président Valéry Giscard d'Estaing est particulièrement souriant, aidant Bernard Thévenet à enfiler son maillot jaune de vainqueur de la Grande Boucle.

Triple événement ce jour-là : premièrement, un Français vainqueur du Tour, on attendait cela depuis huit ans ; deuxièmement, « le Cannibale » a été dévoré : Eddy Merckx, battu, termine deuxième, à 2' 47" de Thévenet ; troisièmement, une arrivée sur les Champs-Élysées : la plus belle avenue du monde s'offre à la plus belle et à la plus grande course cycliste du monde. Enfin ! justice.

Soyons honnêtes, les anciennes arrivées du Tour ont aussi eu du lustre. Dès la première année, Maurice Garin, qui est parti le mercredi 1er juillet 1903 du célèbre Réveil-Matin de Montgeron, conclut son Tour à Ville-d'Avray après avoir parcouru 2 428 kilomètres, mais il a le droit de pousser jusqu'au Parc des Princes, où une foule curieuse et passionnée l'acclame. Soixante-quatre ans plus tard, le Français Roger Pingeon sera le dernier vainqueur célébré sur la piste rose du Parc des Princes ; nous sommes en 1967, l'année terrible de la mort de l'Anglais Tom Simpson.

Les organisateurs cherchent une piste en plein air dans la région parisienne pour les Tours suivants : la fameuse Cipale est choisie pour l'arrivée de l'année 1968. Elle avait été construite en 1900 pour les JO de Paris. Sept ans de Cipale puis, sur une idée géniale d'Yves Mourousi, au bout de la route du Tour en 1975 : les Champs-Élysées. Une ultime étape de 163 kilomètres remportée au sprint par Walter Godefroot. Depuis 1975, la plus belle avenue du monde s'est souvent refusée aux Français, et rares sont ceux qui peuvent s'enorgueillir de l'avoir conquise : Eddy Seigneur (1994), Jean-Patrick Nazon (2003) et surtout Bernard Hinault, deux victoires avec le maillot jaune, du « Blaireau » tout craché. « Monsieur Panache » 1979 et 1982.

Tracé entre le Louvre et l'Étoile, avec sur le chemin le jardin des Tuileries, la Concorde et les Champs, ce circuit fermé de 7 kilomètres permet aux coureurs du Tour de retrouver les sensations de leurs débuts avec une course vive, pleine d'escarmouches, des virages secs, des relances violentes. Même s'ils sont tenus à distance derrière les barrières, les spectateurs en prennent plein les yeux pendant plus d'une heure ! Somptueux final, dont les images d'hélicoptère, depuis 1975, sont parmi les plus demandées par les télévisions internationales (il est si rare de pouvoir survoler les toits de Paris).

Christian Prudhomme, le patron du Tour, ira même plus loin dans la glorification de Paris en proposant en 2013, pour la centième édition, de tourner autour de l'Arc de Triomphe. Des essais transformés – avec un joli succès d'estime pour l'ex-homme de télévision – qui ont depuis été conservés...

YVES MOUROUSI,
EDDY MERCKX,
BERNARD THÉVENET

LA PETITE HISTOIRE

Un maillot jaune sans publicité

Quitte à participer à la fête du Tour et à la victoire d'un Français, autant qu'elle soit au goût du Président ! C'est ainsi que pour clore la cérémonie, VGE a demandé de faire jouer par l'orchestre *Le Chant du départ*, le chant révolutionnaire dont il avait fait son hymne de campagne en 1974. Il a également exigé que le maillot jaune qu'il allait remettre à Thévenet soit vierge de toute publicité. Oui vierge de toute marque mais en revanche bien transparent ! Assez pour qu'on puisse lire au travers le nom du sponsor du maillot du Français : la marque Peugeot !

Le peloton lancé à vive allure pour son tout premier passage sur le circuit des Champs-Elysées (1975).

COUP DE CŒUR

VALÉRY GISCARD D'ESTAING

Ancien président de la République (1974-1981)

J'AVAIS UN FAIBLE POUR MERCKX !

En 1974, Yves Mourousi, présentateur du JT de TF1, a eu la très bonne idée de proposer l'arrivée du Tour pour la première fois sur les Champs-Élysées. J'ai tout de suite été d'accord. L'arc de Triomphe était un symbole de guerre, en revanche les Champs-Élysées étaient l'image de la gloire. Je suis donc monté dans une petite tribune en plein air, elle n'était pas couverte, dans le décor de rêve des Champs-Élysées et, par chance, j'ai remis le maillot jaune de vainqueur du Tour au Français Bernard Thévenet. Cela me faisait plaisir évidemment en tant que président de la République, mais j'avoue au fond du cœur que j'étais un peu gêné quand même car j'aimais beaucoup Eddy Merckx, qui cette année-là terminait deuxième derrière celui que les Français appelaient « Nanard ».
Et puis, confidence pour confidence, dans ma jeunesse j'ai toujours adoré le vélo et d'ailleurs j'étais un cycliste exceptionnel !

Daniel Mangeas devient le speaker officiel

Il y a des vocations qui naissent dès la plus tendre enfance… Celle de Daniel Mangeas, la voix du Tour durant quarante ans, a débuté – pour ainsi dire – au berceau !

Extrait d'une interview au journal *Le Monde* en 2014 lors de sa dernière participation à la Grande Boucle : « Mes parents m'ont toujours dit " les premiers mots que t'as dit après papa-maman, c'est Robic-Bobet ". Il paraît aussi que quand j'étais petit, je prenais un tube d'aspirine vide et je commentais le Tour de France. Je me rappelle également que le sujet de rédaction de mon certificat d'étude primaire était " Racontez le passage du Tour de France dans votre village ". Ma vie était tracée. »

Le matin au départ pour assurer la présentation des coureurs sur le podium signature, puis l'après-midi sur la ligne d'arrivée pour commenter les 70 derniers kilomètres de l'étape : Daniel Mangeas a passé quarante et un mois de juillet à sillonner la France pour faire vivre la course aux spectateurs. Une grosse concentration, un travail encyclopédique sur les coureurs, leurs résultats, les anecdotes et le parcours, une bonne hygiène de vie : Mangeas était un véritable marathonien vocal…

Adolescent, il s'amusait dans un bar de Saint-Martin-de-Landelles à commenter les parties de baby-foot de ses copains, c'est d'ailleurs grâce à cela que tout a commencé pour lui : un jour de 1965, le maire l'a interpellé pour lui proposer de commenter le Grand Prix cycliste du village car le speaker habituel était souffrant. « On te donne un franc chacun, avec tous les commerçants du village, si tu animes ! » Malgré ses seize ans, Mangeas a saisi sa chance avec l'aplomb d'un professionnel.

Ainsi, pendant plusieurs années, il a cumulé les piges sur les courses et un boulot de boulanger avant qu'Albert Bouvet, le directeur du Tour à l'époque, qui habitait à 10 kilomètres de là, n'entende parler du prodige… Un jour, les deux hommes se sont croisés et Bouvet a promis à Mangeas de l'emmener sur la Grande Boucle dès qu'une place se libérerait. Ce fut chose faite sur le Tour 1974, où il commença par commenter la course à bord de la « voiture info » qui précédait les coureurs et très vite – le 14 juillet – il fallut remplacer au pied levé le commentateur historique (Pierre Schori), dont la voiture était tombée en panne sur la route de Saint-Lary-Soulan… Jacques Goddet, le grand patron, fut aux anges : victoire éclatante de Poulidor et la future voix du Tour venait d'éclore. Mangeas avait une nouvelle fois su saisir l'opportunité. Deux ans plus tard, en 1976, il prenait officiellement ses fonctions comme speaker du Tour pour remplacer Schori, qui partait pour une retraite bien méritée…

Jacques Goddet (directeur du Tour), Daniel Mangeas, Bernard Hinault (maillot jaune) et Robert Poujade (maire de Dijon), qui lui remet les clés de la ville (1979).

Jacques Anquetil et Robert Chapatte (à droite) au commentaire du Tour pour Antenne 2 (1987).

Robert Chapatte : la voix du Tour

Il avait tout, Robert Chapatte : l'œil, l'expérience, l'humeur, le vocabulaire, la technique... Respect ! Et hommage à ce grand monsieur, notre maître ès commentaires en direct des grands événements.

Cinq Tours de France comme coureur, beaucoup de compétitions sur piste aussi avaient fait de Robert un spécialiste des us et coutumes des pelotons. Il savait tout et, surtout, il en parlait bien. Capable de donner en direct en une fraction de seconde l'ordre d'arrivée d'un sprint, ou de meubler l'antenne pendant deux heures quand il ne se passait rien. Un vrai pro ! Un prof dont se sont inspirés Patrick Chêne, Christian Prudhomme et Thierry Adam, ces enfants de la télé du Tour. Et ils ont eu raison !

Le son, c'était Robert, l'image, elle, a subi beaucoup de révolutions. Premières images en 1948 avec Pierre Sabbagh pour l'arrivée victorieuse de Bartali et puis le résumé du soir en film envoyé et développé sur place dans une camionnette. Les pionniers. En 1962, Jacques Laviron et Gilbert Larriaga nous offrent en direct une course spectaculaire !

Et puis tout se précipite : une, deux, trois motos images, une moto son pour un commentateur, les hélicos, des avions-relais qui font des boucles en vol à 10 000 mètres pour envoyer les signaux... Le Tour de France est devenu la plus belle retransmission sportive mondiale en mouvement. À la fois au cœur de la course, dans les coulisses et au-dessus de la France en haute définition.

La télévision et le Tour sont devenus partenaires pour toujours. Plus de quatre-vingt-dix chaînes diffusent les images (dont vingt et une en direct) dans cent quatre-vingts pays. Mille neuf cents journalistes travaillent sur le Tour. Robert Chapatte était l'un de ceux-là.

Un jour de mauvais temps, le déjeuner de Robert avec Pierre Chany et Jacques Anquetil avait été copieux. Chapatte s'installe sur la ligne d'arrivée, prend l'antenne et appelle « Paulo la Science » pour faire un point sur la course et la météo. « Comme ici », répond Jean-Paul Ollivier ! Robert pensait qu'il était sur la moto dans la course. En fait, il n'avait pas vu qu'il était assis à 50 centimètres de lui. Sacré Robert !

LE PETIT PLUS

Les principaux commentateurs du Tour

Ils ont bercé nos après-midi de juillet ; ils nous ont fait vivre les plus belles émotions sportives avec leur voix et leur passion du cyclisme, accompagnés par d'anciens coureurs (Anquetil, Poulidor, Fignon, Jalabert, Vasseur, Marion Rousse, Voeckler).

Pour TF1

- Jean-Michel Leulliot (1975-1984)
- Léon Zitrone (1976-1979)

Pour Antenne 2 puis France Télévisions

- Robert Chapatte (1976-1994)
- Patrick Chêne (1989-2000)
- Christian Prudhomme (2001-2003)
- Christophe Josse (2004)
- Henri Sannier (2005-2006)
- Thierry Adam (2007-2016)
- Alexandre Pasteur (2017-2019)

gitane

Cyrille Guimard (au volant) et Lucien Van Impe en plein conciliabule.

COACHING

Van Impe gagne son Tour sur un coup du Druide !

Avant que le maillot à pois ne devienne la seconde peau de Richard Virenque dans les années 1990 et 2000, il ne faut pas oublier dans l'histoire du Tour de France le nom d'un « grimpeur de poche » belge (1,67 m) : Lucien Van Impe, six fois meilleur grimpeur du Tour (1971, 1972, 1975, 1977, 1981 et 1983).

Juillet 1976, Eddy Merckx, blessé à la selle, fait l'impasse sur la 63e édition. Bernard Thévenet, le vainqueur sortant, abandonne dans les Pyrénées, Ocaña et Zoetemelk ne sont pas au mieux. Raymond Poulidor vit à quarante ans son dernier Tour de France et Van Impe est déjà monté deux fois sur la troisième marche du podium (en 1971 et en 1975)... Pour Cyrille Guimard, qui vit son baptême du feu comme directeur sportif à la tête de l'équipe Gitane, ce Tour 1976, plus montagneux que d'habitude, doit être celui de son grimpeur belge, celui de Van Impe.

Un autre Belge, Freddy Maertens, anime le début du Tour et passe les huit premières étapes en jaune. D'ailleurs, sur l'ensemble de ce Tour 1976, il va réussir l'exploit de remporter la bagatelle de huit étapes (un record qu'il partage avec Charles Pélissier en 1930 et Eddy Merckx en 1970 et en 1974).

À partir des Alpes, le scénario se recentre sur un duel Van Impe / Zoetemelk complété par deux Français de l'équipe Peugeot, Raymond Delisle et « Poupou » le quadragénaire... Victoire de Zoetemelk lors de la neuvième étape à l'Alpe-d'Huez et le lendemain à Montgenèvre mais, pour huit secondes seulement, c'est Van Impe qui endosse le maillot jaune en haut de la « muraille de l'Oisans » avant de le céder à Delisle, victorieux de l'étape arrivant à Pyrénées 2000. Les quatre se tiennent à deux ou trois minutes jusqu'au matin de la quatorzième étape entre Saint-Gaudens et Saint-Lary-Soulan, l'étape cochée par Cyrille Guimard pour faire basculer le Tour en sa faveur.

Le directeur sportif de l'équipe Gitane l'a décidé : après avoir interdit à son grimpeur de rouler sur Delisle sur la route de Pyrénées 2000, Van Impe doit monter le col du Portillon à bloc et pousser le porteur du maillot jaune dans ses retranchements. Les premières rampes arrivent mais le Belge n'attaque toujours pas... Guimard envoie un de ses coureurs, puis un deuxième, pour enguirlander son leader, qui ne veut rien savoir et leur répond même qu'il est trop tôt. Fou de rage, celui qu'on appellera « le Druide » par la suite remonte à la hauteur de Van Impe, toutes sirènes hurlantes, et passe un savon à son coureur récalcitrant... Le Belge a finalement obtempéré et réalisé un exploit de haute volée en arrivant à Saint-Lary-Soulan avec plus de 3 min 12 sur Zoetemelk, 12 min 08 sur Delisle et 13 min 16 sur Thévenet, les deux Peugeot en perdition... Pour le prestige, Zoetemelk gagnera au puy de Dôme à deux jours de Paris mais on peut le dire : le Tour 1976 s'est joué grâce au coup de force imposé par le Druide !

COUP DE CŒUR

BERNARD LAPORTE

Président de la Fédération française de rugby, ex-sélectionneur du XV de France

LE GRIMPEUR DE POCHE

Mon trio de héros c'est : Bernard Hinault (le combattant persévérant, au mental et au physique hors norme) ; Laurent Jalabert, le beau mec du Tarn, tout près de Gaillac ma patrie, l'audace et les coups d'éclat... mais j'ai un faible pour le troisième, qui est moins connu : Lucien Van Impe. Un petit Belge, grimpeur de poche qui termine 3e du Tour 1975 gagné par Bernard Thévenet. Son directeur sportif, Jean Stablinski, explique alors : « Je suis convaincu que Lucien a l'étoffe d'un vainqueur du Tour. » Il avait raison ! En 1976, Van Impe s'engage avec Cyrille Guimard, le Druide de l'équipe Gitane. Et Guimard va l'aider à gagner le Tour. Plus de 4 000 kilomètres cette année-là. Merckx absent, Van Impe va attaquer dès les premières pentes dans les Pyrénées, il prend le maillot jaune le 10 juillet et ne le quittera pas jusqu'aux Champs-Élysées. J'adorais sa façon de se déhancher en danseuse sur son vélo et j'entends encore le commentaire de la RTBF, la télévision belge, nous parler du petit Lucien avec l'accent... Il n'a gagné qu'un Tour de France mais il m'a ébloui cette année-là et, en souvenir de Van Impe, je suis resté accro à la montagne, que je regarde tous les ans pendant le Tour.

Arrivée du Tour 1964 à Paris : le baiser de Raymond Poulidor à Jacques Anquetil.

Poulidor : huit fois sur le podium du Tour

Ce cher maillot jaune, cette tunique unique désirée par tant de coureurs et portée par si peu. Un coureur a pédalé toute sa vie pour avoir la chance un jour de l'endosser, mais pas une seule fois cette chance ne lui aura souri…

Raymond Poulidor n'a pas eu un destin en or, mais en revanche une popularité légendaire. En France, c'est bien connu : on admire les champions, on aime les challengers. Et « Poupou » faisait partie de cette classe-là. Dix-sept ans de cyclisme professionnel, quatorze participations au Tour de France, onze fois dans le top 10 et surtout le record absolu du nombre de podium (huit) !

On dit de Raymond Poulidor qu'il fut « l'éternel second » : c'est une erreur ! Car en réalité, il a fini plus souvent troisième que second sur le Tour de France ! Pour être précis : trois fois deuxième (1964, 1965, 1974) et cinq fois troisième (1962, 1966, 1969, 1972, 1976) et une longévité extrême puisqu'il avait quarante ans quand il est monté sur la « boîte » pour la dernière fois en 1976 !

Poupou a rivalisé avec les plus grands : d'Anquetil à Merckx, Luis Ocaña, Felice Gimondi, Lucien Aimar, Roger Pingeon ou encore Jan Janssen… Il a connu les dernières années de Louison Bobet et les percées de Lucien Van Impe et Joop Zoetemelk. Autant de coureurs que d'obstacles entre lui et le maillot jaune… Un maillot qu'il a manqué pour 14 secondes au sommet du puy de Dôme après le légendaire coude-à-coude avec Anquetil. Un maillot qu'il a manqué pour 34 secondes lors de sa victoire d'étape au mont Ventoux l'année suivante. Un maillot qu'il a manqué pour 6 secondes en 1967 au prologue d'Angers.

Début 1968, cela fait déjà quatre fois qu'il monte sur le podium en cinq participations, et Poulidor se livre dans une autobiographie qu'il intitule *La Gloire sans maillot jaune*. Il ne savait pas que ce titre allait symboliser l'ensemble de sa carrière. Sur ce Tour 1968 par exemple, entre le déclin d'Anquetil et l'absence de Merckx, Poulidor faisait figure de favori, sauf qu'il fut renversé par une moto lors de la quinzième étape menant à Albi. Fracture du nez, traumatisme crânien, Poupou avait fini l'étape mais abandonné le surlendemain… C'est en 1973, lors du prologue du Tour 1973 que le chouchou des Français est passé le plus près – un cheveu (80 centièmes de seconde exactement) – derrière Joop Zoetemelk.

Sur le Tour 1974, Poupou fait vaciller Eddy Merckx à deux reprises dans le mont du Chat dans les Alpes puis dans la montée de Saint-Lary-Soulan dans les Pyrénées. Jacques Goddet l'a bien compris : cela fait 12 ans déjà que le maillot jaune se refuse au plus populaire des coureurs français et le patron du Tour se fend dans le journal *L'Équipe* d'un « petit reproche » auprès de cette tunique inaccessible : « Un reproche tout de même, un seul, mon vieux et cher maillot : pourquoi t'être si cruellement refusé à "Poupou" ? »

FOCUS

Le palmarès de Poulidor

Barré toute sa carrière sur le Tour de France, principalement par Anquetil et Merckx, deux quintuples vainqueurs, Poulidor n'en reste pas moins un immense coureur au palmarès riche de 189 victoires chez les pros.

- Champion de France (1961)
- Tour de France : 3 fois 2e et 5 fois 3e, 7 victoires d'étapes
- Vuelta : 1 victoire (1964), 4 victoires d'étapes
- Paris-Nice (1972 et 1973)
- Critérium du Dauphiné libéré (1966 et 1969)
- Milan-San Remo (1961)
- Flèche wallonne (1963)

LE PETIT PLUS

Les 8 podiums de Poulidor

- **1962** : 1. Jacques Anquetil, 2. Joseph Planckaert à 4 min 59, 3. Raymond Poulidor à 10 min 24
- **1964** : 1. Jacques Anquetil, 2. Raymond Poulidor à 55 s, 3. Federico Bahamontes à 4 min 44
- **1965** : 1. Felice Gimondi, 2. Raymond Poulidor à 2 min 40, 3. Gianni Motta à 9 min 18
- **1966** : 1. Lucien Aimar, 2. Jan Janssen à 1 min 07, 3. Raymond Poulidor à 2 min 02
- **1969** : 1. Eddy Merckx, 2. Roger Pingeon à 17 min 54, 3. Raymond Poulidor à 22 min 13
- **1972** : 1. Eddy Merckx, 2. Felice Gimondi à 10 min 41, 3. Raymond Poulidor à 11 min 34
- **1974** : 1. Eddy Merckx, 2. Raymond Poulidor à 8 min 04, 3. Vicente López Carril à 8 min 09
- **1976** : 1. Lucien Van Impe, 2. Joop Zoetemelk à 4 min 14, 3. Raymond Poulidor à 12 min 08

COUP DE CŒUR

NIKOS ALIAGAS

Présentateur TV

LA PERSÉVÉRANCE DE POUPOU

Mon papa, lui l'émigré grec arrivé en France en 1963, répétait « Vas-y PÔÛlidor ! PÔÛlidor ! PÔÛlidor ! » (avec un fort accent grec). Le Tour est connecté directement à mon enfance car j'avais l'habitude de le suivre quand il descendait au bar PMU du coin pour discuter des étapes avec les autres consommateurs pour défendre son idole, le fameux « PÔÛlidor », l'incarnation du bon Français. Poulidor c'était le courage, la popularité et il représentait la persévérance. C'est le genre de destin où l'on se rend compte que le chemin est plus important que la victoire. La mort de Poulidor, en 2019, m'a ramené évidemment à celle de mon père.

StRAPHAËL
GITANE
BP

Dante Coccolo attaque lors d'une pause pipi !

Il y a dans le cyclisme quelques us et coutumes, comme la pause pipi, par exemple : étant donné le nombre d'heures de selle et les litres d'eau ingurgités par les coureurs chaque jour, il est de tradition qu'ils neutralisent les hostilités et déclenchent une vague pour uriner comme un seul homme dans le fossé (ou alors en roulant, au prix d'un joli numéro d'équilibriste !). Dans pareille situation, les coureurs s'entendent de façon officieuse pour ne pas s'attaquer, cela fait partie d'une forme de code de l'honneur en vigueur dans le peloton…

Mais il arrive que certains plaisantins s'affranchissent de ces règles non écrites. En 1978 par exemple, lors de la neuvième étape, 233 kilomètres entre Bordeaux et Biarritz, près d'une trentaine de coureurs avaient trouvé une zone désertique pour assouvir dans la nature leurs menus besoins… C'est ce moment-là qu'un Français avait trouvé opportun pour attaquer ! « Il faisait ça tout le temps, il trouvait ça amusant, se souvient l'ancien coureur Paul Sherwen, cité par le magazine *Fortune*. Mais quand vous attaquez pendant que vingt ou trente gars urinent, vous vous faites vingt ou trente ennemis… » La vengeance du peloton ne s'est pas fait attendre : voyant Coccolo s'arrêter à son tour pour uriner, deux coureurs s'étaient laissé décrocher pour empoigner le vélo de l'indélicat et l'emmener 1 kilomètre plus loin sur le parcours de l'étape ! Le Français finira avant-dernier du Tour 1978 et n'a plus jamais participé à la Grande Boucle…

Attaquer pendant la pause pipi est un geste diversement apprécié dans le peloton. Il y en a que ça amuse, comme le baroudeur Jacky Durand, et il y a ceux qui paient les pots cassés, comme Laurent Jalabert : sur la route de Tours lors du Tour 2000, l'attaque du premier avait causé la perte du maillot jaune, porté par le second. À peine le temps de faire quelques gouttes et le Mazamétain se trouvait face à une poursuite vaine car Manolo Saiz, son directeur sportif à la Once, avait renoncé à faire rouler l'équipe pour le défendre…

Tour 1993 : pause pipi de Gianni Bugno (maillot arc-en-ciel de champion du monde) poussé par Mario Scirea (n° 27) et Stefano Zanatta (n° 29).

LA CURIOSITÉ

Barteau en jaune grâce à une pause pipi !

À l'inverse de Laurent Jalabert, en 1984 et pour son premier Tour, le Français Vincent Barteau a conquis le maillot jaune à vingt-deux ans parce qu'il s'était arrêté pour une pause pipi ! Explications de l'intéressé : « J'étais dans l'équipe Renault avec Laurent Fignon et Greg LeMond, mes deux leaders. Peu après le départ de Béthune, Greg s'arrête pour pisser, je l'attends. En revenant dans la file des voitures, j'entends sur Radio-Tour qu'il y a eu une attaque. Je me dis : " Ils se foutent de nous, on n'attaque pas quand un leader pisse. " Je ramène Greg en tête du peloton. Et là je vois devant nous le mec qui vient de nous flinguer (le Portugais Paulo Ferreira). Je suis énervé contre lui. Avec Maurice Le Guilloux, on le rattrape. Je l'engueule ! Et je dis à " Momo " (le surnom de Maurice Le Guilloux) : " On n'insiste pas ". Il me répond : " Non, on y va ! " Il restait 200 bornes. En résumé, si je ne m'arrête pas pisser, je ne prends pas le maillot jaune. »

À l'arrivée, Barteau avait perdu le sprint contre Ferreira, qui avait pas mal « filoché », mais leur avance était telle (17 minutes) qu'il avait pu garder le maillot jaune douze jours…

Une poire sous l'épaule, Pollentier essaie de donner l'urine d'un autre !

« Quelques-uns de nos routiers ne dédaignent pas de se doper. Nous ne saurions trop réprouver de semblables procédés, si contraires à l'idée que nous avons du sport. Ceux qui comme nous voudraient que notre race devienne magnifique ne souscriront jamais à de semblables procédés. » Il se répète pour mieux se faire comprendre, Henri Desgrange, dans son journal *L'Auto* en juillet 1920. Et ses propos, déjà d'actualité à l'époque, le sont encore malheureusement aujourd'hui.

Les procédés ont changé, mais la culture du dopage n'a pas disparu, pour exemples Lance Armstrong ou l'affaire Puerto. Les aveux sont parfois malheureusement plus efficaces que les contrôles, que certains coureurs contournent. L'histoire la plus rocambolesque reste à jamais celle de Michel Pollentier, le dimanche 16 juillet 1978 à l'Alpe-d'Huez.

Le coureur belge, qui a tout gagné ce jour-là, va tout perdre comme une poire ! Au terme de 240 kilomètres de course et de vingt et un virages, Michel Pollentier, maillot à pois de meilleur grimpeur sur le dos, fait coup double : il gagne l'étape et enfile sur le podium le maillot jaune, porté jusque-là par Joseph Bruyère, ancien coéquipier fidèle d'Eddy Merckx. Grande et belle journée pour lui, mais pas pour longtemps !

Comme d'habitude, le maillot jaune doit se présenter au contrôle antidopage. Un petit pipi et c'est fini ? Pas tout à fait pour Pollentier, à peu près sûr de se faire pincer s'il donne son urine ! Son coéquipier Freddy Maertens raconte : « Michel s'est servi dans la trousse de soins. On avait des préservatifs, quelques grosses seringues, des pipettes et des bandes adhésives. C'est avec ce matériel qu'on contournait les contrôles. » Voilà pourquoi le maillot jaune a prétexté vouloir se changer pour regagner son hôtel avant de se présenter au contrôle.

Seulement au contrôle rien ne va se passer comme prévu pour le Belge... Impossible de distraire Alain Calvez, le contrôleur assermenté, tellement consciencieux et impliqué qu'il ne détournait jamais le regard tant que le flacon n'était pas plein... Un quart d'heure, une demi-heure, une heure... la montre tourne mais pas une seule goutte ne tombe ! Toutes les excuses sont bonnes pour Pollentier : pas envie, l'émotion de la victoire, la fatigue, le stress du contrôle... Et tout d'un coup, Calvez voit la fiole se remplir sans que le coureur n'urine une seule goutte ! Intrigué, il s'approche et découvre le tuyau, les sparadraps dans le dos et la poire logée sous l'aisselle !

L'amer Michel est exclu du Tour de France. Scandale ! Pollentier reparti vers sa Belgique, c'est Joop Zoetemelk, son dauphin, qui hérite du maillot jaune pour trois jours seulement. Bernard Hinault, irrésistible dans le contre-la-montre entre Metz et Nancy, prend la tête du général et ne la lâchera plus jusqu'aux Champs-Élysées.

Pollentier en train de plier bagage après avoir créé un scandale à l'Alpe-d'Huez.

ANDRÉ CHALMEL,
BERNARD HINAULT,
MICHEL POLLENTIER

Hinault (au centre) entouré de Pollentier (maillot à pois) et Maertens (à droite) au départ de Valence-d'Agen.

Hinault porte-parole du bétail

« Ils ont perdu les pédales ! » titre *L'Équipe*. « Nous ne sommes pas des bêtes de cirque que l'on exhibe de ville en ville », rétorque André Chalmel, l'un des chefs de file de la fronde et équipier du champion de France Bernard Hinault. « Nous ne demandons pas plus d'argent mais plus de considération. Nous voulons bien faire des étapes difficiles, monter des cols, assumer tous les risques du métier, mais qu'on respecte notre repos. »

Ce mercredi 12 juillet 1978 restera dans les annales de l'histoire du Tour et même de l'histoire du sport. Un jour où ces compétiteurs d'un sport individuel qui se pratique en équipe se sont, une fois n'est pas coutume, entendus pour parler d'une seule voix et défendre leur corporation. Car, d'habitude, dès qu'une polémique enfle dans le peloton, nombreuses sont les voix discordantes, chacun pensant à ses petits intérêts personnels.

Cette fois-ci, il faut dire que la situation le mérite. Le départ de cette étape entre Tarbes et Valence-d'Agen est donné à 7 h 35. Horaire matinal pour réveil nocturne : les coureurs ont dû émerger à 4 h 30 (en s'étant couchés à 23 heures) ! Les organisateurs ont inventé le concept des demi-étapes : une course le matin et une l'après-midi. Tout cela pour quoi ? Une histoire de gros sous. Réunir « le milliard nécessaire à l'organisation du Tour ». Les villes paient cher pour être ville-étape et, bien sûr, en veulent pour leur argent.

Excédés, les coureurs veulent marquer le coup et font la grève de la course. Le peloton part de Tarbes dans une nonchalance visible et parcourt l'étape au ralenti. Gros retard en perspective ! À l'instar des Pollentier, Hinault ou Maertens, les coureurs mettent pied à terre à 100 mètres de l'arrivée et franchissent la ligne en marchant. Le maire est furieux !

L'étape sera finalement annulée. Pour se racheter, les coureurs proposent au maire de Valence-d'Agen de revenir courir un critérium gratuitement dans sa ville. Et les primes de victoire seront reversées au bureau d'aide sociale de la ville.

Zoetemelk : la victoire de l'éternel second

Faites un test auprès des passionnés de cyclisme et demandez-leur : « Qui est l'éternel second du Tour de France ? » Notre main à couper que dans huit cas sur dix, c'est Raymond Poulidor qu'ils citeront !

Si notre « Poupou » national a effectivement été surnommé ainsi, c'est une contrevérité qu'il faut corriger ! Car Poulidor a été plus souvent troisième (5 fois) que deuxième (3 fois) ! Le record (6 places de second) est la propriété de Joop Zoetemelk (prononcez « zoutemelque »), le « Hollandais du Tour » dont, pourtant, on ne peut dire non plus qu'il est « l'éternel second » puisqu'il a gagné un Tour en 1980. Celui que Bernard Hinault, en jaune mais blessé au genou, avait quitté en catimini au soir de l'étape de Pau… Promu leader du Tour en l'absence du « Blaireau », Zoetemelk avait refusé de porter le paletot doré au départ de l'étape du lendemain pour le conquérir et le mériter sur la route.

Comme tous les grands coureurs qui ont brillé sur le Tour, Zoetemelk a marqué les esprits en prenant, à vingt-trois ans, la deuxième place dès sa première participation. Sa formidable longévité sur la selle lui a permis de participer à 16 Grandes Boucles entre 1970 et 1986 (un chiffre longtemps resté un record jusqu'aux 17 participations de Hincapie, Voigt et O'Grady et aux 18 désormais de Chavanel). Non seulement Zoetemelk n'en a abandonné aucun, mais il a en outre fini 10 d'entre eux dans le top 5 !

Comme Poulidor, Zoetemelk fut le challenger, pour ne pas dire le faire-valoir, des quintuples vainqueurs de son époque : deux fois dauphin de Merckx et trois fois de Hinault. Alors en 1980, à son dixième Tour, quand l'occasion s'est présentée suite à l'abandon du « Blaireau », le Batave a foncé ! Bien aidé d'abord par son équipe, la TI-Raleigh, avec des victoires dans les contre-la-montre par équipes à Francfort et à Beauvais. Excellent rouleur, Zoetemelk a pris son destin en mains lors de la onzième étape en gagnant le chrono entre Damazan et Laplume et conforté le maillot jaune dont il a hérité en tenant à distance son compatriote mais rival Hennie Kuiper (passé chez Peugeot) dans les Alpes. Le contre-la-montre autour de Saint-Étienne à deux jours de Paris n'était plus qu'une formalité : il l'a gagné pour asseoir définitivement sa victoire…

COUP DE CŒUR

FABIEN GALTHIÉ

Sélectionneur du XV de France

IL A GAGNÉ « SON » TOUR

Comme certains acteurs au cinéma que l'on retrouve toujours dans les mauvais rôles, Joop Zoetemelk, pour moi, mérite quand même qu'on ne l'oublie pas…
Oui, il a été souvent battu dans le Tour de France, beaucoup plus que Poulidor d'ailleurs, puisqu'il a terminé six fois deuxième… mais ce qui me plaît en lui, c'est qu'il n'a jamais craqué, il n'a jamais lâché l'affaire, à tel point qu'en 1980, il a gagné « son » Tour. C'est le deuxième Hollandais à triompher dans la Grande Boucle après Jan Janssen en 1968. Zoetemelk a souvent été critiqué car il attaquait rarement et était plutôt considéré comme un suceur de roue. Le genre de type qui reste bien abrité dans le peloton pour profiter des occasions. Mais cela ne me gêne pas car c'est tellement dur de faire du vélo que je respecte tous ces garçons.

Joop Zoetemelk entouré de Jean-Pierre Soisson et Jacques Chirac (le maire de Paris, à gauche), Félix Lévitan (le patron du Tour, à droite).

FOCUS

Les 7 podiums de Zoetemelk

- **1970 :** 1. Eddy Merckx, 2. Joop Zoetemelk à 12 min 41 s, 3. Gösta Pettersson à 15 min 54 s
- **1971 :** 1. Eddy Merckx, 2. Joop Zoetemelk à 9 min 51 s, 3. Lucien Van Impe à 11 min 06 s
- **1976 :** 1. Lucien Van Impe, 2. Joop Zoetemelk à 4 min 14 s, 3. Raymond Poulidor à 12 min 08 s
- **1978 :** 1. Bernard Hinault, 2. Joop Zoetemelk à 3 min 56 s, 3. Joaquim Agostinho à 6 min 54 s
- **1979 :** 1. Bernard Hinault, 2. Joop Zoetemelk à 13 min 07 s, 3. Joaquim Agostinho à 26 min 53 s
- **1980 :** 1. Joop Zoetemelk, 2. Hennie Kuiper à 6 min 55 s, 3. Raymond Martin à 7 min 56 s
- **1982 :** 1. Bernard Hinault, 2. Joop Zoetemelk à 6 min 21 s, 3. Johan van der Velde à 8 min 59 s

LE PETIT PLUS

Les plus grands « seconds » du Tour

- **6 fois :** Joop Zoetemelk (1970, 1971, 1976, 1978, 1979 et 1982)
- **5 fois :** Jan Ullrich (1996, 1998, 2000, 2001 et 2003)
- **3 fois :** Raymond Poulidor (1964, 1965 et 1974), Gustave Garrigou (1907, 1909 et 1913)

Guimard a organisé la fuite de Bernard Hinault !

C'est bien connu, les cyclistes ont l'idée de l'abandon en horreur. Ils aiment souffrir, souvent bien plus que de raison, et, contrairement aux footballeurs, ils ne simulent pas qu'on leur a arraché une jambe pour un coup de crampon sur le cuir de leur soulier…

On se souvient des sept jours d'enfer de Pascal Simon, maillot jaune avec une fracture de l'omoplate sur le Tour 1983, peu à peu dévoré par Laurent Fignon… Bernard Hinault lui non plus n'est pas du genre douillet : il a gagné le Tour 1985 malgré une fracture du nez, probablement due à ses Ray-Ban en métal. Sauf qu'en 1980, le Blaireau, vainqueur sortant du Tour (1979) et lancé dans la quête d'un doublé Giro/Tour 1980, atteint d'une tendinite au genou, souffre le martyre à l'approche des Pyrénées.

Une chute et un déséquilibre du squelette ? Une mauvaise position sur le vélo et un geste de pédalage inapproprié ? Quoi qu'il en soit, l'inflammation au genou est terrible pour un coureur cycliste, car l'articulation est au cœur du mouvement répétitif de la pédalée… À ce sujet en tout cas, Hinault n'a pas hésité sur le Tour 1985 à être le premier à adopter les pédales automatiques développées par Look – l'une des sociétés de Bernard Tapie, dont il avait rejoint l'équipe.

Bernard Hinault avait pourtant abordé le Tour 1980 le couteau entre les dents : victoire au prologue de Francfort puis sur la cinquième étape entre Liège et Lille, longue de 249,3 km. Hinault retrouvait le maillot jaune le mardi 8 juillet, au terme de la onzième étape, un contre-la-montre de 51,8 km entre Damazan et Laplume remporté par le Hollandais Zoetemelk. Le mercredi à Pau, le Français est invité sur TF1 pour réaliser le tirage du Loto, où il déclare qu'il attaquera le lendemain entre Pau et Luchon, mais en réalité c'était de l'esbroufe !

Hinault, maillot jaune et déjà double vainqueur en titre, a décidé de quitter la route du Tour ! Et en coulisses, Cyrille Guimard, le patron de l'équipe Renault-Gitane, a organisé la fuite de son poulain pour éviter la horde de journalistes : Hubert Arbes, un proche du champion et installé à Lourdes, est invité à dîner à l'hôtel de l'équipe et « le Druide » lui a demandé de garer sa voiture à l'arrière. Après s'être restaurés, Hinault et Arbes passeraient par les cuisines pour monter à bord d'une Renault 20 grise. C'est ainsi que – faute de miracle pour son genou – « le Blaireau » a quitté la Grande Boucle en catimini et que Zoetemelk a gagné son Tour après dix tentatives…

COUP DE CŒUR

ALAIN PROST

Quadruple champion du monde de Formule 1

MONSIEUR PLUS

Plus de talent, plus d'entraînement, plus de physique, plus de tactique, plus de charisme et plus de caractère. Ce qui m'a toujours plu chez Hinault, malgré ses coups de colère, c'est la rage de vaincre. C'est à cela qu'on mesure les grands champions. Ces gars-là ont plus d'appétit de victoires que les autres : ce sentiment que j'ai éprouvé en Formule 1 – l'envie de dominer mes adversaires et même mes amis, l'envie de les croquer tout cru, cet irrésistible appétit de victoire. Rien qu'à analyser son visage de temps en temps sur les photos, on voit qu'il en avait plus envie que les autres.
On ne l'a pas surnommé « le Blaireau » pour rien. C'était un champion qui ne lâchait rien.

La soupe à la grimace pour Bernard Hinault qui, dans la souffrance, refuse de poursuivre le Tour sans aucune chance de le gagner.

Seuls les « métallos » d'Usinor ont réussi à faire barrage au Tour de France...

250 métallos d'Usinor obligent le Tour à annuler l'étape !

Dopage, triche, agressions, intempéries... à part les deux guerres mondiales de 1914-1918 et 1939-1945, rien n'a ni arrêté, ni empêché la moindre étape du Tour. Pas même la météo, qui a toujours fait partie de la course (sauf en 1996, où la neige dans les Alpes a imposé une réduction du parcours, et en 2019, où une averse de grêle et une coulée de boue en contrebas de l'Iseran ont stoppé nette l'échappée d'Egan Bernal vers Tignes). Qu'il pleuve, qu'il vente, qu'il fasse – 4° C en haut des plus grands cols routiers, les coureurs sont toujours passés.

Le seul obstacle que le Tour n'a pu franchir reste la manifestation des ouvriers d'Usinor sur la route du contre-la-montre par équipes entre Orchies et Fontaine-au-Pire, le mercredi 7 juillet 1982. La veille, la direction de l'usine sidérurgique de Denain avait annoncé un plan de suppression de 1 350 emplois et provoqué la grève immédiate de ses salariés. Les « métallos », comme on les appelle dans le milieu, voulaient frapper fort pour préserver leur emploi et envisageaient de bloquer le passage des coureurs !

Jacques Goddet et Félix Lévitan, les patrons du Tour de France, avaient déjà été échaudés par une manifestation écologiste qui les avait forcés à ajouter 14 kilomètres à l'étape du jour entre Beauraing et Mouscron. Informés par les renseignements généraux du projet des métallos, ils ont diligenté en urgence le commissaire général du Tour pour aller prendre la température et parlementer mais rien n'y fit et, à 13 heures, les grévistes se sont postés en travers du passage de l'équipe Splendor de Claude Criquielion... Inflexibles et insensibles aux arguments de Goddet et Lévitan, les manifestants ont provoqué la neutralisation puis l'annulation de l'étape. Celle-ci allait être reportée au 12 juillet par une épreuve identique entre Lorient et Plumelec et les organisateurs ont promis à Fontaine-au-Pire qu'ils allaient revenir gratuitement l'année suivante pour réorganiser l'arrivée du chrono par équipes dans leur commune ! Et ils ont effectivement tenu parole...

Hinault répond en gagnant sur les Champs-Élysées

Il est souvent reproché aux grands champions, parce qu'ils survolent leur sujet, de manquer de panache. Notamment les grands rouleurs comme Indurain ou Wiggins, qui se contentent de dominer outrageusement en contre-la-montre et de contrôler en montagne. C'était aussi la méthode d'Anquetil.

Sur le Tour 1982, si Bernard Hinault, en course pour sa quatrième victoire et un doublé Giro-Tour, est critiqué pour un prétendu manque de panache, c'est qu'à l'époque, nous étions habitués à un cyclisme tout feu tout flamme, sans oreillette, privilégiant l'initiative individuelle à la tactique d'équipe. Et sur ce Tour, il était reproché à Hinault de se contenter du minimum après avoir écrasé le prologue dès le premier jour. Faisant un rapide bilan de cette édition, Alain Vernon évoque même une chute de popularité de la Grande Boucle dans un reportage pour le journal télévisé de Patrick Poivre d'Arvor sur Antenne 2.

« Panache ? Connais pas. Je suis ici pour ramener le maillot jaune ! Seul cet objectif est important. »

Le Blaireau (le surnom de Bernard Hinault), malgré ses vingt-sept ans, en impose et ne se laisse pas démonter par la critique... Quand on l'attaque, il réplique ! Sèchement. Sévèrement. Et ce matin de juillet 1982, le dimanche 25, il annonce à ses coéquipiers médusés : « Je vais essayer de gagner sur les Champs-Élysées ! »

Dès le deuxième tour de circuit autour du Louvre, Hinault tente en vain de se hisser dans le haut du peloton puis se résigne à attendre le sprint massif. Et, bien calé au kilomètre dans la roue de Charly Bérard, son coéquipier chez Renault, il remonte le peloton puis se présente en tête à l'entrée des Champs-Élysées. Le peloton mange Pol Verschuere, qui avait tenté de filer. Et Hinault gagne d'une roue devant Van der Poel en battant tous les sprinteurs. Il les a tous séchés ! Voilà du panache : battre les meilleurs spécialistes sur leur terrain. Tête de mule de Breton et récidiviste : c'est sa deuxième victoire d'étape sur la plus belle avenue du monde, après celle de 1979. Et Hinault de conclure : « Disons qu'on peut trouver là une petite mise au point... »

Sprint sur les Champs-Élysées : Bernard Hinault (en jaune) règle Adrie Van der Poel et tout le peloton !

COUP DE CŒUR

JACQUES WEBER

Comédien

MON HÉROS C'EST LE BLAIREAU !

J'ai eu l'occasion dans le Tour de France de suivre Bernard Hinault dans la voiture de son directeur sportif pendant un contre-la-montre. Impression inimaginable de puissance développée par le champion ! Tout le corps en action, en particulier les reins, que je voyais fonctionner comme un moteur, plus que les cuisses ou les mollets, une force considérable au service de l'efficacité. Et le panache... C'était comme pour moi lorsque je joue Cyrano, cela vous porte vers les nues... J'ai vu un jour Placido Domingo, le ténor, chanter en utilisant justement tous les muscles de son corps. Bernard Hinault sur son vélo me faisait penser à ça. Le « Blaireau » c'était la rage de vaincre et comme pour tous les spectacles, il ne faut rien garder pour soi, il faut donner pour ne pas avoir de regrets.

PASCAL SIMON,
VLAURENT FIGNON

Pascal Simon : sept jours de souffrance

Van Est, Van De Kerckhove, Ocaña, Sörensen, Heulot, Boardman, Martin… Pascal Simon n'est pas le seul à abandonner en jaune, mais certainement celui qui aura le plus résisté à la souffrance physique et morale. Pourtant, il arrive un moment où la tête dit stop…

Le maillot jaune Pascal Simon pose pied à terre avant la terrible montée de l'Alpe-d'Huez.

Le 12 juillet, onzième étape du Tour 1983 et premier jour en jaune pour le Français Pascal Simon (Peugeot) au départ de Bagnères-de-Luchon. Et premier de sept jours de souffrance.

À peine 37 kilomètres, et le maillot jaune est projeté au sol à Montréjeau. Grand classique, il chute sur l'épaule. La gauche. Courageusement, il se remet en selle et, soutenu par son équipe, il vivra une étape de courses-poursuites. Le pauvre ne peut plus lever la main vers ses poches situées sur les reins. Son épaule le fait trop souffrir… Alors, son coéquipier Frédéric Brun l'aide à s'alimenter toute la journée. Grâce au travail des Peugeot, Simon conserve à Fleurance ses 4' et 22'' d'avance sur Laurent Fignon, son dauphin de chez Renault, grand animateur de l'étape.

Sitôt la ligne d'arrivée franchie, une ambulance le mène à l'hôpital d'Auch, où on lui décèle un trait de fracture à l'omoplate. Vraiment dommage pour lui qui avait eu le sentiment de « voler » sur la course dans les Pyrénées. Une aile brisée, Simon ne baisse pas les bras : « Si j'abandonne, ce ne sera pas dans ma chambre d'hôtel. Ce sera sur le vélo… »

S'engage alors pour lui une course au jour le jour pour résister. Pour agoniser surtout… Empêché de grimper en danseuse, il contraint son pédalage et souffre de tout son corps ! L'équipe Peugeot fait front et le soutient. Simon maintient l'écart durant trois étapes avant de voir Fignon revenir à 52 secondes lors du contre-la-montre en côte du puy de Dôme. Pour le coup, ses coéquipiers ne pouvaient rien y faire… Et c'est durant son septième jour en jaune que Pascal Simon met pied à terre, épuisé, laissant la victoire à son dauphin, Laurent Fignon. Les dernières paroles du damné sont on ne peut plus explicites : « Je suis à bout de nerfs… J'ai fait le maximum… Mon chagrin est immense… », murmure-t-il avant de monter dans l'ambulance…

COUP DE CŒUR

SÉBASTIEN LOEB

Pilote de rallye et rallye-raid. Neuf fois champion du monde WRC

MON ADMIRATION EST EXPONENTIELLE POUR LES FORÇATS DE LA ROUTE !

Je pourrais citer tous les grands champions qui ont marqué l'histoire du Tour de France : de Garin aux Pélissier, en passant par Coppi, Bobet, Anquetil, Fignon, Hinault… Mais au-delà des palmarès, mon admiration porte surtout sur l'effort que font ces coureurs pendant trois semaines.
À l'entraînement pendant l'année, c'est déjà une discipline de fer, rouler tous les jours, faire attention à son alimentation, récupérer, et puis il y a la course avec les changements de rythme et les grandes étapes. Mon admiration est exponentielle pour ces champions. Sur certaines photos, nous les voyons vieillis de dix, vingt ou trente ans, tellement la fatigue les a marqués. Dans nos voitures de course, nous aussi nous fatiguons, mais ce n'est rien par rapport à ceux qu'on a appelés pendant des années les « forçats de la route ».

HOME
RENAULT-elf
CYCLES GITANE
CYCLES GITANE

Cyrille Guimard assis sur la portière de sa voiture avec Bernard Hinault lors de l'étape entre Morzine et l'Alpe-d'Huez (1981).

UN GÉNIE DE DIRECTEUR SPORTIF

Cyrille Guimard, le Druide sept fois vainqueur du Tour

Une fois n'est pas coutume, nous allons parler dans ce livre d'un homme de l'ombre, d'un stratège génial qui a officié à l'époque où les oreillettes n'existaient pas, où les coureurs devaient se responsabiliser, prendre des initiatives selon leurs propres sensations et leur propre instinct. Attention : ne nous faites pas dire ce que l'on n'a pas écrit. Les coureurs d'aujourd'hui ne sont pas dénués de tout cela mais les oreillettes ont tendance à les mener vers une certaine dépendance...

COUP DE CŒUR

SAMUEL LE BIHAN

Comédien / a incarné Laurent Fignon dans son biopic

UN GRAND MENEUR D'HOMMES

Il a gagné sept étapes dans la Grande Boucle, il a gagné le maillot vert, le maillot jaune... mais ce qui me plaît en lui c'est qu'il a été le directeur sportif le plus formidable, sans doute, de l'histoire récente du vélo. Il a conduit au succès non seulement Laurent Fignon, Bernard Hinault et il a révélé Greg LeMond. Un sens aigu de la course à l'époque où il n'y avait pas les oreillettes. Cyrille, que l'on surnomme « le Druide », était un grand meneur d'hommes.

Ce divin stratège que le petit monde du cyclisme a surnommé « le Druide » n'est autre que Cyrille Guimard. Septième du général et vainqueur du classement par points sur le Tour 1971 (le classement qui récompense le sprinter le plus régulier), il revient sur le Tour 1972 comme leader de l'équipe Gan-Mercier de Raymond Poulidor, qu'il met un peu en retrait, et s'attaque au grand Merckx. Dès la deuxième étape, il gagne au sprint sur le vélodrome de Saint-Brieuc. Il endosse alors le maillot jaune, que le Belge lui reprend deux jours plus tard. À Royan, Guimard gagne de nouveau et reprend la tunique dorée jusqu'à Luchon, où seuls Ocaña et Van Impe peuvent suivre le Cannibale. Non seulement Guimard est excellent au sprint mais il grimpe bien aussi et fait mieux que résister dans les Alpes, notamment dans l'Izoard, où il tient dans la roue de Merckx ! Guimard continue sa moisson de victoires à Aix-les-Bains puis au mont Revard où Merckx, se voyant gagner, a tort de lever le bras avant la ligne. C'est une malheureuse blessure au genou qui va obliger le Français à abandonner à deux jours de Paris. Tout ça pour ça...

Cette douleur au genou va ruiner la suite de sa carrière alors qu'il aurait pu avoir un destin doré... La vie de Guimard bascule quand sa dernière équipe, Gitane, lui propose d'endosser le rôle de directeur sportif. C'est ainsi qu'à trente ans il gagne son premier Tour de France, mais dans la voiture comme patron d'équipe ! Il met le Belge Lucien Van Impe sur la plus haute marche du podium. L'équipe Gitane est rachetée par la Régie Renault, qui met le paquet. Et Guimard entreprend une longue série de victoires sur le Tour avec ses deux prodiges : Bernard Hinault d'abord (quatre victoires en 1978, 1979, 1981 et 1982) et Laurent Fignon, qu'il a recruté en 1982 (deux victoires en 1983 et 1984). Son zénith en tant qu'entraîneur est le Tour 1984, où Fignon domine Hinault, parti dans l'écurie de Tapie, et Greg LeMond représente l'avenir avec sa troisième place (l'Américain le confirmera en gagnant trois éditions : 1986, 1989 et 1990). Telles des Formules 1, les Renault-ELF récoltent dix étapes et portent le maillot pendant dix-neuf jours sur ce Tour.

On ne peut le nier, Cyrille Guimard avait du nez ! Passé chez Cofidis dans les années 1990, il avait recruté l'Américain Lance Armstrong, dont il était le seul à penser qu'il était un vainqueur potentiel du Tour de France...

Mais où est passé Robert Millar ?

Avec un peu de recul, nous avons senti à quel point la vie de Robert Millar était emplie de frustrations… Toujours placé mais jamais vainqueur, puis une fois sa chance passée, de retour dans l'ombre au service des leaders…

Placé oui, mais les lauriers des grands Tours n'ont jamais été pour le champion écossais. Très grand grimpeur, il y a collectionné des places d'honneur : 4e du Tour 1984, 2e de la Vuelta 1985 puis en 1986, 2e du Giro 1987. Certes il est monté sur le podium du Tour 1984 grâce au maillot à pois mais ce n'est qu'une consolation minime, tant il aurait rêvé gagner l'un des trois grands Tours…

D'ailleurs quand il fut en situation d'en remporter un – la Vuelta 1985 dont il était le leader à deux jours de l'arrivée –, c'est avec une amertume difficile à dissimuler qu'il a compris que son équipe (Peugeot) n'était pas armée pour le soutenir face à la coalition des équipes espagnoles, qui ont réussi in extremis à placer Delgado sur la plus haute marche…

Impossible de gagner avec les Peugeot de Roger Legeay ! Millar est passé chez Panasonic et échoua de nouveau à la 2e place de la Vuelta en 1986 derrière Alvaro Pino et également sur le Giro 1987, au cours duquel il s'était mis au service de Stephen Roche, son leader.

En 1990, Millar retourne « au bercail » auprès de Roger Legeay, qui est passé sous l'enseigne de vêtements « Z » de Roger Zannier. Le champion écossais a rejoint l'équipe qui à l'époque était la meilleure du monde avec pour ambition de soutenir Ronan Pensec et surtout d'aider l'Américain Greg LeMond à gagner son troisième Tour de France. Objectif atteint !

Nouveau transfert, Millar passe chez les TVM mais sa fin de carrière est plus sombre avec, en 1992, un contrôle antidopage à la nandrolone, un dérivé de la testostérone. L'Écossais va peu à peu s'éteindre, une retraite sportive en 1995 à trente-sept ans, puis même une mystérieuse disparition de la vie publique à partir de 2003… En 2017, un journaliste britannique publie un livre intitulé *À la recherche de Robert Millar*. La réponse fut un scoop du *Guardian* en juillet de la même année : depuis quelques années, Robert avait entamé un protocole hormonal pour changer de sexe et réapparaissait sous les traits de Philippa York… Cette nouvelle identité émanait d'un désir profond né chez Robert à l'âge de cinq ans : quand on vous disait que toute sa vie, le champion et l'être ont été frustrés…

Robert Millar (maillot à pois) devant Greg LeMond (maillot arc-en-ciel) et Pedro Delgado entre l'Alpe-d'Huez et La Plagne.

Hinault passe aux pédales automatiques

Vous l'ignorez peut-être mais, au bord de la Loire, les châteaux ne sont pas l'unique symbole de l'élite à la française. Dans le sport, Look et Time, deux fleurons industriels nés et ressuscités à Nevers, en sont la preuve.

Hiver 1947, c'est en se cassant deux fois la jambe à ski que Jean Beyl, un inventeur de talent, va concevoir les premières fixations de ski. Quatre ans plus tard, il implante sa société, Look, à Nevers. À l'époque, les skieurs sanglaient leurs spatules avec des lanières. Impossible de déchausser et blessures à la clef en cas de chute. Jean Vuarnet est l'un des premiers à en tirer profit aux JO de Squaw Valley en 1960. Malheureusement, au fil des années, la société a perdu de son éclat, une activité trop saisonnière, et c'est exsangue que, en 1983, elle est rachetée par Bernard Tapie pour 1 franc symbolique.

Méthode musclée, nouvelles ambitions, « Nanard » décapite la direction (Jean Beyl et Roland Cattin, le fondateur et le DG, qui vont créer leur propre marque : Time) et optimise son outil de production (licenciements, accords sur le temps de travail). Il cherche aussi de nouveaux débouchés pour son concept de fixations. Trois pistes sont explorées : les étriers des cavaliers, la ceinture de sécurité des automobilistes et le cyclisme. C'est dans ce dernier domaine que Look va se redresser et gagner. Tapie bâtit une équipe pour gagner le Tour et la sponsorise avec ses entreprises.

Le matériel Look est à l'honneur : Bernard Hinault remporte le Tour 1985 avec les premières pédales automatiques (les PP65), et Greg LeMond le Tour 1986 sur le KG86, premier cadre en carbone entièrement fabriqué à la main.

Gagner le Tour, magnifique coup de projecteur qui positionne Look comme un pionnier (même si le carbone est déjà utilisé dans le peloton par Vitus ou Peugeot, avec notamment le PY10FC sur lequel Robert Millar a conquis la quatrième place du Tour 1984 et dont certains composants ont été façonnés par des sociétés de l'aérospatiale !).

Bernard Hinault accompagné par Lucho Herrera (maillot à pois) entre Pontarlier et Avoriaz. Contrairement au Colombien, le maillot jaune n'a pas de lanières aux pédales.

LE PETIT PLUS

Look, la machine à brevets

Achetée par Tapie pour 1 franc symbolique, Look a été revendue à un fonds d'investissement pour la modique somme de... 260 millions de francs ! Succession difficile, la société replonge et, dix ans plus tard, c'est Dominique Bergin qui la ressuscitera avec une stratégie puissante d'innovations (plus de 10 % du budget annuel en R&D, et 230 brevets). Look va s'affirmer de nouveau comme un fleuron incontesté du Nivernais, leader mondial de la pédale automatique (55 % de parts de marché) et leader européen du cadre en carbone.

Hinault, le nez fracturé, a passé la ligne le visage maculé de sang.

LE MAILLOT JAUNE EN SANG !

Hinault se casse le nez à Saint-Étienne

Du sang à la une du journal *L'Équipe* le lundi 15 juillet 1985… Celui qui va remporter une semaine plus tard son cinquième Tour a le nez cassé, le visage maculé, le maillot jaune taché…

Bernard Hinault vient de tomber à l'arrivée de la quatorzième étape Autrans – Saint-Étienne. La course a été très animée, Greg LeMond et Luis Herrera ont tenté plusieurs fois de faire exploser le peloton. Herrera gagne d'ailleurs, et LeMond termine dans un petit groupe à quarante-sept secondes. Derrière, à plus de deux minutes, le peloton arrive sur le cours Fauriel, à 300 mètres de l'arrivée, où soudainement se produit un gros accrochage entre les coureurs (Anderson et Haghedooren, entre autres) et « le Blaireau » tombe !

Il se relève, hagard, puis remonte en selle. Notre caméra à moto le suit : la séquence est poignante. Goutte à goutte, le sang s'écoule de son visage. Le maillot jaune souffre, mais, grâce à sa ténacité légendaire, il va terminer au courage, les yeux fixés sur la route, les mâchoires serrées. Il franchit la ligne avec 1' 45" de retard sur LeMond, son rival américain, mais le Tour ne sera pas perdu. Car, comme le stipule le règlement à l'époque, en cas de chute dans le dernier kilomètre, tous les coureurs sont classés dans le même temps. Hinault est tombé à 250 mètres de la ligne.

À l'arrivée, « le Blaireau » raconte : « Il a fallu que je porte une main à mon visage pour m'apercevoir que je pissais le sang et que le sang m'aveuglait. » Conduit à l'hôpital, le maillot jaune souffre d'une « double fracture des os propres du nez (sans déplacement) et d'une entaille au cuir chevelu » (selon les termes de Patrick Knaff, notre regretté confrère au micro d'Antenne 2). Et, malgré la douleur, « le Blaireau » reste blagueur : « Dans le pire des cas, c'est Greg LeMond qui gagnera le Tour… », et, dès le lendemain matin, il reprend du poil de la bête : « Croyez-moi, le vieux n'est pas mort ! »

LA PETITE HISTOIRE

Hinault et ses Ray-Ban

Les années 1980, celles de la mondialisation du sport spectacle, les JO, la F1, les Coupes du monde de football… Les grandes marques qui approchent des sportifs de haut niveau et les débuts d'une forme de bling bling… Hinault, le Breton à forte tête, n'était pas très sensible à ça, pas très influençable. Il a tout de même cédé à la mode en portant en course une paire de Ray-Ban Aviator. Les journalistes présents sur le Tour ce jour-là racontent, qu'au moment de sa chute, ces lunettes en métal n'ont rien arrangé à sa blessure…

François Mitterrand photographe amateur !

Il m'a dit « Bouge pas ! » et, avec son appareil photo, clic clac ! il a immortalisé la scène : une équipe de reportage de la télévision au travail sur le bord de la route du Tour de France. Merci, monsieur le président. Ah oui ! J'avais omis de vous dire, le photographe, c'était François Mitterrand, président de la République française.

Jean Glavany, futur ministre qui a travaillé à l'Élysée, m'avait prévenu : le président, qui aime le Tour, va venir applaudir le passage des coureurs. Tiens-toi prêt !

Douzième étape du Tour 1985 entre Morzine et Lans-en-Vercors. Il était 15 h 37, le peloton approchait de la côte de Montaud (689 m) dans l'Isère. Un grand virage, un grand champ et un bel hélicoptère posé à 300 mètres de la route. Étonnement des spectateurs, applaudissements et sourires pour tout le monde. Et François Mitterrand s'est approché de moi : « Alors Gérard ? » (On avait dîné ensemble quelques semaines auparavant au restaurant Le Pichet près des Champs-Élysées, et le chef de l'État m'avait étonné en me disant qu'il adorait le Tour et admirait surtout l'Italien Gianni Bugno.)

Bonheur journalistique, j'attaque une interview qui passera au journal de 20 heures :

- Quel conseil vous donneriez à Hinault ? « Pas de consigne, il faut lui laisser la liberté d'agir selon son instinct. Quand on arrive au stade du grand champion, personne ne peut faire à sa place : c'est à lui de décider ! »

- La ferveur populaire du Tour ? « Ça fait longtemps que je la connais ! Quand j'avais treize, quatorze ans, j'allais voir les étapes dans le nord de la France ; j'ai vu gagner les frères Pélissier, Leducq. »

Le peloton est passé devant nous, et Mitterrand, plus souriant que jamais, a ressorti son appareil photo. On n'a jamais vu les clichés, mais j'ai toujours en tête l'image de ce moment !

François Mitterrand et Jean Glavany (costume bleu marine), simples spectateurs du Tour dans la côte de Montaud.

« Le président, qui aime le Tour, va venir applaudir le passage des coureurs. Tiens-toi prêt ! »

Hinault : l'égal de Merckx et d'Anquetil

Têtu, cabochard, buté, obstiné, opiniâtre, acharné… Bernard Hinault, l'un des plus grands champions français de l'histoire du cyclisme, ne renierait aucun de ces qualificatifs.

LE PETIT PLUS

Les tours de Hinault en chiffres

- 8 participations
- 5 victoires (1978, 1979, 1981, 1982 et 1985) dont les 4 premières sous la direction de Cyrille Guimard
- 2 fois 2e : derrière Fignon en 1984 et LeMond en 1986
- 1 abandon (tendinite au genou en 1980)
- Première victoire à 23 ans
- 28 victoires d'étapes dont 21 en contre-la-montre et prologue
- 78 jours en jaune

Car il l'a souvent dit lui-même : « Oui j'ai du caractère, je ne suis pas mondain, j'aime bien discuter avec les personnalités et puis si j'ai envie de leur rentrer dedans, je le fais. » Voilà « le Blaireau » tout craché. « Le Blaireau », surnom que lui ont attribué deux de ses coéquipiers, Maurice Le Guilloux et Georges Talbourdet, et que Bernard Hinault assume parfaitement : « Quand on connaît l'animal, quand on le chasse… J'ai eu les mêmes réactions. Quand on m'emmerde, je rentre dans mon trou, mais quand je sors, je mords ! »

Dans sa carrière amateur, puis professionnelle à partir de 1975, « le Blaireau » va mordre souvent. Un palmarès exceptionnel pour le jeune Bernard, né en 1954 à Yffiniac, dans les Côtes-d'Armor, qui tout jeune prenait déjà sa bicyclette pour se rendre à l'école et au collège : 216 victoires, 5 Tours de France, 3 Tours d'Italie, 2 Tours d'Espagne, 1 titre de champion de France en 1978, 1 titre de champion du monde en 1980, 9 classiques dont le fameux Liège-Bastogne-Liège de 1980, disputé sous la neige par un froid glacial, et le Paris-Roubaix de la même année où, malgré sa victoire à l'arrivée, il claironne : « Je n'ai pas changé d'avis, c'est une course à la con ! » Du 100 % Hinault qui, fidèle à sa réputation, déclenchera une grève dans l'étape du Tour à Valence-d'Agen pour protester contre les horaires de la course et les transferts ou encore fera le coup de poing contre les grévistes qui gênaient le passage de la course Paris-Nice.

Son caractère, son talent surtout ont fait très rapidement de Bernard Hinault le vrai patron des pelotons entre 1977 et 1986. Tous les coureurs se sentaient obligés de respecter celui qui répétait : « Je monte sur un vélo pour gagner. Le plaisir de dominer les autres me prodigue une jouissance mentale, me permettant de serrer les dents sous la douleur. »

Expliquer la réussite d'Hinault ? Une vraie fable de La Fontaine. D'abord, la rage de vaincre, la hargne du « Blaireau », avec un cœur à trente-quatre pulsations par minute. Ensuite, « le Blaireau » se lie avec un renard futé, Cyrille Guimard, l'un des meilleurs directeurs sportifs de l'époque. Enfin, Hinault croise la destinée d'une sorte de loup entrepreneur aux dents longues : Bernard Tapie. Avec son équipe La Vie claire, « le Blaireau » termine sa carrière en apothéose : cinquième victoire sur le Tour de France 1985 (dernière victoire française) et contrat de confiance respecté en 1986, où il aide LeMond à gagner la Grande Boucle. Hinault raccroche le vélo à trente-deux ans en grand seigneur. « Il aura tout réussi dans sa carrière, même le plus dur, c'est-à-dire transformer sa deuxième place en une sortie merveilleuse », écrit Philippe Bouvet dans *L'Équipe* le 22 juillet 1986.

COUP DE CŒUR

JEAN-PIERRE FOUCAULT

Présentateur TV

HINAULT M'A BLUFFÉ

Dans les années 1970-1980, j'ai eu la chance de suivre des étapes du Tour de France sur la moto de RMC. En particulier, je me souviens de la dix-neuvième étape 1985 entre Pau et Bordeaux : 203 km sous une chaleur accablante. Ce jour-là Bernard Hinault m'a bluffé. C'était un vrai géant. À l'arrivée, moi j'avais fait l'étape à moto, j'étais épuisé, et je retrouve Bernard Hinault frais comme un gardon, souriant et décontracté. Avec l'ami Jean Amadou, on se régalait grâce aux exploits du « Blaireau ». Ni plus musclé, ni plus grand que les autres, mais une boule d'énergie et une volonté hors du commun. Hinault pour moi c'était mon héros.

LE PETIT PLUS

La jouissance intérieure de Hinault

Au détour d'une conversation, Bernard Hinault nous a avoué qu'il avait ressenti une forme de jouissance intérieur à dominer les autres : « Gamin, je ne me rendais pas compte du poids du maillot jaune. La première fois que tu le portes, que tu l'accroches au porte manteau où que tu le mets sur l'armoire de ta chambre, tu le regardes pour digérer en pensant : " C'est vraiment à moi maintenant et personne va venir me le chercher ". Je vais vous faire une confidence, il y a une espèce de jouissance intérieure quand tu sais que tu peux lâcher les autres quand tu en as envie. ça c'est terrible pour un compétiteur, de connaître cette domination par rapport aux autres. »

FOCUS

Les cinq victoires de Hinault

• **Tour 1978 :** 7 porteurs différents du maillot jaune, Hinault se place en gagnant le chrono de Saint-Émilion mais fléchit dans celui (en côte) du puy de Dôme. C'est au contre-la-montre de Nancy qu'il prend le maillot jaune à Zoetemelk à trois jours de Paris.

• **Tour 1979 :** Hinault mène une guérilla à la Merckx et remporte 7 étapes (!). Il se paie même le luxe, le dernier jour, d'une échappée en duo avec Zoetemelk qu'il règle au sprint sur les pavés des Champs-Élysées.

• **Tour 1981 :** maillot jaune dès le prologue, Hinault laisse la main jusqu'aux Pyrénées, où Zoetemelk le vainqueur sortant passe à la trappe dès le col de Peyresourde. « Le Blaireau » reprend le maillot jaune en gagnant le chrono de Pau (7e étape) et ne le lâchera plus jusqu'à Paris.

• **Tour 1982 :** comme d'habitude, Hinault gagne le prologue puis cède sa tunique tout en contrôlant pendant dix jours. C'est au chrono de Valence d'Agen qu'il la reprendra sans – une fois n'est pas coutume – avoir gagné l'épreuve contre-la-montre... À Paris, pour faire taire ses détracteurs, il règle les sprinters sur les Champs !

• **Tour 1985 :** passé dans l'écurie de Bernard Tapie et sans Fignon (le double vainqueur sortant), Hinault participe au succès de son équipe dans le chrono par équipe Vitré – Fougères puis conquiert le maillot jaune lors de la 8e étape (le contre-la-montre de Strasbourg). Malgré une fracture du nez lors d'une chute à Saint-Étienne, « le Blaireau » serre les dents et s'accroche dans les Pyrénées pour égaler à Paris ses illustres prédécesseurs – Jacques Anquetil et Eddy Merckx – avec 5 victoires dans le Tour de France.

Hinault et ses quatre premiers maillots jaunes avant de conquérir son 5e titre en 1985.

INNOVATION

Greg LeMond est le premier à utiliser un SRM sur le Tour

Agacés par l'emprise des Sky sur le peloton, lassés par la domination de Froome, qui, comme Armstrong au temps de sa splendeur, donne l'impression de ne pas souffrir, de pratiquer un cyclisme inhumain et calculé, les journalistes et les aficionados en sont venus à accuser la technologie.

Chris Froome passerait son temps à rouler les yeux rivés sur son compteur. « Faux ! » répond Fred Grappe, le manager de la performance de l'équipe Groupama-FDJ : « Rouler la tête rentrée dans les épaules, c'est son style ! » Oui, mais il faut reconnaître que les coureurs – c'est ce qui se dit dans le milieu – sont obnubilés par leur « SRM ». Le SRM PowerMeter : un compteur vissé dans le prolongement de la potence qui donne – en plus de la vitesse et de la fréquence cardiaque – la mesure de la puissance développée par le coureur.

« Schoberer Rad Messtechnik » en toutes lettres, technique de mesure à vélo de Schoberer, du nom du fondateur de la société éponyme : une idée d'ingénieur, passionné de cyclisme et bon amateur, qui était tout simplement frustré de ne pas pouvoir mesurer objectivement sa condition physique et de ne pas avoir les clefs pour l'améliorer.

Dans les années 1980, les coureurs travaillaient déjà avec la notion de puissance mais ne pouvaient la mesurer qu'en laboratoire, sur un ergomètre. Or l'intérêt est de savoir si les performances réalisées à l'entraînement sont reproductibles en course. Alors, au terme de ses études en génie biomédical, Ulrich Schoberer a décidé d'inventer un système de mesure niché dans le pédalier (plus précisément dans l'étoile qui fixe la manivelle au grand plateau) et fondé sur le principe des jauges de contrainte (la déformation appliquée par la force de pédalage). Cette donnée, multipliée par la cadence de pédalage, allait donner la puissance en watts.

Schoberer venait-il d'ouvrir la boîte de Pandore d'un cyclisme méthodique et aseptisé ? Greg LeMond l'adoptait et remportait le Tour 1986, Bjarne Riis gagnait l'Amstel Gold Race 1996 avec le SRM au guidon, Marc Madiot faisait le contre-la-montre Gap – Orcières-Merlette du Tour 1989 avec le prototype de Look (le MaxOne).

Greg LeMond (maillot GAN) équipé du compteur SRM à la couleur (rouge) et à la forme très caractéristiques à l'époque.

LES CLÉS POUR COMPRENDRE

Le SRM ne « ment » jamais

En juillet 2005, à quelques jours de démarrer ce qui était à l'époque son « dernier » Tour (il en a refait deux depuis en 2009 et 2010), Lance Armstrong déclarait au journal *L'Équipe* : « Je crois que je suis meilleur que jamais. Physiquement, ce que me dit le SRM sur le vélo me conforte dans cette idée car cette machine ne ment jamais. » Ulrich Schoberer expliquait alors à Stéphane Mandard, journaliste au *Monde* : « La puissance est le facteur-clé de la performance. Pour être le meilleur, il faut avoir la meilleure puissance possible. Pouvoir la mesurer permet de savoir comment l'améliorer : Lance Armstrong l'a bien compris [...] Comparé à lui, les autres coureurs sont des amateurs. Lance Armstrong veut toujours savoir, tout contrôler lui-même, les méthodes d'entraînement, le matériel. Il veut utiliser toutes les informations qui peuvent lui être utiles, connaître tous les paramètres, explique le père du SRM. » Et Stéphane Mandard poursuivait en expliquant que Lance Armstrong avait bien compris l'utilité du SRM en moulinant beaucoup plus que ses adversaires, sûrement bien conseillé par son médecin préparateur, le Dr Michele Ferrari, également adepte du SRM.

Thierry Marie et son appui lombaire

Thierry Marie équipé de « l'appogio lombare » et du guidon « Manta » lors du prologue de Lyon (1991).

Thierry Marie fait partie des Français qui ont marqué le Tour de France. Généreux dans la vie comme sur le vélo, en 1991, il a réalisé la deuxième plus longue échappée solitaire du Tour (234 kilomètres). Il s'est aussi illustré dans les efforts les plus courts et les plus intenses comme les prologues…

Le Normand avait pris goût à cet exercice après l'avoir découvert sur le Giro amateur en 1984. Sur le Tour de France, il en fera son objectif majeur (même une « fixation », selon les mots de sa femme Isabelle) et le gagnera trois fois : en 1986 à Boulogne-Billancourt (le prologue le plus court de l'histoire : 4,3 km), en 1990 (au Futuroscope de Poitiers) et en 1991 (à Lyon).

On ne va pas vous le cacher, le plus grand bonheur pour un passionné c'est de pouvoir pénétrer dans l'intimité des champions et le secret de leurs exploits. Thierry Marie nous a confié le sien et c'est particulièrement cocasse car, en 1986, Cyrille Guimard (son directeur sportif) et Armel André (l'ergonome et spécialiste de l'aérodynamique) ont fait une belle surprise à leur prodige… à seulement 15 minutes de son départ dans le prologue !

Comme en Formule 1 – quand les ingénieurs veulent dissimuler leurs innovations –, le vélo de Thierry Marie avait été recouvert d'un drap. En dessous se cachait un prototype de selle particulièrement surprenant : « l'appoggio lombare » de Selle Italia ! Une selle carénée doublée d'un petit dossier qui offrait à Thierry un appui supplémentaire pour fournir un peu plus de puissance et même enlever une ou deux dents !

Tout le monde connaissait le vélo « Delta » que Fignon avait utilisé en 1984 pour finir deuxième du prologue à 3 s derrière Bernard Hinault (sa quatrième victoire d'affilée si l'on excepte le Tour 1983, auquel il n'a pas participé à cause d'un genou récalcitrant). Encore une invention d'Armel André… Thierry Marie nous raconte que l'ergonome de la Régie Renault dessinait les vélos selon chaque morphologie. Sur le prologue de 1986, le Normand utilisait une roue de 650 à l'avant (alors que le Delta avait été conçu avec une roue de 700) et une roue pleine à l'arrière, et il était surtout le seul à utiliser « l'appoggio lombare » !

Il avait fallu choisir à qui offrir cette selle, et Guimard avait désigné Thierry ! « Psychologiquement c'était incroyable, nous raconte-t-il, ils auraient pu la donner à Laurent [Fignon], ils me l'ont donnée à moi. Je me suis dit que j'allais avoir un avantage, un truc que les autres n'auraient pas. »

Cette période du cyclisme (les années 1980 et 1990) est marquée par de nombreuses innovations : les pédales automatiques, les cadres en carbone, le sélecteur de vitesses au guidon et pour le chrono le guidon de triathlète introduit par Greg LeMond sur le Tour 1989. Les Castorama – l'écurie de Cyrille Guimard – ont vite réagi en sortant de leur chapeau le magnifique guidon « Manta », une sorte d'aile en carbone permettant au coureur de se profiler vers l'avant… Et au prologue de Lyon sur le Tour 1991, seuls deux coureurs avaient été désignés pour l'utiliser : Laurent Fignon et… Thierry Marie !

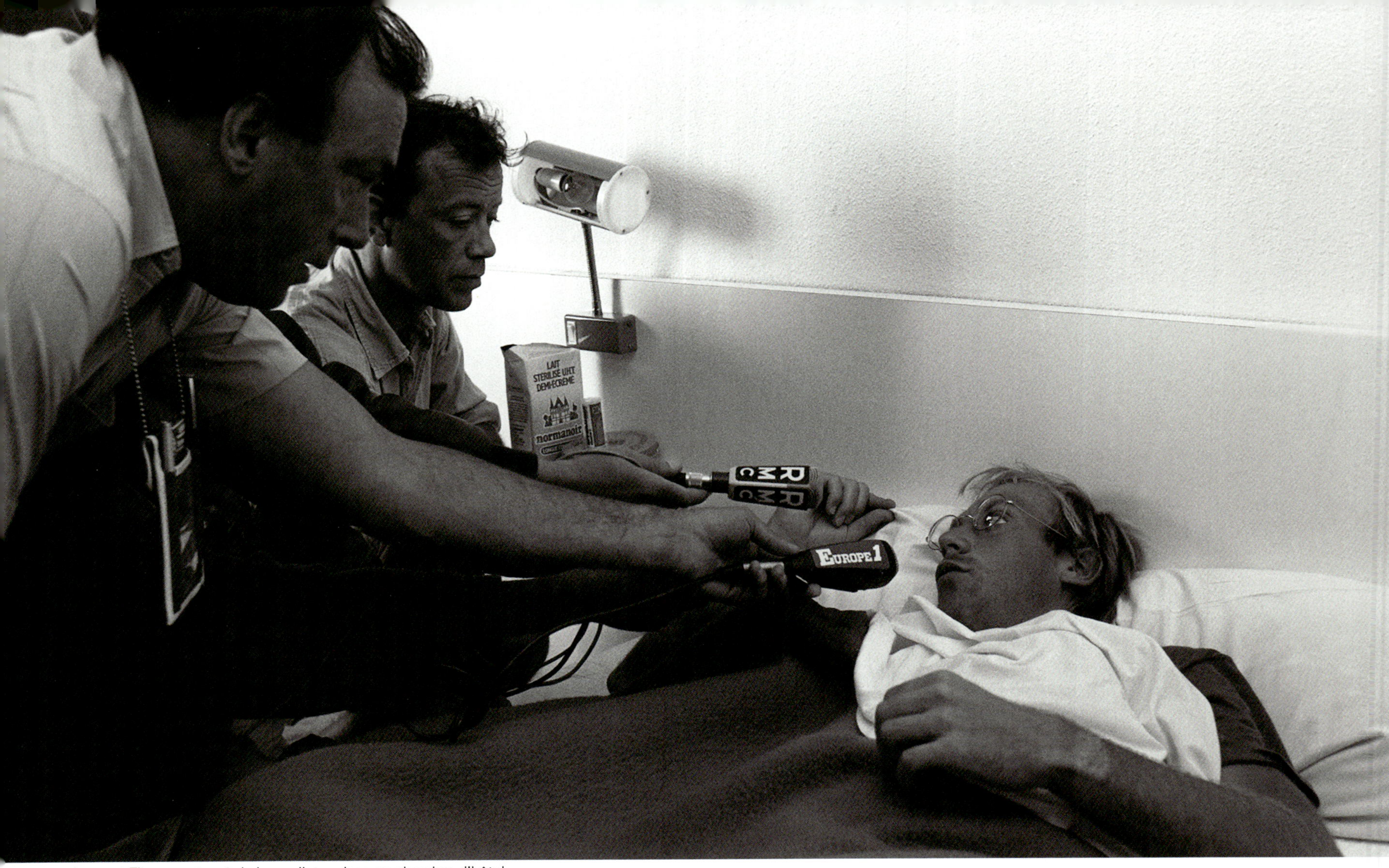

Laurent Fignon entouré de journalistes dans sa chambre d'hôtel.

SCOOP TOUJOURS

J'annonce en direct l'abandon de Fignon à Pau

Être le premier à révéler au grand public et à ses confrères une information importante (définition du scoop) est la quintessence de notre métier. Un grand mélange de bonheur professionnel, d'émotions, de doutes, de travail et surtout de chance.

Le mercredi 16 juillet 1986, tout était réuni pour l'un de mes plus beaux scoops, donc l'un de mes plus grands moments de joie professionnelle, même si cela correspondait à la tristesse infinie de celui qui deviendra, quelques années plus tard, l'un de mes meilleurs amis : Laurent Fignon.

Le Tour de France est à Pau. Pedro Delgado y a gagné la douzième étape. Bernard Hinault, plus « Blaireau » que jamais, s'est emparé du maillot jaune. Entre Bayonne et la capitale du Béarn, il a attaqué à la Hinault : intraitable et dominateur. Delgado l'a suivi, les autres ont craqué, dont Miguel Indurain, qui va abandonner avec seize autres coureurs. Hinault a fait le ménage, Fignon a résisté comme il a pu. À Pau, le mardi soir, il se sent fébrile et fiévreux.

Le hasard des programmes de la télévision a installé les caméras du fameux « Télématin » de William Leymergie à Pau. Les coureurs commencent à se rassembler pour le départ, puis je croise le docteur Gérard Porte : « Tu devrais aller voir Fignon, me dit-il, il n'est pas bien », et je file. Alerte maximale ! Vite un coup de fil à Patrick Chêne, avec qui j'ai la chance de composer « Le journal du Tour ». On trouve une caméra. Direction l'hôtel des Système U, l'équipe de Fignon. Il accepte de nous recevoir et de nous annoncer en exclusivité : « J'abandonne. » Trop de fièvre, plus de force, impossible de continuer.

Personne d'autre ne le savait : scoop ! Il est 8 h 30 et je l'annonce sur Antenne 2, l'information sera reprise par tous les médias. Paul Newman, dans un film sur la télévision, disait : « Une nouvelle, pour un journaliste, c'est une mauvaise nouvelle pour quelqu'un. » Il n'a pas tort, le grand acteur américain.

Et je dois avouer avoir beaucoup remercié Gérard Porte et Laurent Fignon pour nous avoir aidés dans notre métier de journaliste.

Giscard d'Estaing sans casque

Le déplacement d'un homme politique sur le Tour, qu'il soit en activité ou en campagne, promet souvent des situations cocasses. Dans son livre *Le Tour de France, coulisses et secrets*, Christian Prudhomme raconte combien il est difficile d'organiser la venue du président de la République : moult réunions avec les services de la sécurité rapprochée et le cabinet pour définir la date, le lieu et le planning.

Lors de la vingt et unième étape du Tour 1986 entre Saint-Étienne et le puy de Dôme, la Société du Tour avait eu à gérer, non pas un, mais deux hommes politiques de haut rang : Michel Rocard ainsi que Valéry Giscard d'Estaing, ex-président de la République française.

Ce Tour avait été le théâtre d'un duo/duel au sein de l'équipe La Vie claire entre Bernard Hinault et Greg LeMond. Hinault devait rendre la pareille à LeMond, qui l'avait aidé à gagner en 1985, mais le Français avait tenu à finir sa carrière en beauté et n'avait pas rendu la tâche facile à son coéquipier…

Un détail qui n'a pas échappé aux deux monstres politiques qu'étaient Michel Rocard et Valéry Giscard d'Estaing, lesquels n'ont pas évité les questions des journalistes d'Antenne 2. L'ancien président, devenu entre-temps conseiller général du Puy-de-Dôme, avait tenu à aller saluer « le Blaireau » au départ et par la même occasion donné son avis sur la fameuse rivalité : « LeMond est un très bon coureur en très bonne condition physique, il y a quasi égalité. C'est le sport qui décide. J'admire que chacun respecte la parole donnée. » (Référence à peine cachée à la promesse faite par Hinault.)

En cours d'étape, le journaliste d'Antenne 2 à bord d'une moto suiveuse s'approchait de la voiture de direction de course et tendait le micro à Michel Rocard, qui commentait à son tour le rapport de forces : « Il est bon que le public sportif soit vraiment prêt à respecter le meilleur. J'ai craint les fanatismes. La France ne ressemble plus à elle-même quand elle devient fanatique. »

Pendant que Rocard philosophait sur le fanatisme, VGE se montrait plus terre à terre : c'est ainsi que les caméras d'Antenne 2 et les photographes de presse ont pu le surprendre à moto au milieu du peloton et… sans casque !

Si cela n'avait pas suffi à prouver sa décontraction, une fois la ligne passée et invité dans l'émission légendaire *À chacun son Tour* du regretté Jacques Chancel, il s'était permis une petite plaisanterie à propos de Greg LeMond :

– VGE : « Vous savez ce que LeMond veut dire ? » – Chancel : « Non, monsieur le Président, mais vous allez me le dire … »

– VGE : « Lemon, cela veut dire "citron". Alors vous comprenez pourquoi il gagne des courses LeMond, c'est parce qu'il est pressé ! »

Valéry Giscard d'Estaing sur la route du Tour entre Saint-Étienne et le puy de Dôme.

COUP DE CŒUR

PHILIPPE CANDELORO

Patineur artistique, double médaillé de bronze aux JO d'hiver

QUEL COUP DE PUB !

Ce qui m'a le plus étonné, c'est quand Bernard Hinault, au sommet de ses performances, a commencé à faire de la publicité. J'ai compris à cette époque-là qu'on pouvait devenir célèbre par le sport.
Bernard Hinault super champion, emblématique du vélo, passait à la vitesse supérieure en communication. Et en particulier, la fameuse image de l'arrivée de l'Alpe-d'Huez entre Hinault et Greg LeMond, main dans la main, m'avait sidéré. Quel coup de pub ! Organisé par Bernard Tapie sans aucun doute…
On était en stage de patinage à Font-Romeu, on regardait la télé dans la salle de repos et on s'est dit avec les copains et les copines : « ils sont quand même très forts les gars du vélo ! »
Et ce qui était incroyable à l'époque, c'est que Hinault, qui était le plus fort des deux en 1986, a offert la victoire à son coéquipier mais néanmoins rival.

Hinault et LeMond main dans la main pour passer la ligne à l'Alpe-d'Huez.

Hinault / LeMond : main dans la main à l'Alpe-d'Huez

Bernard Tapie fait une entrée fracassante dans le milieu du vélo en 1984. Notre confrère Dominique Le Glou commente : « Bernard Hinault, c'est le présent du groupe La Vie claire, Greg LeMond, c'est son futur. » Histoire de transferts spectaculaires et de petits arrangements entre (faux) amis...

COUP DE CŒUR

LUC ALPHAND

Ex-n°1 mondial de ski.
Vainqueur du Dakar.

HINAULT, L'AUDACIEUX

Évidemment pour moi, le skieur, le Tour de France c'est la montagne, et les Alpes en particulier. Souvenir émouvant dans le col du Granon. Gamin, j'avais monté un petit stand pour vendre des glaces et assister au passage du Tour. L'image de Bernard Hinault et Greg LeMond, coéquipiers amis et rivaux d'une certaine façon, au coude-à-coude, m'a énormément marqué. C'est la fameuse arrivée à l'Alpe-d'Huez main dans la main le 21 juillet 1986. Pour moi Hinault c'était la passion à 100 %, un champion entier, audacieux, sans calcul. Le panache. C'est tout ce que j'aime dans le sport !

Après avoir racheté les sociétés La Vie claire et Look, le groupe Tapie investit dans le vélo. Bernard Hinault, déjà quadruple vainqueur du Tour de France, mais en froid avec Guimard, lui propose un projet d'équipe autour de sa personne. Tapie fonce puis fait signer l'Américain Greg LeMond, qui rejoint l'écurie pour neuf millions de francs. Il voit loin et pense évidemment business : « Le coureur cycliste a une carrière qui dure à peine dix ans, et sa vie active professionnelle trente ans. Quand on est Greg LeMond et qu'on a son coefficient intellectuel, on mesure les choses non pas sur les sept ans qui restent, mais sur trente ans. »

Comme plus tard dans le foot avec l'OM, Tapie s'adjoint un entraîneur docile (Paul Koechli) et va décider de presque tout. Il donnera la victoire du Tour 1985 à Hinault pour des raisons évidentes de marketing et celle de 1986 à LeMond. Sur le papier en tout cas. Car, en course, les choses seront moins simples, Hinault refusant de céder lors du Tour 1986. Pourtant, LeMond s'était exécuté en 1985 pour le titre de Hinault, lorsque dans la montée vers Luz-Ardiden, Hinault connaissant une défaillance sévère, Koechli avait imposé à LeMond de ne pas rouler. Et l'Américain s'est emporté : « Koechli, je le maudis ! Il m'a fait perdre le Tour de France le jour où j'étais en passe de le gagner ! »

Sur ce tour 1986, Bernard Hinault ne trouve rien de mieux que d'attaquer dès les premiers cols du Pays basque et relègue tous ses principaux adversaires à plus de cinq minutes. Il poursuit son offensive le lendemain mais reçoit un sévère retour de bâton dans la montée vers Super-Bagnères, où Greg LeMond gagne. Hinault en jaune, Greg LeMond bien placé.

La Vie claire mène la vie dure au peloton mais l'ambiance est électrique dans l'équipe : Hinault ne veut surtout pas vivre un dernier Tour à l'économie, et même s'il s'est engagé à soutenir LeMond, il ne va pas lui offrir la victoire sur un plateau.

Les Alpes sont en faveur de l'Américain, malgré une ultime provocation du Français dans la descente du Galibier, où LeMond a la présence d'esprit de rapidement se replacer à la hauteur du Français quintuple vainqueur du Tour, et le bras de fer s'engage dans le col de la Croix-de-Fer puis dans l'Alpe-d'Huez, que Hinault monte tambour battant. Le maillot jaune de LeMond est assuré, Hinault sera deuxième à Paris... Mi-amis mi-ennemis, ils passent la ligne main dans la main pour cette photo qui restera dans l'histoire du Tour...

Greg LeMond : *American way of life*

Un Américain peut en chasser un autre… Si LeMond fut parmi les premiers à douter de Lance Armstrong en le clamant ouvertement dans la presse, c'est que l'impérialisme d'Armstrong avait relégué depuis 1999 ses trois victoires des années 1980 aux archives. Pourtant, c'était bien LeMond le précurseur, premier Américain vainqueur du Tour et pionnier d'un cyclisme mondialisé…

Greg LeMond, boosté par un Bernard Tapie en pleine ascension, explose pendant les années 1980. Coureur anticonformiste et homme d'affaires, l'Américain arrive dans le peloton de la vieille Europe, aux traditions bien ancrées, et dénote au milieu des autres coureurs : d'abord, son goût prononcé pour l'argent – à l'image de Tapie, qui l'embauche dans son écurie, il a un esprit de businessman quand la plupart des coursiers ne pensent qu'à faire leur métier, le nez dans le guidon.

Ensuite, sa façon de courir : il gagne sans panache, efficace, opportuniste et attentiste en course. Sa préparation parfois dilettante (il ne cible que le Tour de France et les championnats du monde) lui vaut de nombreux kilos superflus en début de saison. LeMond ne consacre pas sa vie au vélo, il cultive l'envie d'une vie normale, et ça agace. Hinault, par exemple, s'étonne de le voir aller jouer au golf lors de la journée de repos d'une épreuve américaine, la Coors Classic 1986. « Ça ne fait pas professionnel », avait-il dit.

Une chose est sûre, comme « le Blaireau », LeMond n'a pas la langue dans sa poche et n'hésite pas à dire tout haut ce qui se pense tout bas dans le milieu. Le sexe dans le vélo, par exemple, un tabou pour tous sauf pour lui. Un interdit dans le milieu, pas pour lui ! Felice Gimondi ou Sean Kelly, notamment, s'imposaient de longues périodes d'abstinence sexuelle, de plusieurs mois parfois. Pour l'Irlandais, « mon vélo passe avant ma femme ». Question de concentration, d'énergie peut-être… Un jour, lorsque dans le *Vélo Club* nous avons voulu aborder le sujet, LeMond est venu témoigner sans vergogne de son expérience : « J'ai fait l'amour la veille, et ça ne m'a pas empêché d'être champion du monde ! » Décomplexé sous tous rapports, LeMond, le symbole de l'*American way of life*…

LA PETITE HISTOIRE

Pour Tapie, il était fini

On le sait, Bernard Tapie, le patron de l'équipe La Vie claire, avait décidé que Bernard Hinault allait gagner le Tour 1985, son cinquième, et LeMond celui de 1986, son premier. Tapie visait le marché américain… Mais après l'accident de chasse de Greg, les plombs du destin ont changé ses plans ! Apprenant que son nouveau poulain était « hors service », l'homme d'affaires lui avait notifié son licenciement par la poste. L'envie de revanche, rien de tel pour motiver un sportif de haut niveau, et LeMond avait battu Fignon d'un cheveu sur le Tour 1989…

FOCUS

Greg LeMond

Avec un cœur naturellement puissant, Greg LeMond a gagné ses 3 Tours de France à un moment charnière avant l'arrivée de l'EPO et plus tard des transfusions sanguines.

- Champion du monde sur route 1983 et 1989
- Tour de France : 3 victoires (1986, 1989, 1990), classement du meilleur jeune (1984), 5 victoires d'étapes
- Giro : 1 victoire d'étape
- Critérium du Dauphiné libéré (1983)

COUP DE CŒUR

PATRICK CHÊNE

Journaliste / Commentateur du Tour de 1989 à 2000

GREG LE MIRACULÉ

Avant même que Greg leMond gagne son deuxième Tour de France en 1989 – fameux duel avec Laurent Fignon –, j'avais eu la chance d'aller aux États-Unis pour Stade 2 et de le rencontrer chez lui. Il était en convalescence après un terrible accident de chasse. La poitrine criblée de plombs. C'était en 1987. J'ai découvert un type exceptionnel de courage, de gentillesse et de professionnalisme.

e commence le Tour pour Antenne 2, nous vivons un événement qui va marquer l'histoire du vélo. Confidence, j'ai trouvé stupide d'avoir organisé un contre-la-montre pour la dernière étape. Mais les circonstances de la course et le duel Fignon/LeMond m'ont largement donné tort.

À l'arrivée, je crie : « Fignon vient de perdre le Tour pour 8 secondes !!!! »

Et Laurent m'en a voulu pendant près de cinq ans, car il me disait : « Non ! c'est LeMond qui a gagné ! » Susceptibilité de grand champion compréhensible, on s'est évidemment réconciliés. Ce qui est remarquable pour Greg LeMond, c'est que cet Américain qui a battu à la fois Hinault et Fignon, deux héros français, a quand même gardé la cote auprès des amateurs de vélo dans notre beau pays.

Podium des vainqueurs : LeMond, maillot jaune, et son équipe Z (Millar, Pensec, Boyer, Cornillet...), vainqueur du classement par équipe.

Stephen Roche gagne le Giro, le Tour de France et le championnat du monde la même année !

Un peu de nostalgie pour évoquer cette année 1987 durant laquelle de grandes personnalités nous ont quittés : Fred Astaire, Rita Hayworth, Dalida, Lino Ventura, Jacques Anquetil, Henri Cochet, Didier Pironi et Bernard Giroux.

En sport, même si Ben Johnson réalise 9" 83' au 100 mètres et que le XV de France réussit son quatrième Grand Chelem, 1987 sera sans contestation possible « l'année Roche ». Cette année-là, l'Irlandais va réussir un triplé (*hat-trick* dans sa langue) historique, treize ans après Eddy Merckx (victoire dans le Tour d'Italie, le Tour de France et le championnat du monde la même année).

Depuis plusieurs années déjà, le peloton professionnel a appris à se méfier de ce jeune Irlandais adopté par la France. ACBB (le club de Boulogne-Billancourt) pour commencer puis le fameux maillot à damiers de Peugeot de 1983 à 1986, et enfin l'équipe italienne Carrera de 1987 à 1990. Succès dans le Paris-Nice 1981, dans le Tour de Romandie 1984 et une superbe troisième place dans le Tour de France 1985, derrière Hinault et LeMond.

Roche a appris vite et bien. L'apogée de sa carrière survient en 1987, une année très haute en couleur. Le rose d'abord, couleur du maillot du premier dans le Tour d'Italie. Comme en France, le maillot du leader du classement général est de la couleur du journal qui a lancé l'épreuve en 1909, *La Gazzetta dello Sport*. Un rose pâle dès le début de ce Giro : « La course des couteaux sous la table », écrit un journaliste de *La Gazzetta*. Ambiance tendue dans l'équipe Carrera, où l'Italien Visentini dit ouvertement détester son coéquipier Roche : « Un jour il vous sourit, le lendemain il vous crache à la figure », explique sans nuance Visentini. Roche montre très vite qu'il n'a que faire de cette haine. Il attaque et, malgré la polémique et les menaces physiques des tifosi, il ira gagner le Tour d'Italie.

Après le rose, le jaune avec un Tour de France très particulier : départ de Berlin pour les deux cent sept coureurs (record pour le nombre d'engagés) et un parcours de 4 231 kilomètres (là aussi un record de longueur historique pour les parcours d'après-guerre). Hinault et LeMond sont absents, Fignon est loin de sa forme, des coureurs aux dents longues vont vite se montrer. Delgado, Mottet, Herrera... Formidable numéro de Jean-François Bernard, qui pulvérise le peloton façon puzzle au contre-la-montre du mont Ventoux. Il endosse le maillot jaune mais crève dans le Vercors et perd plus de quatre minutes. Succès éventuel évanoui... La suite sera un mano a mano spectaculaire entre Delgado et Roche qui, avec seulement quarante secondes d'avance, ira inscrire son nom au palmarès de ce soixante-quatorzième Tour de France ! Grande première pour l'Irlande !

Rose, jaune et enfin arc-en-ciel pour terminer en beauté cette année de rêve sur le difficile circuit de Villach, en Autriche, sous une pluie battante. Les Irlandais jouent la course d'équipe, mais Sean Kelly est dans « un jour sans ». Alors Roche durcit la course, attaque et gagne. Un triplé de légende qu'aucun coureur n'a réédité depuis.

Stephen Roche vainqueur, Pedro Delgado (deuxième, à gauche), Jean-François Bernard (troisième, à droite) et Jeannie Longo, lauréate du Tour féminin.

Conférence improvisée pour Pedro Delgado après la vingtième étape, entre Clermont-Ferrand et Chalon-sur-Saône.

Delgado positif mais pas puni

Il n'y a rien de positif à ce que le vainqueur du Tour soit un cas positif ! Pourtant, le Tour 1988 ne sera pas retiré à Pedro Delgado. Image souvenir : caméras et micros encerclant un coureur mal à l'aise…

Le jeudi 19 juillet 1988, la rumeur enfle dans le peloton. Le soir même, Patrick Chêne, notre brillant confrère, l'annonce au micro d'Antenne 2 dans le « Journal du Tour » : Pedro Delgado a été contrôlé positif au probénécide ! C'est un masquant permettant de dissimuler la prise d'anabolisants. Delgado risque (seulement ?) une pénalité de dix minutes si la contre-expertise confirme le résultat. Donc une rétrogradation possible à la septième place. Au micro d'Antenne 2 le 20 juillet, Delgado joue encore la surprise…

Le 22 juillet, Chêne revient en détail sur ce dossier. Dans un commentaire didactique, avec les mots simples et directs qu'on lui connaît, il explique l'affaire. À Clermont, l'hôtel des Reynolds est fébrile. Encadrement et coureurs attendent des infos à propos du contrôle de Delgado. Luis Puig, le président de l'UCI (Union cycliste internationale), parle : « C'est un produit nouveau, et nous faisons notre réunion en août. » Pour être clair, le produit en question est interdit par le CIO (Comité international olympique) mais pas par l'UCI.

Patrick Nedelec, contrôleur médical, indique qu'il avait été proposé dès février à l'UCI d'ajouter ce produit à sa liste de produits interdits. Mais l'UCI n'a pas immédiatement obtempéré, l'efficacité des anabolisants sur les cyclistes n'étant pas encore prouvée à l'époque. Deux poids, deux mesures entre les différentes organisations sportives, donc. Alors, ce matin du 22 juillet, les directeurs sportifs décident de retarder le départ de dix minutes pour manifester leur mécontentement. Roger Legeay, en tête du mouvement, demande une uniformisation des règlements et de leur application. Le fondateur du MPCC (Mouvement pour un cyclisme crédible, né à Londres en 2007) était déjà précurseur. Et Pedro Delgado est resté le vainqueur officiel du Tour 1988…

LE PETIT PLUS

Le tour de Delgado

En 1988, Delgado a misé toute sa saison sur le Tour de France, quitte à faire l'impasse sur son propre tour national, la Vuelta. Toujours bien placé depuis le début de l'épreuve, dans l'ouest, dans le nord puis l'est de la France, il endosse le maillot jaune au terme de la douzième étape à l'Alpe-d'Huez, puis écrase le contre-la-montre le lendemain entre Grenoble et Villard-de-Lans. En 38 kilomètres, le Français Jean-François Bernard, excellent grimpeur, est le seul à limiter la casse à 44 secondes. Le Hollandais Rooks (deuxième du Tour à Paris) arrive troisième du chrono et prend 1 min 9. Breukink, quatrième, est 1 minute plus loin ! Le scoop du contrôle positif révélé par Patrick Chêne et Jacques Chancel à Bordeaux à 5 jours de l'arrivée à Paris va noircir ce maillot jaune qui semblait si beau… Outre le Tour, Delgado gagnera deux fois la Vuelta au cours de sa carrière : en 1985 et en 1989.

Delgado en retard au départ du prologue

L'heure, c'est l'heure ; avant l'heure, c'est pas l'heure ; après l'heure, c'est plus l'heure. » Cette citation du poète Jules Jouy est tout à fait appropriée à cette histoire.

Le 1er juillet 1989 va se dérouler un événement qui fera date dans l'histoire du Tour : l'Espagnol Pedro Delgado, qui est le vainqueur sortant et le favori à sa propre succession, s'engage sur le prologue du Tour 1989 avec le maillot jaune sur les épaules et en devient le soir même la première lanterne rouge !

Visiblement décontracté par son statut et confiant en son potentiel pour confirmer son Tour 1988, Delgado semble aborder cette première épreuve sans aucune pression. Pour un départ prévu à 17 h 17 (le maillot jaune de l'édition précédente est le dernier à s'élancer, comme le veut la tradition), Delgado quitte son hôtel à 16 heures et à vélo. L'heure tourne, et il ne se prive d'aucune sollicitation vis-à-vis de ses fans. Résultat, Delgado arrive en retard sur la rampe de lancement, le chrono est déjà lancé, et l'Espagnol débourse déjà 2' 40" sans avoir donné un seul coup de pédale. Impossible à combler sur 7,8 km !

Le site lagrandeboucle.com, particulièrement riche en informations et en anecdotes, rappelle qu'il y avait eu un précédent du genre en 1985. Le Belge Alfons (dit « Fons ») de Wolf s'était engagé au prologue de Plumelec avec 5 minutes de retard, terminant le prologue hors délais et avait donc été éliminé. Un petit Tour et puis s'en va.

À Luxembourg, sur le plan de la performance pure, l'Espagnol fait un temps très honorable. Sans cette bêtise ridicule, il aurait fini le prologue à 14 secondes du vainqueur (Erik Breukink). Il passera son Tour à la recherche du temps perdu et se classera troisième derrière le duo LeMond-Fignon, tous deux séparés par 8 secondes seulement après le contre-la-montre des Champs-Élysées.

LE PETIT PLUS

Le classement du prologue

Déjà très affûtés, Fignon et LeMond réalisent le même temps sur les 7,8 km du parcours ! Au terme des 3 285 km, ils n'auront que 8 secondes d'écart...

1. Erik Breukink (PB) en 9' 54"
2. Laurent Fignon (Fra) à 6"
3. Sean Kelly (Irl) à 6"
4. Greg LeMond (USA) à 6"
5. Steve Bauer (Can) à 8"
6. Charly Mottet (Fra) à 9"
7. Miguel Indurain (Esp) à 10"

...

198. Pedro Delgado (Esp) à 2' 54"

Stupeur parmi les spectateurs : Pedro Delgado déjà en retard avant de prendre le départ du prologue !

Chancel : fracture du pif pour la vedette du P.A.F.

Jacques Chancel fait partie de ces professionnels qui ont fait un bien fou à la télévision avec cette capacité qu'l avait – lui l'intellectuel – à tirer les spectateurs vers le haut, à ne jamais leur donner en pâture la facilité et la gaudriole…

Le créateur et présentateur du *Grand Échiquier* (de 1972 à 1989), diffusé sur la 2e chaîne de l'ORTF devenue Antenne 2, et de *Radioscopie* (de 1968 à 1982 puis de 1988 à 1990) sur France Inter savait tout faire : entre débats et variétés, culture et sport… Sa curiosité et son ouverture d'esprit lui ouvraient toutes les portes et notamment celles du Tour de France où, en 1985, il créa *À chacun son Tour* : une sorte de « talk-show » présenté en direct depuis l'arrivée de l'étape pour commenter les principaux faits de course en compagnie des acteurs les plus importants (les coureurs) et d'invités de marque. Nous avons pris le relais de cette belle idée avec le *Vélo Club*.

En 2015, dans un documentaire hommage au présentateur, Marc Madiot, le patron de l'équipe Groupama-FDJ, mesurait les services que l'émission de Chancel avait rendus au cyclisme : « On considérait le coureur comme un plouc, et cette émission a largement aidé à montrer et démontrer qu'il pouvait avoir des propos intéressants. » Et Jean-Paul Ollivier explique pourquoi : « Il a apporté une certaine aristocratie au peloton. Il posait de belles questions, avait un français affirmé avec des phrases déliées. »

Ni trop élitiste, ni ennuyeuse, *À chacun son Tour* se voulait être un salon « où l'on cause » et où l'on flingue avec… de belles passes d'armes en direct : en 1986, Greg LeMond et Bernard Hinault, par exemple, les top guns de l'écurie de Tapie qui jouaient un double jeu amis/ennemis. En 1987, une scène d'anthologie qui hérisserait les poils des Femen aujourd'hui : Marc Madiot, avec son maillot de champion de France et un machisme d'un autre temps, assène ses quatre vérités à Jeannie Longo : « Il y a des sports qui sont masculins. Une femme qui danse, c'est beau. Une femme qui fait du vélo, c'est moche. […] Vous, vous êtes moche. » Le tout sous le regard amusé de Jacques Chancel et de Laurent Fignon, hilare.

Natif d'Ayzac-Ost, entre le Tourmalet et l'Aubisque, le présentateur vouait une adoration au Tour de France et quand, en 1989, des manifestants ont barré la route des coureurs dans la commune de Montarnaud, il a vu rouge ! C'était lors de la douzième étape entre Toulouse et Montpellier. Les émeutiers voulaient la tête de Georges Frêche, qui aurait – au dire du présentateur télé – échappé au barrage caché dans le coffre d'une voiture… Chancel, participant au déblayage, a pris un projectile sur le nez (une grosse pierre probablement). Diagnostic du médecin du Tour, le Dr Gérard Porte : « Double fracture du nez, tu dois être opéré ce soir à Montpellier ! » Arrivé à l'hôpital, les anesthésistes demandent à Chancel : « Anesthésie locale ou générale ? » Réponse du présentateur sous forme de question : « Quelle est la différence ? » – « La différence : générale, vous restez trois jours à l'hôpital ; locale, vous sortez tout de suite après l'opération. » Chancel a choisi l'anesthésie locale et a présenté l'émission avec le visage tuméfié pendant quelques jours en héritant du surnom de « Nez de cuir »…

Jacques Chancel entouré de Bernard Pivot (à gauche) et Lino Ventura (1986).

COUPS DE CŒUR

ÉRIC ANTOINE

Magicien-humoriste

FIGNON : UNE TRISTESSE QUE JE N'AI TOUJOURS PAS DIGÉRÉE

Pour beaucoup, le Tour de France c'est du bonheur, c'est de la joie partagée pendant l'été, c'est une grande fête pleine de musique et de couleurs. J'avais treize ans, je regardais en direct l'arrivée du contre-la-montre du Tour 1989 et Greg LeMond a battu Laurent Fignon de 8 secondes ! Pas grave que ce soit un Américain, mais une tristesse infinie quand Patrick Chêne a égrené les dernières secondes de ce Tour. La tristesse que j'ai éprouvée je ne l'ai toujours pas digérée...

CAROLE MONTILLET

Championne olympique de descente

LEMOND : J'ADORAIS SA POSITION SUR LE VÉLO

Une des bases de notre entraînement en équipe de France de ski, c'est le vélo. Mon Dieu que j'ai souffert dans ma région du côté de Grenoble avec ma bicyclette ! Et c'est sans doute pour ça que j'ai tant aimé le sourire et la décontraction du champion américain Greg LeMond. Il est très vite devenu mon chouchou. Comme tout le monde, j'ai été déçue lorsque Laurent Fignon a perdu son Tour en 1989, mais au fond de moi, voir Greg LeMond éclater de joie au micro de Jean-Paul Ollivier sur la ligne d'arrivée a été un grand moment... Je me souviens encore de cette photo. Ça doit ressembler à un podium olympique, une victoire comme ça !

LES CLÉS POUR COMPRENDRE

Les atouts de LeMond

Au moment d'aborder ce soixante-seizième Tour de France, l'Américain jouit d'un potentiel physiologique hors normes (une VO2max de 92,5) qu'il n'a de cesse d'optimiser : avec Look, un cadre carbone et des pédales automatiques ; avec SRM, le premier capteur de puissance embarqué... LeMond essaie tout ce qui peut s'inventer, et le moins que l'on puisse dire, c'est que ça paie ! Dernière découverte en date : un prolongateur positionné sur le guidon. Une idée empruntée au monde du triathlon.

Le matin de la cinquième étape, un contre-la-montre de 73 kilomètres entre Dinard et Rennes : l'Américain part rouler avec son coéquipier, Jaanus Kuum. Lui avec un casque fermé et son guidon de triathlète, Kuum sur un vélo plongeant traditionnel, avec ses « cornes de vache ». Leur entraîneur remarque alors qu'à partir de 50 km/h, Kuum ne parvient plus à rester dans la roue de LeMond. Plus profilé, plus aplati, plus regroupé : avec sa position originale pour l'époque (et non réglementaire), les scientifiques estiment que LeMond a réduit de 18 % la résistance de l'air (qui mobilise sur le plat 90 % de la force d'un coureur) et a donc pu consacrer son énergie à rouler plus vite (théoriquement 35 km/h sur route parfaitement plane). Sur l'ensemble des 138 kilomètres de chrono de ce Tour, un avantage estimé par Fignon à 2' 18". Huit secondes de trop – 82 mètres au bout de 3 285 kilomètres de course – dont on se souviendra pour l'éternité...

Laurent Fignon (à gauche) et Greg LeMond sur le podium final à Paris.

Le Tour 1989 à LeMond pour seulement 8 secondes

« Ah ! mais je vous reconnais : vous êtes celui qui a perdu le Tour pour huit secondes !
– Non, monsieur, je suis celui qui en a gagné deux. »

Réflexion rapportée par Fignon dans sa biographie, symbole d'un Tour 1989 imprimé dans la mémoire collective pour le duel homérique que se sont livré Fignon et LeMond. Avec, comme dans tout bon film à suspense, un dénouement spectaculaire dans les ultimes secondes du contre-la-montre Versailles-Paris...

Vainqueur du Giro et redevenu le coureur qu'il aimait être, Fignon pensait que ce serait sa dernière occasion de remporter le Tour. Les faits le prouvent. Lemond revient au top après une grave blessure de chasse. Le duel démarre dès le prologue ; ils sont deuxièmes ex aequo. Ce Tour 1989 sera dans les grandes lignes une lutte sans merci entre un LeMond dominateur dans les contre-la-montre et un Fignon à l'attaque dans la montagne.

Tous les moyens sont bons pour gagner, y compris le matériel. LeMond introduit le guidon de triathlète, une innovation (non réglementaire à l'époque, avec ses quatre points d'appui au lieu de trois) permettant de mieux profiler la silhouette lors des contre-la-montre en posant les coudes sur le cintre. Ni Guimard ni Fignon ne déposèrent de réclamation. Pourtant, malgré les efforts physiques et tactiques qu'ils déployèrent en montagne, Fignon est persuadé que c'est cet avantage technique utilisé par l'Américain qui l'a empêché de remporter sa troisième Grande Boucle.

Le Tour de Fignon bascule à Aix-les-Bains, à deux étapes de Paris, où il se découvre une induration à la selle. Il souffre terriblement et tente de cacher son anxiété. Nuit blanche, dernier jour, dernière étape, Versailles-Paris, un contre-la-montre de 24,5 km. Fignon écourte son entraînement, il lui est impossible de s'asseoir. Les pièces du puzzle tragique s'assemblent. Fignon sait qu'il ne doit pas perdre plus de 2 secondes par kilomètre. Guimard lui annonce pourtant que c'est ce qu'il perd, les secondes s'égrènent. Il est à fond, en apnée. Il passe la ligne avec 58 secondes de retard et s'écroule pour reprendre son souffle. « Tu as perdu, Laurent. » Oui, et pour 8 secondes seulement !

LE PETIT PLUS

Les plus petits écarts de l'histoire du Tour

- **8 s :** Greg LeMond – Laurent Fignon (1989)
- **23 s :** Alberto Contador – Cadel Evans (2007)
- **32 s :** Óscar Pereiro – Andreas Klöden (2006)
- **38 s :** Jan Janssen – Herman Van Springel (1968)
- **40 s :** Stephen Roche – Pedro Delgado (1987)
- **48 s :** Bernard Thévenet – Hennie Kuiper (1977)
- **54 s :** Christopher Froome – Rigoberto Urán (2017)
- **55 s :** Jacques Anquetil – Raymond Poulidor (1964)

EN CHIFFRES

54,545 km/h

la vitesse moyenne de Greg LeMond
Un record toujours invaincu depuis
sur les contre-la-montre du Tour

Motorola introduit les oreillettes

Les oreillettes (en 1990), comme les prolongateurs de guidon utilisés en triathlon (en 1989, avec Greg LeMond), ont été des innovations introduites par les Américains sur les routes du Tour. Une sorte de mini-révolution industrielle – en caricaturant – apportée par les jeunes loups au milieu d'une bergerie ronronnante, qui ne s'était jamais vraiment remise en question.

Conversation au sommet pour Sky, avec Chris Froome et Richie Porte (2013).

À l'époque, pour communiquer avec son « DS » (le directeur sportif), il fallait soit se laisser glisser à l'arrière du peloton, soit attendre le dîner du soir. Dans ce contexte, Motorola, le leader américain de télécoms, sponsor d'une équipe de coureurs aux dents longues (parmi lesquels Sean Yates, George Hincapie et Lance Armstrong), faisait un bond vers le cyclisme du futur...

Bien inspiré, Armstrong en fera bon usage en particulier ce fameux jour de juillet 2001 où, au pied de l'Alpe-d'Huez, l'Américain toisa Ullrich du regard avant de décoller telle une fusée vers les étoiles. Johan Bruyneel avait laissé entendre sur les ondes (parce que les DS s'espionnent mutuellement via les radios d'équipes) que son cosmonaute était asphyxié. Crédule, la Deutsche Telekom avait mis ses soldats « à la planche ». En réalité, Armstrong avait dupé tout le monde...

Aujourd'hui, on accuse les oreillettes de tous les maux, et surtout d'aseptiser le Tour de France... Les détracteurs reprochent aux DS de piloter des coureurs robotisés, privés de tout instinct, mais aussi de provoquer des situations de stress à l'approche de zones stratégiques du parcours, comme - selon le témoignage de Thomas Voeckler à l'époque - la mémorable chute massive à 25 km de Metz lors de la sixième étape du Tour 2012. L'image de Chris Froome pinçant son maillot en parlant est devenue un gimmick...

Les organisateurs du Tour n'ont pas manqué d'initiatives pour redonner un peu d'authenticité à la course, en 2009 par exemple, en proposant deux étapes sans oreillettes. Mais une fronde des coureurs, pilotée en coulisses par Bruyneel, pétition à la main, dépouillant la dixième étape (Limoges – Issoudun) de tout intérêt sportif, avait obligé ASO à renoncer au second test prévu entre Vittel et Colmar. Fin 2018, le spectacle offert par le Mondial d'Innsbruck disputé sans oreillettes et sur un parcours rarement aussi exigeant (4 670 mètres de dénivelé positif) a peut-être marqué un point !

COUP DE CŒUR

PATRICK POIVRE D'ARVOR

Journaliste / Présentateur des JT de TF1 (1987-2008)

À BAS LES OREILLETTES !

Vive la Bretagne car mes champions de cœur resteront pour toujours Robic, Bobet et Hinault. En revanche à bas les oreillettes, on en a assez de voir les directeurs sportifs piloter les courses, décider des tactiques comme les généraux des armées napoléoniennes qui envoyaient la cavalerie ou l'artillerie à l'assaut.
Vive les audacieux ! Vive les coups de bluff ! Vive les initiatives qui font exploser le peloton !
En 2019, en particulier, on a vécu un Tour formidable grâce à un audacieux. Une sorte de d'Artagnan, un petit coq sortant ses ergots et dominant la course. Quel bonheur de voir le Français Alaphilippe déjouer tous les pronostics et se retrouver en jaune. Cocorico ! N'ayons pas peur des mots.
On le savait en forme, mais pas au point de faire douter les meilleurs. Personne n'aurait misé un kopeck sur ce petit coq qui nous a ravis pendant le mois de juillet, pas de calcul, juste de l'audace...

Thierry Marie : 234 kilomètres en solitaire

Je vous salue, Marie ! Votre gentillesse, votre dévouement, votre dévotion pour la grand-messe de la petite reine ont fait de vous un grand homme, cher Thierry ! La grand-messe, oui, car il n'y a nul autre endroit que les routes du Tour de France pour célébrer la beauté d'un sport si dur et si populaire.

Cher Thierry, durant ces 234 kilomètres seul, un pèlerinage, vous en avez eu du temps pour vous recueillir et divaguer. Mais votre bonhomie n'était jamais très loin, vous avez même chanté à tue-tête « J'irai revoir ma Normandie » pour la caméra de Pierre Lepetit, sur sa moto ! Il faut bien un petit grain de folie pour se lancer dans une aventure comme celle-là. Imaginez : nous sommes le 11 juillet, la Lune éclipse le Soleil au Mexique et Thierry Marie éclipse le peloton.

Vainqueur à Lyon du prologue (dont il s'est fait une spécialité) et maillot jaune d'un jour, Thierry Marie rêve de porter ce maillot à travers la Normandie, sa terre natale. C'est un rouleur puissant, fidèle équipier de Fignon, de Rué et de Leblanc. S'il n'a pas eu le palmarès qu'il méritait, il reste l'un des rares coureurs à avoir porté les maillots de leader des trois grands Tours.

Ce jeudi matin, Thierry Marie se mêle au sprint intermédiaire (kilomètre 25) puis se retourne : il a fait le trou (normand) ! « Je me suis retourné et j'ai vu Bernard Hinault faire un geste mimant la folie, mais je pensais que le public normand méritait cet exploit. » Il poursuit son effort, tête dans le guidon pour 234 kilomètres de raid solitaire. Son avance culmine à 22 minutes, pour s'épuiser à 1' 54" à l'arrivée. Il reprend le maillot jaune, et Patrick Lemoine titre pour *L'Équipe* : « Marie chez les géants. »

Un effort coûteux cependant, selon Guimard, son directeur sportif : « Il faut trois jours pour récupérer après un tel effort. » La preuve, Thierry Marie perd plus de 5 minutes au contre-la-montre le surlendemain. Cette échappée reste à l'heure actuelle la deuxième plus longue de l'histoire du Tour. Record toujours détenu par Albert Bourlon, 253 kilomètres en 1947, avec 16' 30" d'avance. Et l'on doute qu'avec le Tour des temps modernes, on puisse renouveler ce genre d'exploit.

Thierry Marie lors de la 6e étape, entre Arras et Le Havre.

LE PETIT PLUS

Les plus grandes échappées solitaires

- **253 km :** Albert Bourlon / 14e étape (Carcassonne – Luchon) / 1947
- **234 km :** Thierry Marie / 6e étape (Arras-Le Havre) / 1991
- **223 km :** José Pérez-Francés / 11e étape (Ax-les-Thermes – Barcelone) / 1965
- **222 km :** Bernard Quilfen / 14e étape (Besançon – Thonon-les-Bains) / 1977
- **214 km :** Maurice Blomme / 12e étape (Saint-Gaudens – Perpignan) / 1950
- **205 km :** Pierre Beuffeuil / 21e étape (Montluçon – Orléans) / 1966
- **200 km :** Marcel Dussault / 10e étape (Bordeaux – Pau) / 1950

COUP DE CŒUR

JEAN-LOUIS BORLOO

Ancien ministre d'État

« DE L'AUDACE, ENCORE DE L'AUDACE, TOUJOURS DE L'AUDACE » DISAIT DANTON

Je veux rendre hommage aux audacieux, aux francs-tireurs qui s'échappent du peloton en ne respectant aucune consigne tactique : hommage aux baroudeurs !
Petite pensée pour Albert Bourlon qui détient toujours le record de la plus longue échappée, mais grand coup de chapeau pour un garçon particulièrement sympathique, au sourire éclatant, qui a porté le maillot jaune 2 jours seulement : Thierry Marie.
En 1991, il réussit à résister au peloton pendant 234 km, je m'en souviens bien car la veille, le Tour est arrivé dans ma ville à Valenciennes. Le Danois Sorensen, en jaune, était tombé et s'était cassé la clavicule. Le lendemain, la 6e étape c'était Arras - Le Havre et l'audace de Thierry Marie avait payé.
Pour cela je vous salue Marie !

L'équipe PDM quitte le Tour

C'est l'histoire d'une hécatombe, l'une de celles dont le sport et l'histoire du Tour se seraient bien passés. Le Tour 1991 part de Lyon, où l'équipe PDM présente une sélection de quatre Hollandais, deux Allemands, deux Irlandais et un Mexicain. Elle fait depuis quelques années partie des équipes fortes, capables de remporter à la fois des classiques et des grands Tours.

Le 15 juillet, le Tour est en Bretagne (dixième étape) après un crochet par la Champagne, la Picardie et la Normandie. Uwe Raab (39,5 °C de fièvre) signe la feuille de départ puis retourne se coucher. Nico Verhoeven ne prend pas le départ. Martin Earley et Jean-Paul Van Poppel abandonnent. Falk Boden arrive hors délais. Les coureurs présentent tous les symptômes d'un syndrome grippal : fièvre, fatigue intense, troubles digestifs, fréquence cardiaque accélérée, douleurs dans les muscles et les articulations. Van Poppel, avec 40 °C de fièvre, s'était couvert comme pour une sortie hivernale (deux maillots à manches longues, une veste en Gore-Tex®) alors qu'il faisait 20 °C ! « Malgré tout ça, je n'arrivais pas à me réchauffer. J'étais au pôle Nord. » Les quatre autres (Breukink, Alcalá, Kelly et Van Aert) passent une sale nuit. L'équipe PDM se retire le 16 juillet. Les analyses sanguines révéleront un taux de globules blancs élevé : une probable infection virale.

La presse est perplexe. L'entourage de l'équipe fait de l'intox, invoquant des causes tirées par les cheveux. Breukink déclare un mois après que les coureurs avaient été contraints de mentir.

Martin Earley fait ses valises après la 10e étape entre Rennes et Quimper.

L'histoire raconte que les malheurs de PDM proviennent de l'injection d'Intralipides® (pour reconstituer les stocks énergétiques) dont la solution aurait été infectée car conservée à température ambiante. Ce genre d'injection camoufle la prise de produits dopants (agents anabolisants). D'autres sources expliquent que l'ingestion massive d'EPO pouvait s'accompagner d'un syndrome grippal (voire, pis, d'embolie). À l'époque, les dopeurs à l'EPO ne se fixaient aucune limite sur les doses, et les cobayes pouvaient en payer le prix fort. En résumé, cette année-là, le problème des PDM, c'était « pas doser les médicaments ».

1991

DJAMOLIDINE ABDOUJAPAROV, JOHAN MUSEEUW, DIMITRI KONYSHEV

Abdoujaparov dans le décor

« Je suis prêt à tout mais pas à mourir. » (Johan Museeuw, bousculé par Djamolidine Abdoujaparov lors du sprint de Reims sur l'édition 1991). Cette phrase résonnait comme une alerte à propos des risques pris par l'Ouzbek ; 3 914 kilomètres de sueur et c'est la saveur du bitume qu'Abdou retiendra de ce Tour-là. « L'express de Tachkent » (c'est son surnom) a failli ne jamais arriver à quai.

Djamolidine Abdoujaparov (maillot vert à gauche) lors du sprint final sur les Champs-Élysées.

Le matin de la dernière étape, avec 316 points au classement par points, l'Ouzbek est bien parti pour être le premier maillot vert soviétique, c'est-à-dire le sprinteur le plus régulièrement à l'avant de la course pour grappiller des points aux sprints intermédiaires et aux arrivées d'étapes. Abdou est âgé de vingt-sept ans et pro en Europe occidentale depuis un an. Coureur puissant, véloce, il n'a pas froid aux yeux – façon de parler – mais sa fougue agace autant qu'elle effraie dans le peloton...

« Si vous voulez gagner, vous devez prendre tous les risques. » Dixit Djamolidine.

Les coureurs partent de Melun pour le désormais traditionnel sprint des Champs-Élysées. Dernière traversée de la place de la Concorde, les coureurs roulent à vive allure, grand plateau, les mâchoires serrées. Abdou mène sur le flanc droit du peloton, il fonce à plus de 60 km/h, tête baissée, et ne la relève que par instants. À 200 mètres de la ligne, il se déporte dangereusement sur le bord droit de la chaussée et vient heurter un plot publicitaire et les balustrades, qui le catapultent violemment au sol. Désolidarisé de son vélo, il part en roulé-boulé, puis glisse sur le dos avant, enfin, de s'arrêter. La course vient de se finir pour lui à 100 mètres de la ligne, le succès lui a échappé d'un souffle. C'est un autre Soviétique qui lui volera la victoire mais pas la vedette !

Patrick Chêne commente la scène pour Antenne 2, sur un plan de face et des images aériennes qui témoignent de la violence du choc : « Chuteeee ! Chute Terriiiible ! Chute extraordinaire et terrible ! Konyshev ! Victoire de Konyshev ! Et chute très très dure ! Abdoujaparov qui est tombé. »

C'est soutenu par les médecins que l'Ouzbek franchira la ligne un quart d'heure après le peloton. Il remportera neuf étapes du Tour, sept de la Vuelta et une du Giro.

FOCUS

Djamolidine Abdoujaparov

Abdou s'est forgé un beau palmarès sur les courses par étapes en collectionnant les classements par points sur les trois grands Tours. Son palmarès en résumé :

- Champion d'URSS (1987)
- Tour de France : classement par points (maillot vert 1991, 1993 et 1994), 9 victoires d'étapes
- Giro : classement par points (1994), 1 victoire d'étape
- Vuelta : classement par points (1992), 7 victoires d'étapes
- Gand-Wevelgem 1991

NAISSANCE D'UN ATTAQUANT

L'éclosion de Richard Virenque à Pau

Le matin du 6 juillet 1992, un jeune néopro fraîchement débarqué sur le Tour de France (il était en balance pour la dernière place dans l'équipe RMO) se confie à Philippe Le Gars, journaliste de *L'Équipe* : « Tu sais ce qui me plairait vachement ? Participer au moins une fois à l'émission de Gérard Holtz, après l'arrivée de l'étape. Tu pourrais pas me pistonner pour que je sois invité ? »

COUP DE CŒUR

LIANE FOLY

Chanteuse

RICHARD « CŒUR DE LION »

Toute mon enfance a été bercée à la maison par le vélo et la musique. Mon papa Alphonse était passionné. Il a même fait quelques courses en amateur en Algérie. Il connaissait tout sur le Tour et les champions avec une préférence marquée pour Raymond Poulidor. C'est mon papa qui m'a initiée aux subtilités de la course. Pas besoin de m'expliquer les tactiques encore aujourd'hui car le vélo faisait partie de notre vie. Mon coup de cœur ces dernières années avait été Richard Virenque, Richard « Cœur de Lion » dont la fougue et l'audace ressemblaient à celles d'un artiste qui entre en scène. Non seulement il voulait gagner, mais il voulait aussi conquérir le cœur du public. Vive Richard !

Un brin flambeur (il se paie une Porsche dès ses premières années de pro) et le cœur sur la main (prêt à donner ses primes du Tour 1994, 250 000 francs, au bénéfice des victimes du génocide rwandais). Richard « Cœur de Lion », c'est surtout du panache ! C'est ce cyclisme tout feu tout flamme, presque disparu, où, pour des rêves de jaune ou de pois rouges, de gloire et d'argent, on était capable de partir à l'abordage, quoi qu'il en coûte. Virenque éclate aux yeux du grand public ce 6 juillet 1992, et pas besoin de piston pour passer à la télé ! Deuxième étape San Sebastián – Pau (255 kilomètres).

Virenque s'échappe seul au kilomètre 30, il est rejoint 25 kilomètres plus tard par Dante Rezze (son coéquipier) et l'Espagnol Javier Murguialday. Au sommet du col d'Ispéguy, les trois comptent jusqu'à 22 minutes d'avance. Au pied du col de Marie-Blanque, le retard du peloton a fondu à 11 minutes. Rezze se relève, Virenque passe au sommet avec 15 secondes d'avance sur Murguialday. Les deux finissent l'étape ensemble et unissent leurs efforts, chacun pour son intérêt : à Virenque les trois maillots (jaune, vert et à pois), et à Murguialday la victoire d'étape. Cohue indescriptible autour de Virenque à l'arrivée. Les caméras, micros et appareils photo assaillent le petit Français, qui est profondément submergé par son émotion, et vient le raconter dans *Vélo Club*.

Jour de gloire de Richard Virenque, qui, dès le lendemain, fatigué, laisse son beau maillot jaune à son coéquipier Pascal Lino. Mais qu'importe au fond, Richard a semé les graines de la « Virenquemania » : ce sera lui le chouchou pendant douze ans !

Richard Virenque entre Saint-Gervais et Sestrières.

Jalabert et Nelissen KO à Armentières

Le 3 juillet 1994, le Tour arrive à Armentières, et Philippe Bouvet écrira le soir même dans les colonnes de *L'Équipe* : « Ce ne sont pas que les risques du métier. » Un virage manqué en montagne, un sprint où ça « frotte » (et certains, comme l'Ouzbek Abdoujaparov ou le Slovaque Sagan, ont une belle réputation dans le domaine), un rétrécissement de chaussée, un îlot directionnel, une flaque d'huile : les occasions de goûter au bitume sont nombreuses.

Instantané de la chute : Laurent Jalabert (maillot rose de la Once) en plein soleil, Fontanelli au sol et le policier propulsé au milieu des coureurs.

Mais, dans le cas de Jalabert, la chute n'a rien à voir avec un sprint irrégulier. Il s'agit tout simplement d'un policier qui voulait prendre une photo pour un spectateur ! Le représentant des forces de l'ordre s'est avancé imprudemment sur la chaussée, provoquant en direct l'une des images les plus spectaculaires de l'histoire du Tour.

Engagé dans le sprint massif en tête du peloton, Wilfried Nelissen, le champion de Belgique, est à 70 km/h. Tête baissée, il se déporte vers le bord droit de la chaussée. Lorsqu'il relève la tête, c'est trop tard. Il heurte le policier, qui rebondit contre la balustrade et se retrouve au milieu des coureurs. Jalabert, dans la roue du Belge, bascule sur un plot publicitaire. Joli soleil, et crépuscule de sa carrière de sprinteur.

« Jaja », casque de travers, souffre de plaies, de fractures maxillo-faciales et d'une commotion cérébrale ; il perd beaucoup de sang. De multiples interventions seront nécessaires, notamment pour réparer ses dents cassées. Plusieurs coureurs se retrouvent sur le carreau : Capiot, Gontchenkov, Fontanelli. Le policier s'en tire avec un enfoncement de la cage thoracique. Jalabert déclare au journal *L'Équipe* : « Cet épisode m'a marqué au fer rouge. J'en ai longtemps fait des cauchemars où je me retrouve dans le brouhaha avec le temps qui s'écoule et l'ambulance qui n'arrive jamais [...]. J'avais repris l'entraînement après six semaines d'arrêt, avec toujours mon appareillage à la mâchoire. Je ne mangeais que des purées, tout était mixé. Du coup, j'avais perdu 7 à 8 kilos, de la masse musculaire. »

Jalabert met six mois à s'en remettre et change radicalement sa façon de courir. Jusque-là finisher au tempérament agressif, inspiré par son modèle Bernard Hinault, il reviendra dès 1995 en coureur complet, numéro 1 mondial de 1995 à 1999, capable de gagner la Vuelta et de devenir champion du monde du contre-la-montre. Il finira même sa carrière comme baroudeur et maillot à pois des Tours 2001 et 2002 !

Indurain et son Espada en plein effort entre Huy et Seraing.

Le roi Miguel écrase tous les chronos

L'« Espada » est née pour Indurain. Ce vélo, conçu par Pinarello (avec le designer de Lamborghini, excusez du peu !) pour établir le record de l'heure à 53,04 km, sera interdit par la suite par l'UCI. Mais, sur le Tour 1995, lunettes intégrées au casque profilé, combinaison, cadre monocoque en fibre de carbone, on se croirait dans un film de science-fiction !

Et déjà en 1992, on entendait : « Indurain est d'une autre planète. C'est un extraterrestre », de l'aveu même de Gianni Bugno. Indurain, vainqueur du contre-la-montre autour de Luxembourg effectue les 22 premiers kilomètres à près de 57 km/h, profitant du vent de dos. Fignon (vingt-troisième à 6' 01") raconte : « Quand l m'a passé, il roulait à 53 à l'heure, dans le faux plat, avec vent de face. » Greg LeMond est incrédule face à cette performance et déclare à la presse : « Tu as vu son temps ? Comment a-t-il pu faire ça ? Je ne comprends pas comment il nous a mis 4 minutes, à Bugno et à moi ? »

José Miguel Echavarri, son directeur sportif, déclare à *L'Équipe* en 1992 : « Il est fait pour l'effort solitaire. C'est comme ça, c'est difficile à expliquer rationnellement. Sa position est naturelle, elle n'est pas le fruit de recherches aérodynamiques. Quand le guidon de triathlète est apparu, l a été de ceux qui s'y sont adaptés le plus vite. Il possède des qualités cardiovasculaires supérieures à la norme (28 bpm au repos), plus de force musculaire, de longs fémurs, comme beaucoup de champions avant lui. Miguel a, comment dire... un organisme un peu spécial, fait pour le vélo. »

Indurain, le « Chrono maître », est un immense rouleur. Il est de ces champions dont la carrière est marquée du sceau des grands Tours. Et ce n'est que sur son septième Tour que le « porteur d'eau » de Delgado fait parler son talent pour entamer un règne sans partage pour cinq ans. Il remportera tous les contre-la-montre individuels du Tour, de 1991 à 1995, sauf deux. Echavarri, qui a façonné sa carrière, lui recommandera de courir comme Anquetil : dominer en contre-la-montre individuel et contrôler en montagne. Et un jour, c'est en montagne qu'il va craquer...

LE PETIT PLUS

Les victoires d'Indurain en contre-la-montre

Solide en montagne, Miguel Indurain a bâti ses 5 victoires du Tour de France grâce à une puissance phénoménale déployée en contre-la-montre, flirtant et parfois dépassant même la moyenne de 50 km/h ! Ses victoires à Blois en 1992 et à Bergerac en 1994 font partie des dix contre-la-montre les plus rapides de l'histoire. Voici ses dix victoires dans les chronos du Tour :

- 1991 : Argentan-Alençon (73 km)
- 1991 : Lugny-Mâcon (57 km)
- 1992 : Saint-Sébastien (prologue 8 km)
- 1992 : Luxembourg-Luxembourg (65 km)
- 1992 : Tours-Blois (64 km à 52,349 km/h)
- 1992 : Le Puy du Fou (prologue - 6,8 km)
- 1993 : lac de Madine (59 km)
- 1994 : Périgueux-Bergerac (64 km à 50,539 km/h)
- 1995 : Huy-Seraing (54 km)
- 1995 : lac de Vassivière en Limousin (46,5 km)

COUPS DE CŒUR

THOMAS VOECKLER

Quatrième du Tour 2011, 2 fois champion de France (2004, 2011)

INDURAIN, LE CHAMPION ABSOLU

Ma première image du Tour de France, c'est Miguel Indurain en jaune en tête du peloton. Ma famille m'avait emmené en Lorraine sur le bord de la route, je faisais encore à peine du vélo à l'époque, et nous avons vu passer le peloton, presque au ralenti. Menant la danse, les équipiers de la Banesto, et au milieu d'eux, comme un roi majestueux Miguel Indurain... Cinq victoires dans le Tour de France !
Alors dès que je me suis mis au cyclisme j'ai voulu le copier, même si, physiquement, nous sommes très différents. J'ai acheté des lunettes, des chaussettes, tout pour ressembler à mon roi ! Il y avait chez lui une impression de puissance, de domination. Calme mais incontournable. pour moi c'était le champion absolu.
Je ne fais jamais de photos avec les vedettes mais j'ai croisé Miguel à Pau, il y a trois ans, et évidemment j'ai craqué : j'ai demandé une photo à mon idole comme un gamin. Muchas gracias Miguel mon modèle !

PATRICE LAFFONT

Présentateur TV / Cmédien

LE ROI-SOLEIL

Je vous parle de Miguel Indurain, le bel hidalgo. Une classe époustouflante sur le vélo et une puissance à nulle autre pareille. Son aisance dans les contre-la-montre avec la fameuse Espada, qui ressemblait à une Formule 1, lui a permis de dominer la plupart de ses adversaires. En 1995 en particulier, si mes souvenirs sont exacts : il gagne deux étapes, ce sont les deux contre-la-montre individuels en Belgique d'abord et au lac de Vassivière ensuite. 1995, c'est l'année de multiples événements : l'orage énorme de Saint-Brieuc qui cause la chute de Chris Boardman et permet à Jacky Durand de se retrouver en jaune. Ensuite la victoire de Laurent Jalabert le 14 juillet à Mende et 4 jours plus tard le drame de la mort de Casartelli l'Italien dans la descente du Portet-d'Aspet. Cette année-là, Indurain a dominé Bugno, Virenque, Rominger, Pantani, Ullrich, Zulle. Le bel hidalgo entre dans l'histoire avec une cinquième victoire consécutive dans le Tour de France.

VETTA
Banesto
Banesto
Banesto
ELLO
ITM
Miguel Indurain

FABIO CASARTELLI,
DANTE REZZE,
LANCE ARMSTRONG

MACABRE DRAME SUR LE MACADAM

Casartelli se tue dans le Portet-d'Aspet

Kilomètre 34, dans la descente du col du Portet-d'Aspet, le 18 juillet. Il est 11 h 50. Un coup de frein terrible, crissement de pneus, klaxons, cris, et Radio Tour, qui équipe toutes les voitures, annonce et répète : « Chute dans le peloton ! Attention à l'arrière, plusieurs coureurs touchés. »

Gérard Porte auprès de Fabio Casartelli dans la descente du col du Portet-d'Aspet.

Avec mon ami Jean-François Guiborel, qui pilote notre auto, nous sommes juste à l'endroit de l'accident, à quelques mètres, et la scène est horrible : dans un virage, des coureurs se sont accrochés à 60-70 km/h. Impossible d'éviter la chute. Ils gisent sur la route.

Dante Rezze, le plus chanceux, est passé par-dessus les bordures de la route en ciment, la tête la première vers le ravin, entre les rochers et les arbres. Blessé mais vivant, il appelle à l'aide. Il est à 10 mètres sous la route. Claude Eymard, mon confrère de France Télévisions, l'aide à remonter sur le macadam avec Gérard Nicolet, médecin. Je relève Johan Museeuw, qui va repartir sonné et légèrement blessé. En revanche, à 2 mètres de nous : l'horreur...

Fabio Casartelli, le jeune champion olympique italien de Motorola, gît sur le côté, en position fœtale, la tête dans une flaque de sang. Les médecins sont déjà là, prêts à tout faire pour le sauver malgré la gravité de ses blessures à la tête. Gérard Porte, le médecin-chef du Tour, calme, précis, demande l'assistance d'un hélicoptère.

Fabio Casartelli est en train de mourir. Dans un virage, juste en dessous du lieu de l'accident, l'hélicoptère se pose. On emmène le malheureux. Son cœur s'arrêtera plusieurs fois pendant son transfert à l'hôpital de Tarbes. Malgré tous les soins qui lui sont prodigués, il est impossible de le sauver. Pendant ce temps-là, paradoxe de la vie, Richard Virenque est en train de réaliser un authentique exploit : il s'échappe à 121 kilomètres de l'arrivée et va gagner en solitaire à Cauterets...

Le lendemain du drame, entre Tarbes et Pau, après une minute de silence dans une émotion intense au départ, le peloton laissera les équipiers de Casartelli franchir la ligne d'arrivée en tête et au ralenti. Armstrong gagnera en son nom à Limoges, les deux doigts pointés vers le ciel. Cette année-là, comme l'a titré *L'Équipe* : « Le Tour est passé de la fête au drame. »

Il faudra encore attendre pour que le message monte enfin au cerveau des instances dirigeantes et que l'UCI décide dix ans après l'accident de Casartelli, de rendre obligatoire le port du casque sur les courses qu'elle organisait...

Jalabert gagne en solitaire à Mende !

Le puncheur finisseur revient sur le Tour 1995 après sa terrible chute à Armentières en 1994. Métamorphosé, il change de registre. Fini les sprints massifs, il mise sur ses qualités de rouleur (pour les contre-la-montre et les prologues) et d'attaquant.

Laurent Jalabert lève les bras à Mende.

Jalabert s'est même mis en tête qu'il va gagner ! « Pas dans les cols, non, déclare-t-il au journal *L'Équipe* quelques années après la fin de sa carrière, mais sur [son] terrain de prédilection, dans les étapes de moyenne montagne. » Et, symboliquement, il passera du maillot vert (1992, 1995) au maillot à pois (2001, 2002).

Vendredi 14 juillet 1995, Jalabert, en vert et contre tous, va lancer une grande offensive. Douzième étape, le Tour part de Saint-Étienne. Après 222 kilomètres de course, un Français se présente seul à Mende sur la ligne d'arrivée. Et quel Français ! L'un des plus beaux palmarès du cyclisme national, le meilleur coureur français des années 1990 : « Jaja », numéro un mondial durant cinq ans, champion du monde de contre-la-montre, vainqueur du Tour d'Espagne, de Milan-San Remo, du Tour de Lombardie, de la Flèche wallonne, de Paris-Nice, etc. La liste est longue !

Cette étape est une sacrée course de mouvements. Jalabert a des fourmis dans les jambes et tente une première fois de filer dans la côte de Saint-Maurice pour revenir sur Outchakov, le premier échappé du kilomètre 11. Cette côte scinde le peloton et rejette six coureurs Banesto dans un deuxième groupe : Indurain n'a que deux équipiers, et Jalabert en profite. L'échappée prend le large et s'étoffe. « Jaja » reçoit notamment le soutien de deux coéquipiers : Mauri (kilomètre 44) puis Stephens (kilomètre 69). L'avance culmine à 10 minutes, et « Jaja » est virtuellement maillot jaune.

Au bout de 198 kilomètres d'échappée, Patrick Chêne s'époumone en direct sur France 2. Notre cœur palpite : « Jaja » va le faire ! Casquette en arrière, maillot vert ouvert, il franchit la ligne les bras au ciel. Inoubliable ! Laurent vient nous rejoindre en famille sur le plateau de *Vélo Club* pour un vrai moment de bonheur. Après un nouvel exploit à Colmar en 2001, « Jaja » deviendra le quatrième Français à triompher deux fois un 14 juillet, après Pélissier, Anquetil et Thévenet.

Image inhabituelle : à cause des chutes de neige dans les Alpes, les coureurs font la majorité de l'étape à bord des voitures de leurs directeurs sportifs !

SALE TEMPS SUR LE TOUR

Le Tour zappe l'Iseran et le Galibier à cause de la neige

Lundi 8 juillet 1996 : le peloton du Tour se réveille à Val-d'Isère, après une journée de repos méritée. La station de la Tarentaise s'est parée d'un manteau blanc – 10 à 15 centimètres par endroits. La neige a commencé à tomber dans la nuit, alors que les jeunes de la caravane publicitaire sortaient du Club 21, où l'un des grands partenaires du Tour organisait une soirée.

Apprenant la fermeture de nombreuses routes dans la région, les organisateurs décapitent leur Tour 1996 en amputant l'étape de deux de ses cols mythiques. Et pour cause, au sommet de l'Iseran (2 770 mètres), il fait - 5 °C ; le Galibier (2 646 mètres), qui est au menu ensuite, est balayé par des rafales de vent de 100 km/h ! Des conditions dantesques pour un mois de juillet. La distance à parcourir passe de 189,5 km à 46 kilomètres. Restent au menu le Montgenèvre puis la montée vers Sestrières dans un sprint en montagne à la frontière entre la France et l'Italie.

Thierry Bourguignon, consultant pour RMC, raconte : « Les organisateurs nous ont fait monter dans les voitures pour gravir le col de l'Iseran. En bas, on s'est remis à se chauffer les jambes, prêts à partir. Puis il y a eu une décision de nous faire remonter dans les voitures puisque le col du Galibier était enneigé, avec aussi des plaques de verglas. Les organisateurs ne voulaient pas prendre de risques. C'était vraiment une tempête de neige en haute montagne. Les spectateurs nous ont traités de fainéants, mais faire du vélo dans ces conditions, c'est trop dangereux. »

La course reprend ses droits au Monêtier-les-Bains, à 15 kilomètres au nord-ouest de Briançon. L'étape, courte, est animée : Bjarne Riis tente un coup, il veut cueillir ses adversaires à froid en partant de loin. Berzin est lâché, Indurain et Rominger mènent la chasse. Riis, dit « Monsieur 60 % » (on lui a donné ce surnom dans le peloton en raison de son taux d'hématocrite élevé), remporte l'étape, et prend le maillot jaune jusqu'à Paris. Il avouera en 2007 s'être dopé à l'EPO pour gagner ce Tour. L'équipier modèle devenu une machine de guerre, on se demandait comment, on sait pourquoi !

Morzine : Virenque et Jalabert veulent leur part !

Maillots à pois et chouchous : coureurs d'attaque et de panache, Virenque et Jalabert ont tous les deux à leur époque conquis le cœur des Français. Virenque, sept fois meilleur grimpeur du Tour, tient beaucoup à sa cote de popularité… Mais Jalabert aimerait bien aussi avoir sa part du gâteau… Alors, escarmouches et étincelles ! Sur ce Tour 1997, les Alpes sont le champ de bataille des Festina et de Virenque. Ils veulent faire plier Ullrich à n'importe quel prix.

Jalabert, qui avait fini l'étape de Courchevel hors délais, mais repêché comme 92 autres coureurs, veut « se refaire la cerise » à Morzine. Il attaque dans le col de Tamié et se retrouve seul en tête. Roussel apprend par Radio Tour que son équipe mène grand train et demande à Pascal Hervé de descendre à la voiture. « C'est Richard, lui répond-il […] t'as qu'à voir avec lui ! » Roussel double le peloton et se met au niveau de Virenque. « Merde, à quoi vous jouez, Richard ? Ça rime à rien tout ça ! » Zéro réaction. Les Festina font chou blanc ce jour-là, et Jalabert, rattrapé puis largué, finira loin, très loin. Pour Roussel, première hypothèse, la lutte fratricide.

C'est le zénith de la « Virenquemania », et le chouchou des Français n'entend faire aucune concession sur ce titre. Pas à Jalabert, et encore moins en montagne sur le Tour ! Deuxième hypothèse, Virenque veut faire craquer Ullrich, mais « ce n'est pas en tirant uniformément sur une corde qu'elle rompt, mais en modulant ses efforts ». En faisant rouler son équipe, Virenque faisait au contraire le jeu d'Ullrich, l'aidant à protéger son maillot. Une impétuosité contre-productive.

« Jaja » et Richard connaissent en 2001 un passage à vide : Laurent pour un accident domestique (fracture de trois lombaires), puis Richard pour sa suspension liée à l'affaire Festina. Installés en Suisse, ils vont remonter la pente. Jalabert proposera à Virenque de s'entraîner ensemble. Et c'est sur le Tour 2001, durant l'absence de Virenque, qu'il va prendre sa succession pour le maillot à pois : quand le chat n'est pas là, les souris dansent ! La lutte, devenue sympathique, s'achèvera sur le Tour 2002 : victoire au Ventoux pour Richard, mais deuxième maillot à pois pour « Jaja », qui s'illustre dans les deux grandes étapes des Pyrénées.

Virenque et Jalabert s'épient lors de la 15e étape entre Luchon et Andorre.

RICHARD VIRENQUE,
JAN ULLRICH

Courchevel : Virenque a tout essayé

Dans les petites et grandes histoires du Tour, il y a aussi les petits et grands arrangements, qu'on ne connaît pas forcément. Virenque par exemple, coureur au panache solaire, a marqué l'histoire du Tour avec ses sept maillots à pois de meilleur grimpeur (record en cours) et ses grandes victoires (mont Ventoux et Saint-Flour entre autres), une carrière entre grands exploits et petits accommodements. Toutes les victoires n'ont pas le même prix.

Bruno Roussel, son directeur sportif chez Festina, le raconte dans son livre *Tour de vices*. Samedi 19 juillet 1997, non content de finir la veille deuxième du contre-la-montre de Saint-Étienne derrière Jan Ullrich, son rival, Virenque prend le pouvoir et déclare à ses coéquipiers : « Demain, on fait tout péter ! » Le matin du 20, Roussel décrit son réveil « horrifiant », à cause d'un sifflement diffus. Pour en avoir le cœur net, il entre dans une chambre : ses coureurs sont en train de rouler sur home-trainer !

Durant l'étape, l'équipe Festina fait exploser la course dès le premier col (Glandon) et bascule dans la descente. Le groupe de tête compte une vingtaine d'unités, dont huit Festina. Les coéquipiers de Virenque ont enflammé l'étape à tel point que les commissaires de course devront repêcher soixante-six coureurs. Roussel raconte à cette occasion que l'équipe se mettra le peloton à dos. Dufaux et Virenque sont à l'avant, Dufaux craque, et Riis ramène Ullrich sur Virenque.

Dans l'ascension vers Courchevel, Ullrich et Virenque sont seuls au milieu d'une marée humaine. Panache contre puissance. Les caméras sont témoins de palabres entre les deux coureurs. Roussel raconte que Virenque demande à Ullrich : « Tu me laisses gagner, O.K. ? » Ullrich accepte d'un « signe furtif ». Ullrich passe la ligne quelques mètres derrière sans lutter, Virenque lève le bras droit, l'index pointé vers le ciel. Le lendemain, un membre de l'équipe Telekom se présente au staff des Festina et demande 100 000 francs.

COUP DE CŒUR

ANNE-ÉLISABETH LEMOINE

Journaliste, présentatrice de C à Vous (France 5)

RICHARD : CŒUR DE LION

Je vais travailler à vélo et je sais que c'est un sport incroyablement exigeant. Grimper en particulier, escalader les montagnes est un exercice d'une difficulté inhumaine. Chapeau à tous les grands grimpeurs ! Vietto, Gaul, Bahamontes, Van Impe, Zoetemelk, Chiapucci, Pantani... Mais mon préféré, et de loin, c'est Virenque ! Je suivais les étapes rien que pour lui. Si le mot panache a un sens, c'est pour Richard « Cœur de Lion » ! Il tenait tête aux grands champions ! Je l'adorais ! Et le maillot à pois, qu'il a gagné sept fois, est de loin mon préféré !

LA PETITE HISTOIRE

Montbéliard, Richard et le lion

C'est anecdotique mais symbolique de se souvenir que Virenque, que l'on surnomme « Richard Cœur de Lion », a déposé les armes après de belles batailles lors de ce Tour 1997 dans la cité même où, 150 ans plus tôt, les frères Peugeot ont confié à Justin Blazer, orfèvre et graveur, la création de l'emblème de leur marque : un lion !

LE PETIT PLUS

Nouvelle tentative quatre jours plus tard

N'ayant pas le morphotype d'un grand rouleur, Virenque ne pouvait espérer battre Ullrich que s'il réussissait à lui faire perdre pied en montagne. Seulement, à l'Alpe-d'Huez, il a fini 40 s derrière l'Allemand ; le lendemain, à Courchevel, roue dans roue, le maillot jaune ne lui disputait pas la victoire (Bruno Roussel a expliqué pourquoi)... Mais le Varois ne s'avouait jamais vaincu, c'est certainement pour ça que les Français l'ont tant aimé !
Le petit moment de faiblesse d'Ullrich dans le col de la Croix (entre Morzine et Fribourg) n'était pas passé inaperçu et le Français espérait encore... Alors pourquoi ne pas tenter une dernière offensive entre Colmar et Montbéliard ? Virenque a donc lancé des Festina dans chaque échappée qui se formait pour pouvoir disposer de relais le moment venu.
Le Français allume une première mèche au km 47 dans le Grand Ballon, Casagrande, Escartin et Pantani l'accompagnent. Ullrich recule mais fait la jonction dans la descente après un gros travail d'Udo Bolts. Deuxième mèche, cette fois-ci mise à feu par Pantani dans le col du Hundsruck. Ullrich passe au sommet avec 31 s mais il n'a plus qu'un seul lieutenant autour de lui, son fidèle Udo Bolts. Il reste 90 kilomètres et le ballon d'Alsace se profile à l'horizon... Mais coup de théâtre aussi soudain que surprenant : Virenque se relève ! Incompréhensible !
La lecture du livre vérité du directeur sportif des Festina a révélé les dessous de cette histoire : après avoir acheté sa victoire 100 000 francs à Ullrich au sommet de Courchevel, Roussel raconte que Richard a proposé 10 000 francs seulement à Marco Pantani pour qu'il l'aide à creuser l'écart sur Ullrich lors de cette étape les menant à Montbéliard...

Virenque célèbre sa victoire d'étape à Courchevel, devant le maillot jaune Jan Ullrich.

Voet : l'homme par qui tout est arrivé

Il est bien connu qu'après un excès, le retour à la réalité est souvent très dur, par exemple après une soirée trop arrosée ou tout simplement pour un amour déçu... Ce fut le cas en France pour les passionnés de sport qui, le 12 juillet 1998, fêtaient la victoire de leur équipe black, blanc, beur en Coupe du monde de football puis, six jours plus tard, pleuraient le retrait de Virenque, alors qu'il était programmé pour enfin remporter le Tour de France.

Le collectionneur de pois, Richard « Cœur de Lion », avait fini le Tour 1997 à la deuxième place. Même si l'écart avec Jan Ullrich était immense, les Festina avaient fait le spectacle, virevoltant dans les étapes de montagne, attaquant l'Allemand et les Telekom de toutes parts. Les Festina avaient du feu dans les jambes, mais ils se sont brûlé les ailes. À force de vouloir « tout faire péter » presque tous les jours, ils ont commencé par se mettre le peloton à dos ; c'est ensuite le pouvoir politique (Marie-George Buffet, la ministre des Sports, en tête) qui, inquiet des dérives du dopage dans le sport de haut niveau, a voulu marquer le coup. Coupable idéal, Richard Virenque serait sacrifié pour l'exemple...

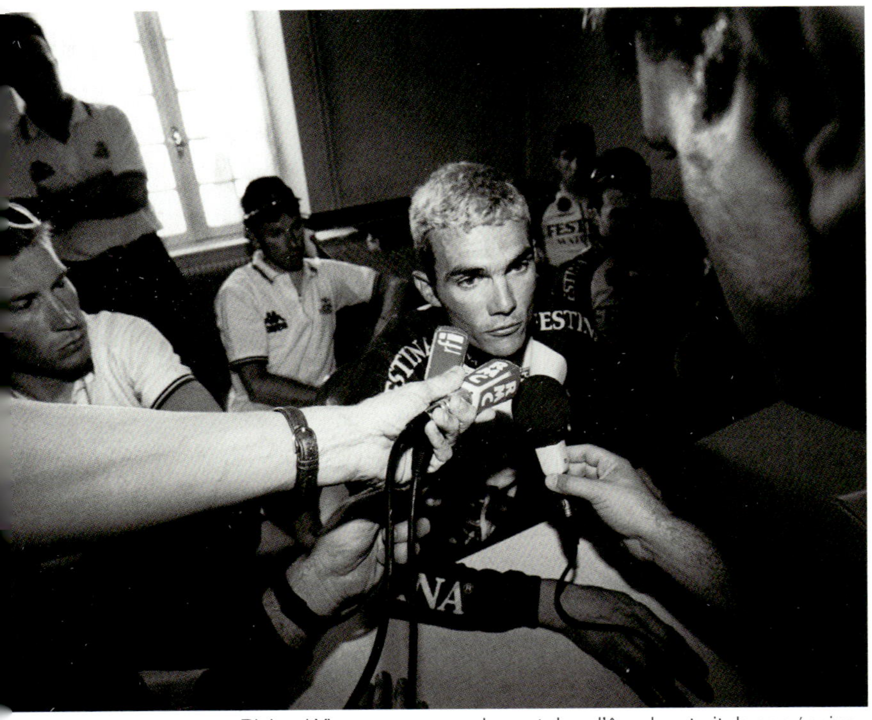

Richard Virenque annonce la mort dans l'âme le retrait de son équipe.

Et pour remonter à la star française, quoi de mieux que de prendre son ange gardien en « flag » ? Le mercredi 8 juillet 1998 à 5 h 40, Willy Voet, son soigneur et l'homme à tout faire de l'équipe, allait être interpellé à Neuville-en-Ferrain au lieu-dit Le Dronckaert. Un passage de la D78 qu'on appelle « la petite frontière » chez les trafiquants de la région.

Voet trafiquant ? Les enquêteurs se sont posé la question car, dans le coffre de la Fiat Marea décorée aux couleurs de l'équipe Festina, les douaniers avaient trouvé 235 ampoules d'EPO, 82 flacons d'hormone de croissance, 60 doses de testostérone, des amphétamines, des corticoïdes, des fluidifiants sanguins et des seringues. Des quantités bien au-delà de ce qui était nécessaire pour un simple Tour selon Bruno Roussel, le directeur sportif. Voet dealait-il avec d'autres équipes pour arrondir ses fins de mois ?

Comme le dit justement Bénabar en chantant, « c'est l'effet papillon : petite cause, grande conséquence »... Willy Voet (le soigneur) puis Bruno Roussel (le patron) et Éric Ryckaert (le médecin) vont tour à tour se mettre à table et raconter. Roussel et son staff avaient mis en place un système de dopage contrôlé à partir de 1994, pour empêcher leurs coureurs d'aller « bricoler à droite à gauche » et « éviter les accidents ». Une gestion concertée des approvisionnements où Voet, le transporteur, consignait chaque détail dans des petits carnets noirs qui allaient devenir des éléments essentiels du dossier.

On connaît l'histoire : après avoir résisté autant que possible face à l'inéluctable, le jour de la septième étape, Virenque rencontre le patron du Tour (Jean-Marie Leblanc) chez Gillou, un petit café-tabac de Gare-de-Corrèze, puis annonce en larmes à la presse le retrait de l'équipe. Moqué par *Les Guignols de l'info* pour être resté deux ans dans le déni malgré les preuves accablantes, il avouera son dopage le deuxième jour du procès... Virenque avait toujours refusé d'être le seul à écoper pour tout un peloton survitaminé.

Le peloton en grève !

Le 24 juillet 1998, le 20 heures de France 2 consacre près de vingt minutes en ouverture du journal sur le Tour, sujet qui, d'habitude, est traité en fin d'édition. Signe que le séisme est profond… Vingt ans après la grève de 1978 pour préserver leurs conditions de travail, les coureurs du Tour sont maintenant embourbés dans les turbulences médiatico-judiciaires de l'affaire Festina. Cette fois-ci, ils veulent préserver leur gagne-pain et leur honneur.

Marco Pantani en tête de la fronde lors de la 12e étape, entre Tarascon-sur-Ariège et le Cap d'Agde.

L'année 1998 marque un tournant dans l'histoire de la lutte contre le dopage et dans la relation entre les médias et le cyclisme. Si les journalistes sportifs ont pour mission de décrire et de décoder l'événement en direct, les confrères des rédactions (les JT en particulier) sont dans l'investigation, les coulisses. Ils découvrent l'omerta et veulent la briser. C'est ce qui dérange… Un reportage de France 2, le 23 juillet, va mettre le feu aux poudres. On découvre à Montauban une vraie pharmacopée masquante et dopante dans les poubelles de l'équipe italienne ASICS.

Alors, au départ de Tarascon-sur-Ariège, le 24 juillet, les coureurs posent le vélo. Les Français du peloton demandent à Jalabert, le champion de France, de prendre la parole. Au micro de France 2, il déclare : « On nous considère comme du bétail. Nous allons nous conduire comme du bétail. Les coureurs sont traînés dans la boue. Nous en avons ras-le-bol. Aujourd'hui, il n'y aura pas de vélo. » Après d'âpres négociations avec Jean-Marie Leblanc, le directeur du Tour, qui veut à tout prix maintenir la continuité de la course, les coureurs remontent en selle avec deux heures de retard. Agacé, Laurent Jalabert se lance, avec son frère Nicolas, dans une échappée suicidaire de 130 kilomètres.

L'affaire Festina fait tache d'huile, les médias et la police fouinent. L'équipe TVM, elle aussi, est visée par des perquisitions. Les équipes espagnoles, dont la Once de Laurent Jalabert, ne tarderont pas à se retirer du Tour. Et quatre-vingt-seize coureurs seulement iront cette année-là sur les Champs-Élysées. Le fait est rare, puisque la plupart des abandons n'ont aucun lien avec des chutes ou des soucis de santé.

Marco Pantani s'envole aux Deux-Alpes

C'est l'histoire d'un coureur au destin brisé par les excès du milieu, lui qui avait les qualités naturelles pour déployer ses ailes. Gabarit ultraléger fait pour la très haute montagne, mais piètre rouleur, hélas, Marco Pantani, ce missile sol-air, ce talent solaire, ne brille que par intermittence au sommet des grandes étapes de montagne.

Marco Pantani s'envole sous les orages pour gagner seul aux Deux-Alpes.

Une carrière en dents de scie, assombrie trop souvent par des affaires… L'Italien aux oreilles décollées – on l'appelait « Elefantino » dans son enfance – perce en 1994 : deuxième du Giro puis troisième du Tour. Premier arrêt-buffet dans sa carrière : une collision avec un chauffard lors du Milan-Turin 1995 lui cause une double fracture ouverte tibia-péroné. Passé chez Mercatone-Uno, Pantani revient troisième sur le Tour 1997 et gagne à l'Alpe-d'Huez. « Elefantino » devient alors « le Pirate », bouc et crâne rasé coiffé d'un bandana. Il poursuit sa fulgurante ascension en 1998 avec le doublé Giro-Tour.

Ce Tour 1998 est embourbé dans l'affaire Festina. Mais Pantani n'en a cure. Révélateur de son caractère, c'est à l'ancienne qu'il va remporter ce Tour, avec de grandes chevauchées en haute montagne. Acte I dans les Pyrénées : victoire au plateau de Beille. Acte II aux Deux-Alpes : parti à 5 kilomètres du sommet du Galibier, l'Italien prend 30 secondes par kilomètre à ses adversaires ! À l'arrivée aux Deux-Alpes, Ullrich perd près de 9 minutes ! Cette avance sera suffisante pour conserver le maillot jaune après le contre-la-montre du Creusot. Pantani fait désormais partie des rares champions qui ont réalisé le doublé Giro-Tour. Jusque-là, six coureurs seulement avaient réussi cet exploit : Coppi, Anquetil, Merckx, Hinault, Roche et Indurain. Contador et Wiggins courent encore après…

Seulement, les affaires de dopage vont briser l'Italien. Pris dans le blitz de San Remo (2001), Pantani devient un pestiféré du peloton. Il s'isole et sombre. Entre dopage et drogue, comme Frank Vandenbroucke, à force de jouer avec le feu, il meurt à petit feu dans la solitude et la drogue, à trente-quatre ans, des suites d'un œdème cérébral et pulmonaire, dans une chambre d'hôtel de Rimini.

COUP DE CŒUR

CHARLES BERLING

Comédien

CŒUR DE PIRATE

Mon héros c'est Marco… Pantani. Un homme et un coureur décalé. Un artiste, un romantique. Pas très élégant sur le vélo certes, mais un immense grimpeur et surtout une singularité qu'il assumait : « Je suis différent des autres. Essayez de me comprendre s'il vous plaît. » Et comme certains personnages hors norme, de James Dean aux poètes maudits, il va mourir jeune, seul, abandonné… et renaître aujourd'hui comme une idole adorée en Italie. Le « Pirate », pour moi, tient vraiment une place à part dans le vélo.

ISTVAN VARJAS,
LANCE ARMSTRONG,
GREG LEMOND

Varjas / Armstrong : l'hypothèse du vélo-moteur

Et si, face à Oprah Winfrey, dans son mea-culpa, Lance Armstrong n'avait pas tout dit… Et si l'EPO, les corticoïdes, les transfusions sanguines, n étaient que la partie émergée de l'ice cyborg… Et si, pour marcher sur la Lune, Armstrong avait trouvé le moyen absolument indécelable de devenir fusée… C'est l'hypothèse de Philippe Brunel, exposée dans son livre enquête, *Rouler plus vite que la mort*.

Au fil des pages, Brunel établit un parallèle troublant entre le survivant du cancer, champion prêt à vendre son âme pour le pouvoir, et Istvan Varjas, un brillant ingénieur hongrois qui raconte avoir abandonné une carrière prometteuse chez les amateurs parce qu'il ne voulait pas se doper. Reconverti dans le commerce du parfum, en secret, il allait se focaliser sur ses recherches en électromagnétique. Frustré et vengeur, Varjas était décidé à trouver le moyen de goûter à la victoire sans recourir au dopage chimique. Le dopage mécanique était son idée. Ce serait le projet de sa vie…

« Si un moteur électrique pouvait faire voler un drone de 6 à 7 kilos, alors pourquoi pas un vélo du même poids ? » Habité par son idée, Varjas se jette à corps perdu dans ses développements et fait façonner les pièces dans diverses usines, à Zurich, à Hambourg. 360 000 kilomètres de voiture en deux ans, du temps pour réfléchir… Le culte du secret, la nuit dans son atelier, pour assembler son puzzle, et la colline de Mecsek pour le tester… Le Hongrois parvient à miniaturiser son dispositif (la taille d'une grosse pile) et va vite comprendre qu'il suffit de 50 watts pour faire la différence mais aussi que – comble de l'ironie – le moteur impose une cadence telle qu'il faut se doper pour l'encaisser !

Assemblant son propre puzzle, Philippe Brunel nous livre que Lance Armstrong n'était en principe pas équipé pour dominer le peloton. Si l'on se fie aux vrais paramètres physiologiques du Texan, dévoilés par son ex-médecin, le docteur Ed Coyle, lors d'un congrès antidopage en 2001, l'Américain avait une VO2max de 78 et un taux d'hématocrite naturel à 41… Ce qui, en théorie, ne lui permettait pas de dépasser les 375 watts dans l'Alpe-d'Huez, là où on estime qu'il était à 475 watts ! Pour Greg LeMond, une partie du gap s'explique par le dopage, mais il subsiste 50 à 70 watts supplémentaires dont on ne pouvait scientifiquement expliquer l'origine.

La force, la cadence frénétique, la vitesse en montée, tout ramène au moteur de Varjas, d'autant plus que le Hongrois raconte avoir touché 2 millions de dollars sur un compte offshore contre son prototype et son silence pendant dix ans… C'était en septembre 1998, juste avant la première victoire d'Armstrong sur le Tour. Bizarre, bizarre…

Championnats du monde 2018 : contrôle du vélo de Remco Evenpoel aux rayons X.

Un moteur électrique saisi dans l'affaire Cyril Fontayne, coureur amateur pris en flagrant délit par Christophe Bassons (devenu contrôleur antidopage) en 2017.

Les fans de Richard entre Vannes et Vitré (2000).

COUP DE CŒUR

ALESSANDRA SUBLET

Présentatrice TV / radio

MON AMI RICHARD

Je voudrais me faire l'avocate de mon ami Richard Virenque. Il a été injustement critiqué, bafoué, caricaturé alors que, humainement, c'est un type exceptionnel, un vrai gentil ! Je suis sûre que sa marionnette dans les Guignols le saoulait. Trop de gens pensaient que cette marionnette, c'était le vrai Richard alors que dans la vie et sur son vélo, il s'est comporté comme un vrai champion. Exploit sur exploit en montagne. Alors évidemment sa réussite agaçait. Le dopage ? Il a avoué, mais qui ne prenait pas de produits à l'époque. Les fans de vélo ne s'y trompent pas, mon ami Richard est incroyablement populaire, je l'adore !

Richard Virenque aux *Guignols de l'info*

Début juillet 1998, le Tour de France est entré dans une période de turbulences qu'il n'avait jusque-là jamais connue. Les journaux télévisés et la presse s'en sont donné à cœur joie pour dénoncer les dérives d'un des sports les plus populaires de l'histoire. L'équipe Festina a servi de paratonnerre et Richard Virenque de condamné pour l'exemple…

Ses coéquipiers ont très vite avoué face aux preuves accablantes et à l'évidence d'un système de dopage massif organisé. Mais Richard a longtemps tenu une ligne de défense différente : pour lui, alors qu'il n'avait jamais été contrôlé positif, reconnaître cette vérité construite par les récits de son entourage signifiait se tirer une balle dans le pied car elle était synonyme de suspension immédiate. Virenque a donc longtemps nié s'être dopé intentionnellement…

Un contre-pouvoir médiatique, qui n'avait jusqu'à présent quasiment jamais parlé de vélo, s'est empressé de se jeter sur cette proie facile : *Les Guignols de l'info*, l'émission satirique phare de Canal+. Se servant de cette ligne de défense objectivement absurde puisque l'évidence était criante, ils ont choisi d'exagérer la naïveté et la force herculéenne du personnage, lequel se serait dopé « à l'insu de son plein gré ».

De nombreux échanges avec la marionnette de Patrick Poivre d'Arvor faisaient passer Virenque pour un personnage naïf et crédule, qui n'a pas mûri, qui prend tout pour argent comptant et notamment tout ce qu'il a entendu dans sa plus tendre enfance. À chaque fois le sketch se finit par une phrase de la marionnette de Richard : « Quoi ? On m'aurait menti ? Oh la la la la la la ! » Un gimmick devenu l'un des grands classiques des *Guignols* comme « Putain deux ans ! » de Chirac avant les présidentielles, le « Ah que coucou ! » de Johnny Hallyday ou encore le « Atchao bonsoir » de PPDA…

Il nous reste en mémoire un sketch aussi drôle que simple, sans paroles, avec juste des évocations suffisamment claires pour que l'on en comprenne le sens : on voit la marionnette de Richard en train de faire une sieste sur une plage de sable fin, un moustique passe par là (avec ce son très aigu de battements d'ailes qui nous agace tant quand on dort). Il le pique à l'orteil, pompe son sang puis repart comme Astérix après avoir bu sa potion magique : à fond les ballons ! Ses ailes font le bruit d'un moteur de tronçonneuse. Il renverse tout ce qui est sur son passage, parasols, transats, palmiers. Il exécute une rotation et revient au bruit d'un avion de chasse en transperçant une feuille de palmier ! Pendant ce temps-là, Virenque n'a pas esquissé le moindre geste et dort toujours paisiblement… Virenque racontera dans *Tout le monde en parle* chez Thierry Ardisson qu'il n'a pas tout aimé des *Guignols* mais que certains sketches l'ont faire rire. Il est fort possible que celui-ci en fasse partie !

ALEX ZÜLLE,
JACKY DURAND,
LANCE ARMSTRONG

Le peloton glisse dans le passage du Gois

Depuis 1903, le Tour de France est la rencontre du sport avec des paysages uniques et un peuple passionné, et sur le Tour 1999, les organisateurs réservent une surprise salée aux coureurs, dont certains ont dû se dire : « Quelle iodée ! »

La deuxième étape mène les coureurs de Challans à Saint-Nazaire. Ils doivent emprunter une « chaussée submersible », le passage du Gois, un lacet de pavés et de bitume de 4,5 km entre l'île de Noirmoutier et le continent (mentionné dès 1701 sur les cartes), noyé deux fois par jour à marée haute par une hauteur d'eau entre 1 et 4 mètres !

Les premières étapes d'un Tour sont toujours nerveuses. Les sponsors se défendent de mettre la pression sur leurs coureurs, mais en réalité les directeurs sportifs stressent leurs coureurs le matin au briefing dans le bus. Ils demandent aux équipiers de protéger leur leader, notamment en l'aidant à aborder les difficultés du parcours dans les meilleures places (les vingt premières). Mais ces places sont chères – on joue des coudes sur des routes étroites –, et les chutes sont fréquentes. Les risques du métier...

Kilomètre 80, passage du Gois, marée basse. Le public est massé le long des 4,5 km entre les eaux. Le spectacle du Tour et sa grosse machinerie arrivent. La caravane publicitaire, les partenaires, les journalistes... des centaines de véhicules. Le soleil, la foule, les hélicoptères, les motos images, la garde républicaine. Et... les coureurs. Le peloton s'étire sur le bord gauche de la chaussée pour s'abriter d'un fort vent de côté. La marée basse a laissé une fine pellicule de vase. Chaussée très glissante : la chute est inévitable. Les coureurs s'éparpillent, glissent, notamment sur les fesses, et créent un embouteillage qui retarde Zülle, désigné favori de ce Tour.

Armstrong, gros poisson, toujours bien placé, est passé entre les mailles du filet avec une quinzaine de coureurs. Il trouve des alliés de circonstance (équipes Once et Cofidis) pour creuser un gros écart (6' à l'arrivée) avec un peloton de cent quatre coureurs, où se trouvent Zülle, Brochard, Boogerd, Gotti entre autres. On donnait dorénavant la formule : « Un Tour ne se gagne pas au début, mais peut facilement se perdre. »

Le peloton sur le passage du Gois, lors de la 2e étape, entre Challans et Saint-Nazaire.

COUP DE CŒUR

JEAN-PAUL OLLIVIER

Journaliste (France Télévisions) - 32 Tours de France

UNE CHUTE MONUMENTALE

L'image du Tour que je garde dans mon disque dur, nous dit « Polo la science » (le surnom que j'ai donné à Jean-Paul Ollivier lorsque nous étions à l'antenne sur les routes du Tour), c'est le fameux passage du Gois et la chute monumentale du peloton cette année-là. J'étais sur la moto. Nous ne sommes pas tombés avec mon pilote mais ça a vraiment failli être une grande catastrophe... Le jeu des marées avait amené des algues sur la route et ce fut l'anarchie totale. Il y avait des coureurs partout. Je me souviens qu'un des directeurs sportifs en voiture a freiné si fort qu'il a glissé pendant quelques mètres et s'est arrêté à 3 centimètres de la tête de Jacky Durand !

9e étape : le décollage fulgurant de Lance Armstrong dans la montée vers Sestrières.

Armstrong écrase les grimpeurs à Sestrières

Ce Tour de France, dans les mots de Jean-Marie Leblanc, devait être celui du « renouveau ». Richard Virenque empêtré dans l'affaire Festina n'était pas « le bienvenu » mais il obtenait son ticket grâce à la mansuétude de l'UCI ; Marco Pantani, le vainqueur sortant, était absent après son exclusion du Giro pour un contrôle sanguin suspect... Le début du Tour 1999 se résumait à une succession de 7 sprints massifs, dont 4 victoires d'affilée de l'Italien Mario Cippolini. Et la suite ? Ce fut un one-man-show de l'étoile montante : Lance Armstrong.

Ressuscité après un cancer des testicules et des métastases jusque dans le cerveau, revanchard après avoir été « lâché » par l'équipe Cofidis, Lance Armstrong, le coureur teigneux du milieu des années 1990, s'est métamorphosé en meilleur rouleur-grimpeur du monde.

L'Américain frappe d'entrée au prologue du Puy du Fou, victoire et maillot jaune, puis cède sa place de leader, au soir de la deuxième étape, au sprinteur estonien Jann Kirsipuu. Même s'il a terminé quatrième de la Vuelta 1998, personne ne l'attendait à ce niveau-là. Armstrong frappe de nouveau très très fort le dimanche 11 juillet, au contre-la-montre individuel de Metz. Huitième étape et premier rendez-vous qu'il avait coché après les étapes de plat. Avec une moyenne supersonique de 49,4 km/h de moyenne, le Texan a roulé chaque kilomètre environ 1 seconde plus vite que son concurrent direct, le Suisse Alex Zülle (soit 0,7 km/h de mieux). Il a repoussé Moreau et Olano, troisième et quatrième du chrono, à plus de 2 minutes ! Nul doute que le lendemain, durant la journée de repos, ça a jasé dans les équipes et les salles de rédaction !

Mais tout cela n'était rien avant le deuxième épisode mardi 13 juillet : le décollage de la fusée vers les étoiles au-dessus de Sestrières. Au menu des 213,5 km : le col du Tamié, le col du Télégraphe, le col du Galibier, le col de Montgenèvre et, pour finir, la montée vers Sestrières.

Plus léger (11 kilos de moins qu'avant), plus véloce (une cadence de pédalage de 100 à 110 tr/min) et très appliqué (une reconnaissance minutieuse de tous les cols du Tour) : Lance Armstrong a tout changé. Il est désormais entouré d'une équipe solide (les US Postal) et à son service, qui a géré dans le Galibier et appris à protéger son maillot jaune, et il a la capacité de réaliser un grand récital dans la dernière montée. Accélérations violentes ou train d'enfer, le Texan alterne selon le besoin pour décrocher les spécialistes... Virenque, Gotti, Zülle et Escartin semblent à bout de souffle et à 6 kilomètres de l'arrivée, quand il se détache irrémédiablement, il ne donne pas l'impression d'être à fond !

La chute collective au passage du Gois avait déjà fait de gros écarts, notamment pour Zülle, mais sauf pépin, Armstrong a déjà course gagnée à Sestrières : Abraham Olano, qui est à 6 min 03, et Christophe Moreau, à 7 min 44, vont disparaître ; Alex Zülle est à 7 min 47, il ne reprendra que 10 secondes pour finir dauphin à Paris...

COUP DE CŒUR

MICHEL DRUCKER

Présentateur TV

MON ADMIRATION POUR ARMSTRONG

Malgré tout, mon champion de légende reste Lance Armstrong. J'ai passé trois jours dans le Colorado avec lui pour préparer une émission, il avait décidé de sortir de sa retraite pour revenir à la compétition. Il m'a raconté toutes les difficultés qu'il a eues depuis ses débuts : son père qui le battait, l'éducation de sa mère qui voulait que son fils devienne numéro 1, les premières courses, et puis ensuite le premier Graal avec son titre de champion du monde sous la pluie à Oslo. Le cancer, la chimiothérapie et des médecins qui disent : « Vous en avez pour six mois, un an maximum. » Et puis le grand retour, les sept victoires dans le Tour (qui lui ont été retirées), les aveux et le bannissement...
J'aime tellement le vélo, je dois reconnaître que c'est un champion hors normes. Même avec de l'eau minérale, il aurait gagné. Tous ceux qui suivent le vélo savent qu'avec ou sans produit les dix meilleurs restent les dix meilleurs. Tellement de coureurs ont fait comme lui. Le vélo c'est tellement difficile.
À propos de dopage, je me souviens d'un déjeuner organisé par Robert Chapatte avec Jacques Anquetil et Guy Béart. Béart demande à Anquetil : « Vous venez de battre le record de l'heure, vous êtes-vous dopé ? – Évidemment, dit Jacques, on ne peut pas faire ça à l'eau claire. » Béart écrira la chanson « La vérité » (« le premier qui dit la vérité, il doit être exécuté ») sans connaître Armstrong.

LANCE ARMSTRONG,
ALEX ZÜLLE,
ABRAHAM OLANO

Laval-Blois : l'étape la plus rapide de l'histoire

Une fois, dans l'histoire du Tour de France, le peloton a franchi le mur des 50 km/h de moyenne sur la durée d'une étape. C'était le mercredi 7 juillet 1999 sur la 4e étape entre Laval et Blois.

Vent favorable, routes rectilignes et sans relief, et une volonté féroce pour Mario Cipollini, Erik Zabel, Tom Steels, Stuart O'Grady, Jaan Kirsipuu, Damien Nazon ou encore George Hincapie d'en découdre au sprint... Les 49,417 km/h réalisés par Johan Bruyneel en 1993 entre Évreux et Amiens sont rayés des tablettes !

Le schéma classique d'une étape de plaine c'est : une première phase d'une bonne heure à batailler pour former l'échappée du jour – il n'est pas rare depuis une quinzaine d'années que les coureurs démarrent même dès le kilomètre zéro, quand Christian Prudhomme abaisse le drapeau depuis sa voiture rouge. Tant que le peloton n'a pas décidé de couper l'effort et laisser partir l'échappée, il peut régner une certaine zizanie sur la route du Tour... Deuxième phase, l'échappée « bosse » pour faire l'écart et le peloton roule plutôt tranquillement. Troisième phase, le peloton se met en ordre de marche et revient progressivement sur l'échappée pour la manger à 5 kilomètres de l'arrivée et organiser le sprint massif...

Ce jour-là, malgré la vitesse élevée (52,4 km/h dans la 2e heure), 2 coureurs ont réussi à partir à l'avant (Anthony Morin de la Française des Jeux et Gianpaolo Mondini de la Cantina Tollo) et compter même jusqu'à 6 min 20 d'avance au 118e kilomètre ! Hélas, leur nom n'est pas passé à la postérité car c'est le beau Mario qui a récolté tous les lauriers...

Mario Cipollini, l'un des plus grands sprinters du cyclisme italien (42 victoires d'étapes dans le Giro et 3 victoires au classement par points en 1992, 1997 et 2002), un sourire ravageur qu'on avait plaisir à admirer sur les podiums. En France, avec ses 12 victoires d'étapes sur le Tour entre 1993 et 1999, on ne s'en est pas privé ! Sur cette 86e édition, Mario le supersonique – on ne parle ni de Nintendo, ni de Sega – était formidablement bien emmené au sprint par une équipe Saeco toute à son service. Et ce mercredi 7 juillet, il entamait une série exceptionnelle de 4 victoires d'étapes consécutives à Blois, Amiens, Maubeuge et Thionville !

Mario Cipollini remporte le sprint de Blois devant Erik Zabel et Tom Steels (maillot vert).

EN CHIFFRES

50,3 km/h

La vitesse record de l'étape Laval-Blois en 1999

FOCUS

Les 10 étapes en ligne les plus rapides de l'histoire du Tour

- **50,355 km/h** : Mario Cipollini, de Laval à Blois (194,5 km) en 1999
- **49,938 km/h** : Pablo Lastras, de Bordeaux à Saint-Maixent-l'École (203,5 km) en 2003
- **49,417 km/h** : Johan Bruyneel, d'Évreux à Amiens (158 km) en 1993
- **48,932 km/h** : Patrice Halgand, de Bazas à Pau (147 km) en 2002
- **48,927 km/h** : Adrie Van der Poel, de Tarbes à Pau (38 km) en 1988
- **48,764 km/h** : Tom Steels, de Tarascon-sur-Ariège au Cap d'Agde (205,5 km) en 1998
- **48,677 km/h** : Patrick Sercu, de Fribourg à Fribourg (46 km) en 1977
- **48,584 km/h** : Robbie McEwen, de Chambord à Montargis (183 km) en 2005
- **48,532 km/h** : Eddy Merckx, de Vouvray à Orléans (112,5 km) en 1974
- **48,398 km/h** : Alessandro Petacchi, de Charleville-Mézières à Saint-Dizier (167,5 km) en 2003

LE PETIT PLUS

Le record de victoires d'étapes consécutives

- **François Faber :** de la 2e à la 6e étape, en 1909
- **René Pottier :** de la 2e à la 5e étape, en 1906
- **Charles Pélissier :** de la 18e à la 21e (et dernière) étape, en 1930
- **Mario Cipollini :** de la 4e à la 7e étape, en 1999

Giuseppe Guerini dans les derniers hectomètres lors de la 10e étape entre Sestrières et l'Alpe-d'Huez.

UNE PHOTO SOUVENIR

Alpe-d'Huez : Guerini coupé dans son élan

Mercredi 14 juillet, à défaut d'une victoire française, la dixième étape du Tour 1999, en ce jour de fête nationale, va connaître une chute sacrément « photogênante » !

Dans la montée de l'Alpe-d'Huez, les US Postal mènent et reviennent sur les deux Français, Bourguignon puis Heulot. Seul l'Italien Giuseppe Guerini démarre et réussit à se détacher à moins de 3 kilomètres de la station de ski. Patrick Chêne, notre commentateur sur France 2, égrène déjà les victoires italiennes à l'Alpe : Fausto Coppi le premier en 1952, puis Gianni Bugno en 1990 et 1991, Conti en 1994 et Marco Pantani en 1995 et 1997. Guerini, le vieux guerrier de la Telekom, va bientôt inscrire son nom sur les tablettes à 1 860 mètres d'altitude.

Soudain, l'incident : en direct à la télévision, plein cadre, car la moto images est juste derrière Guerini, un spectateur se met au milieu de la route pour prendre la photo du futur vainqueur ! Clic-clac et choc surtout car, dès ses photos prises, le jeune homme veut s'écarter à droite d'abord, puis il se ravise et fait un pas à gauche. Guerini le heurte de plein fouet... Cris de Patrick Chêne, des spectateurs, des journalistes, le coureur est à terre. L'apprenti photographe, choqué aussi, l'aide à se relever. L'Italien repart ! Il ne sera pas rattrapé.

En revanche, le jeune photographe, lui, sera bien rattrapé... Pas par les organisateurs ni par la police, mais par notre super assistant Guy Bosgiraud. En train de préparer mon émission, *Vélo Club*, j'ai vu l'incident, tout comme le monde entier. Première réaction : demander à Guy de retrouver les photos et le jeune maladroit afin qu'il s'excuse en direct auprès du coureur. Très fort, Guy retrouve le jeune homme, prostré dans un champ, et le convainc de venir à la rencontre du vainqueur du jour devant nos caméras. Il récupère son appareil photo jetable, fait développer la pellicule et nous rapporte les clichés un peu flous que nous montrons à Giuseppe Guerini, qui accepte avec sourire et soulagement de saluer son photographe amateur.

Ils prirent une photo ensemble, ce jour-là à l'Alpe-d'Huez, en souvenir de cette histoire de flou.

FOCUS

Pantani vouait une haine féroce à Armstrong

Marco ne s'en cachait pas : « L'unique vraie blessure, c'est Armstrong. » L'Américain qui a dominé le Tour de France pendant sept ans... pendant que Pantani, le grimpeur naturel, sombrait dans le gouffre de la dépression et de la drogue. Tout les opposait à propos du sport qu'ils pratiquaient. Pantani s'entraînait à l'ancienne, sans compter les heures de selle, et sur le Tour de France, il s'était fait remarquer en 1994, en montant sur la troisième marche du podium, puis en 1995 par deux victoires en solitaire à l'Alpe-d'Huez et Guzet-Neige. Pour beaucoup, avec son panache, il incarnait le cyclisme et son romantisme... Lance Armstrong était tout l'opposé : avec une approche froide, scientifique et impérialiste, tel un cyborg. Voilà pourquoi le cadeau fait par le Texan au sommet du Ventoux a été vécu par le Pirate comme une humiliation qu'il n'a jamais digérée...

Lance Armstrong (maillot jaune) et Marco Pantani dans l'ascension du mont Ventoux.

LANCE ARMSTRONG,
MARCO PANTANI

Armstrong offre le Ventoux à Pantani

C'est l'histoire d'un petit Italien qui a voulu contester l'impérialisme outrageux d'un Américain. L'histoire d'un « Pirate » qui sonna la révolte avant de se laisser broyer par la machine…

Sur le Tour 2000, à Hautacam comme à Sestrières en 1999, le couperet tombe dès la première étape de montagne. Marco Pantani, pourtant spécialiste sur ce terrain, est asphyxié et perd plus de 5 minutes après avoir tenté d'attaquer le nouvel empereur du Tour de France qui, chaque année jusqu'en 2005, rappellera l'implacable loi du plus fort…

Mais Pantani fait partie de ces esprits résistants et fiers qui refusent d'abdiquer. « Le Pirate » chauve va livrer sur le « Géant chauve » l'une des plus belles passes d'armes de sa carrière. De retour en compétition après onze mois sans vélo suite à son exclusion du Giro 1999 pour dopage, il est en très mauvaise forme, mais veut balayer sa désillusion de Hautacam. Armstrong, lui, veut oublier sa défaillance ici au Dauphiné en juin : « Le mont Ventoux ne m'aime pas, mais je ne l'aime pas non plus. »

Ce jour-là, le 13 juillet, chaleur caniculaire sur le mont Ventoux. Une météo qui n'est pas censée favoriser l'Américain, et pourtant, il montre une facilité déconcertante. Au chalet Reynard, seuls Ullrich, Beloki, Heras, Virenque et Botero l'accompagnent. Pantani est derrière, il garde ce groupe en point de mire. À la pédale, il revient à 6 kilomètres puis s'échappe au bout de cinq tentatives à 3,5 km.

L'Américain rattrape Pantani et roule pour creuser l'écart sur Ullrich. Dernier virage avant le sommet : Armstrong laisse la victoire au « Pirate » et aura cette déclaration malheureuse : « C'est le plus fort qui doit gagner […]. Mais sur le mont Ventoux, cela n'a pas été le cas, tout le monde l'a vu. J'ai voulu faire un beau geste, je me suis trompé. C'est dommage. » Vexé, Pantani aborde les Alpes le couteau entre les dents et gagne à Courchevel : « Je voulais une revanche, et, aujourd'hui, je crois que ça s'est vu. » Rebelote en direction de Morzine, l'Italien attaque, mais les jambes ne sont plus là. Rejoint puis dépassé, il perdra près de 14 minutes. Une question d'honneur, vous dis-je !

LE PETIT PLUS

Ce qu'a dit Armstrong

À l'arrivée au Ventoux : « Pantani méritait cette victoire. C'est un grand grimpeur. J'aurais pu accélérer, mais je n'ai pas besoin d'attaquer. Mon seul objectif, c'est de contrôler la course. » Puis à Courchevel, réagissant après la revanche de Pantani qui gagnait en solitaire : « Marco est là pour gagner des étapes et moi pour gagner le Tour. C'est le plus fort qui doit gagner. […] Mais, sur le Ventoux, cela n'a pas été le cas, tout le monde l'a vu. J'ai voulu faire un beau geste, je me suis trompé. C'est dommage. » Rien de mieux pour titiller l'égo du Pirate et lui donner envie de partir à l'abordage !

Armstrong toise Ullrich et décolle

Le 17 juillet 2001, au col du Glandon, Armstrong n'a plus que deux coéquipiers (Heras et Rubiera) et donne des signes de méforme. Ullrich l'a vu et fait rouler les Telekom pendant 100 kilomètres. Mais l'Américain a bluffé, il est au pied de l'Alpe-d'Huez dans une forme éblouissante et demande à Rubiera de déchaîner les enfers.

Armstrong part dans sa roue. Ullrich recolle au train. À 13 kilomètres du sommet, la seconde accélération sera la bonne : Armstrong regarde Ullrich dans les yeux (une provocation ?) et voit la grimace monstrueuse de l'Allemand. L'attaque sera foudroyante, un sprint en côte avec une cadence de pédalage unique. Victoire en solitaire, 2 minutes devant tout le monde.

De 1999 à 2005, l'Américain domine outrageusement la Grande Boucle : 7 victoires au classement général, 83 maillots jaunes, 2 victoires en prologue, 9 en contre-la-montre individuel et 4 par équipes, 8 étapes de montagne avec arrivée en altitude. Au paroxysme de sa domination (5 étapes et 1 contre-la-montre par équipes sur le Tour 2004), il lâche sa phrase désormais célèbre : « Pas de cadeau, no gifts ! »

Le secret ? C'est un sport individuel pratiqué en équipe, il ne faut rien laisser au hasard. Tout préparer, tout contrôler, tout dominer. Armstrong bâtit son équipe autour de lui pour cadenasser la course sur les étapes à enjeux. Rouleurs et grimpeurs, il a fait de ses rivaux des coéquipiers dévoués à mettre le peloton dans le rouge et souvent classés dans le Top 10. Heras, Beltrán, Popovych l'accompagnent en montagne jusqu'à la dernière ascension (où il fait l'écart décisif).

Marie-Christelle Maury suit Armstrong pour *Stade 2* en 2004 où, entre deux courses en mai, il s'entraîne dans la montée de l'Alpe-d'Huez : « Maintenant, il faut faire attention à tout, ton entraînement, ton repos, ton régime, tes coéquipiers, tes rivaux... Tout a son importance. On peut se trouver des excuses en février, en mars ou même en avril. Mais, de la mi-mai à la fin juin, aucune excuse n'est valable [...]. Je ne veux pas aller sur le Tour pour terminer deuxième, je ne veux pas finir troisième. Mon métier, c'est de gagner. »

Échange de regards entre Jan Ullrich (maillot de champion d'Allemagne) et Lance Armstrong au pied de l'Alpe-d'Huez.

LE PETIT PLUS

Le Tour 2001 selon Armstrong

Ce Tour, on aurait pu l'appeler *2001 l'Odyssée de l'espace* tellement Lance Armstrong a satellisé la concurrence... Jan Ullrich a terminé deuxième à Paris à 6 min 44, après avoir collectionné les « fessées » à chaque étape clé, et Beloki troisième à 9 min 05... Comme d'habitude, Lance Armstrong tue le suspense dès la première arrivée en altitude en gagnant à l'Alpe-d'Huez (tarif pour Ullrich : 1 min 59) ; il enfonce le clou le lendemain sur le contre-la-montre en côte Grenoble-Chamrousse (32 km et tarif pour Ullrich : 1 min). Tel un ogre, il gagne ensuite à Saint-Lary-Soulan (tarif pour Ullrich : 5 min 13) puis au contre-la-montre individuel Montluçon – Saint-Amand-Montrond (tarif pour Ullrich : 1 min 39).

Manzano dans les pommes, Virenque en jaune

Il se met à zigzaguer sur la route... Richard Virenque devant, lui derrière... Ils grimpent et pourtant il chavire, il tangue et il tombe. Juste devant ma voiture !

Gérard Porte (à gauche) au chevet de Jesús Manzano lors de la 7e étape, entre Lyon et Morzine.

Jesús Manzano, jeune coureur espagnol de l'équipe Kelme, est victime d'un malaise, d'un gros malaise... Les médecins du Tour arrivent dans la seconde, c'est grave. Je dois l'avouer, j'ai vraiment eu peur pour lui ; pendant les premiers soins, je pensais sans arrêt au décès de Tom Simpson en 1967 sur les pentes du Ventoux. Nous sommes le 12 juillet 2003 et, pendant que Richard Virenque s'envole pour gagner l'étape et conquérir maillot jaune et maillot à pois à Morzine, Manzano se sent glisser vers le purgatoire. Symbolique, mais visiblement rien n'a changé dans le vélo depuis 1998...

Rien n'a changé car, en fait, Jesús Manzano l'a reconnu depuis, son calvaire, lorsqu'il gisait inanimé sur le bord de la route, a failli l'emmener droit vers la mort. La cause, selon ses aveux : un dopage raté. Une injection le matin même de produit et de sang frelaté a provoqué un malaise où il a frôlé la mort.

Depuis cet épisode dramatique, Manzano a tout expliqué. Contrôlé plus de quarante fois, il n'a jamais été déclaré positif. Bénéfice de toute une procédure mise au point par les médecins de son équipe espagnole à base de « poussière de la mère Célestine dans un petit flacon » et d'injection d'albumine humaine pour diluer le sang. C'était scientifique, étudié au milligramme près... « Tout pour échapper aux vampires, dit Jesús. D'ailleurs, nous partagions nos fesses en quatre parties devant la glace pour éviter les bleus en ne nous piquant jamais au même endroit... »

Témoignage édifiant d'un jeune professionnel qui, après cet épisode dramatique pour sa vie, a préféré arrêter le vélo et surtout témoigner pour éviter que les jeunes coureurs ne se laissent embarquer dans ce système de dopage organisé. C'était en 2003. Et on a l'impression aujourd'hui que Jesús a prêché dans le désert...

LE PETIT PLUS

Pendant ce temps-là Virenque...

Richard Virenque avait coché cette étape, la première étape de montagne du Tour du centenaire. Il voulait marquer des points et prendre un maximum d'avance au classement du meilleur grimpeur. Il a donc pris la roue de Jesús Manzano, parti pour rejoindre un groupe de quatre échappés où figurait Paolo Bettini, son coéquipier à la Quickstep. Manzano tombant dans les pommes, Virenque demandait à Bettini de rouler. Au pied du col de la Ramaz, le Français avait encore 7 minutes d'avance avant qu'Armstrong ne fasse rouler ses boys... Richard Cœur de Lion gagnait à Morzine avec 4 min 06 et endossait le maillot jaune pour la deuxième fois de sa vie, onze ans après le Tour 1992, avec la fierté de le porter le lendemain dans l'Alpe-d'Huez... Même s'il a très vite senti qu'il n'aurait pas la force de le défendre...

LA CURIOSITÉ

Virenque : des victoires contrariées

En y repensant, on se rend compte que deux fois dans sa carrière, Richard Virenque a gagné une étape pendant qu'il se tramait quelque chose de grave sur la route du Tour : en 1995 à Cauterets, quand Fabio Casartelli se fractura le crâne dans la descente du Portet-d'Aspet, et lors de cette étape Lyon – Morzine, alors que Manzano faisait un malaise... Des collisions entre exploits et drames à la une des journaux...

CROSS COUNTRY SUR LE TOUR

Armstrong évite la chute et traverse un champ !

Il est de ces moments où il faut en une fraction de seconde choisir la bonne option. Ce jour-là, à cette seconde-là, à cet endroit-là, Lance Armstrong est passé du bon côté de la chaussée. Alors que sous ses yeux, la carrière de Beloki, l'un de ses principaux rivaux depuis l'an 2000 (deux fois troisième, une fois deuxième), allait prendre une autre tournure...

Nous sommes le lundi 14 juillet 2003, sur la neuvième étape du Tour du centenaire, entre Le Bourg-d'Oisans et Gap. Un extraordinaire coup de théâtre vient de se dérouler sous nos yeux. Coup du sort terrible pour l'Espagnol Joseba Beloki (Once), et coup d'audace pour l'Américain Lance Armstrong, qui a fait preuve de sang-froid et de réflexes justes. Les télévisions décortiquent la scène, images d'hélicoptère, images moto, ralentis, loupe.

En cet été 2003, la canicule bat son plein, et la chaleur écrase la France, les routes sont surchauffées, le goudron fond. Vinokourov s'est échappé vers la victoire d'étape, tandis que derrière, à environ 40 secondes, les leaders s'écharpent sur l'asphalte de la descente de la Rochette. À deux virages de Pont-Sarrazin et de la banderole « 4 km », Beloki freine, courbe à droite, sa roue arrière se bloque, déjante, chasse à gauche puis à droite et le jette au sol. Chute violente pour Beloki, qui s'écrase sur son flanc droit.

Armstrong, pour l'éviter, sort de la route sur sa gauche et, se souvenant de sa technique de VTT, levé sur sa selle, le poids du corps sur la roue arrière, continue la course à travers champs. Tout en souplesse et en contrôle : une vraie démonstration de cyclo-cross. Pas de chute pour le maillot jaune, qui gagnera cette année-là devant Ullrich et Vinokourov. Beloki, lui, victime de fractures au poignet, au coude et au fémur, abandonnera sur-le-champ, en sanglots. Et, dès 2005, un panneau « Passage Armstrong Chute Beloki » sera planté dans le décor de ce coup de théâtre !

EN CHIFFRES

44,1 °C

La température record mesurée durant la canicule de 2003 dans le Gard

Lance Armstrong évite Joseba Beloki lors de la 9ᵉ étape, entre Le Bourg-d'Oisans et Gap.

COUP DE CŒUR

JULIEN ABSALON

Double champion olympique de VTT

LA RAGE DE VAINCRE

Quand j'étais adolescent, les courses sur route n'étaient pas vraiment ma religion en dehors du Tour de France. Je regardais pendant l'été les étapes, et c'était durant le règne de l'Américain Armstrong de 1999 à 2005. Je savais qu'il avait fait beaucoup de VTT comme moi, alors ça nous rapprochait. Mais surtout ce qui me bluffait, c'était sa rage de vaincre, l'envie permanente de se surpasser, un mental incroyable et un professionnalisme qui m'impressionnait beaucoup. Et puis malheureusement, comme tout le monde, j'ai dû mettre un couvercle sur mon admiration car c'était un tricheur.

2003

LANCE ARMSTRONG,
JOSEBA BELOKI

FOCUS

Joseba Beloki

3e en 2000, 3e en 2001 et 2e en 2002 : plus que Zülle, Ullrich, Basso ou Kloden, Joseba Beloki était l'adversaire le plus sérieux de Lance Armstrong. Comme Luis Ocaña à la lutte avec Eddy Merckx lorsqu'il est tombé en 1971, sur ce Tour 2003 jamais Joseba Beloki n'avait été aussi proche du maillot jaune. Le Basque de la Once n'accusait que 40 secondes de retard au départ de l'étape à Bourg-d'Oisans. Le goudron fondu a changé son destin...

LANCE ARMSTRONG,
JAN ULLRICH,
IVAN MAYO

La musette qui réveille Armstrong

Lundi 21 juillet, quinzième étape du Tour 2003. Lance Armstrong s'adresse à Bruyneel, son directeur sportif : « Je pense que je suis de retour. » Puis à son équipe : « Il faut rouler comme on a l'habitude de le faire, contrôler la course et travailler pour la victoire d'étape, car les bonifications sont importantes : 20 secondes, c'est 20 secondes. Car je vais attaquer. »

L'Américain, en jaune depuis l'Alpe-d'Huez le 13 juillet, est attaqué de toutes parts par ses adversaires. Certains observateurs le disent en retrait. Le 14, il évite la chute dans la descente vers Gap. Le 18, Ullrich, passé chez Bianchi, se permet l'offense de le battre sur son terrain, 1' 36" d'avance sur le contre-la-montre Gaillac-Cap Découverte (47 kilomètres), puis le lendemain, en montagne, au plateau de Bonascre. Il revient au classement général à 15 secondes ! Nul doute, sur cette étape Bagnères-de-Bigorre-Luz-Ardiden, Armstrong est revanchard. À 10,6 km de l'arrivée, Mayo attaque, et le seul à réagir, c'est Lance. Il se dresse sur les pédales, aux basques du Basque. Armstrong prend le relais, le long du public, Mayo dans la roue, Ullrich derrière lui, l'écart n'est pas encore fait.

Tout d'un coup, dans un mouvement aussi bref que surprenant, la roue avant d'Armstrong se lève vers le public, le vélo pivote, et Armstrong chute sur le flanc gauche. Il a accroché une musette ! Mayo n'a pas le temps de réagir et chute aussi. Ullrich fait un écart et reste en selle. Rien de cassé pour Armstrong. Chanceux.

Ullrich temporise l'allure du groupe, car on n'attaque pas un maillot jaune à terre. Après avoir remis sa chaîne en place, Armstrong repart en danseuse et revient sur Mayo, qui se cale dans sa roue. Nouvel accroc : Armstrong déchausse du pied droit et manque de tomber. Trop, c'est trop, bourré d'adrénaline, il rentre en trombe sur le groupe Ullrich à 9 kilomètres. Mayo attaque de nouveau, suivi immédiatement par Armstrong, qui décide de partir seul pour la victoire. Chavanel, qui a passé la journée devant, en fera les frais, rattrapé à 4,5 km de l'arrivée (il avait pourtant 5 minutes d'avance au pied de Luz-Ardiden).

LES CLÉS POUR COMPRENDRE

On n'attaque pas un maillot jaune à terre

Pourquoi Jan Ullrich a-t-il temporisé alors qu'il aurait pu reprendre du temps sur Lance Armstrong ? La réponse est simple : il a considéré qu'il n'aurait aucun mérite à distancer un maillot jaune à terre. C'était sûrement une façon de répondre au geste de l'Américain, qui l'avait attendu dans la descente de Peyresourde lorsqu'il avait raté un virage et fait un soleil. Une cabriole qui reste aujourd'hui parmi les images les plus drôles dans l'histoire du Tour...
Il n'est absolument pas obligatoire d'attendre un maillot jaune qui a un pépin. Une crevaison, une chute, ou tout simplement un moment d'inattention… Il y a des coureurs qui ne s'en sont pas privés : les Système U de Charly Mottet, par exemple, soutenus par les équipes de Stephen Roche et de Pedro Delgado, tous candidats à la victoire finale du Tour 1987. Ils ont attaqué Jean-François Bernard, maillot jaune surprise au lendemain de sa victoire dans le contre-la-montre au mont Ventoux. Jeff a perdu 4 minutes dans l'histoire et allait finir troisième du Tour 1987 derrière Stephen Roche et Pedro Delgado...

Ascension vers Luz-Ardiden : Armstrong (maillot jaune) et Mayo au sol. Ullrich les évite de justesse.

Petit point jaune au milieu de la foule, Armstrong gravit la « muraille de l'Oisans » comme une balle...

Un million de spectateurs pour voir Armstrong écraser l'Alpe-d'Huez

Depuis que le sport de haut niveau a été érigé en spectacle et forge les légendes, chacun a le loisir de fixer dans sa mémoire les moments qui lui ont procuré les émotions les plus fortes... Pour nous, ce mercredi 21 juillet 2004 est un souvenir exceptionnel dans notre histoire d'amour avec le Tour de France...

Ce jour-là, non seulement le spectacle sportif est au rendez-vous avec un exploit d'anthologie de la part de Lance Armstrong en contre-la-montre dans la montée de l'Alpe-d'Huez, mais ce qui nous a profondément marqués, c'est la foule monstrueuse des spectateurs qui se sont massés sur les 15,5 km du parcours. La mairie de Bourg-d'Oisans et la station de l'Alpe-d'Huez avaient prévenu : il devrait y avoir au moins 800 000 personnes.

En réalité, un million de spectateurs sont venus sur l'ensemble de la montée ! Un succès tel que les forces de l'ordre ont été obligées rapidement de fermer la route aux camping-cars : il y en avait déjà trop, répartis sur l'ensemble des 21 virages... Les passionnés ainsi que les spectateurs occasionnels s'étaient tous donné rendez-vous dans cette montée légendaire et une petite vie de camping s'était organisée depuis près de deux semaines ! Quand nous sommes passés avec les voitures de France Télévisions, la marée humaine s'ouvrait et se refermait après notre passage, nous nous sommes regardés, sans un mot, nous avions la chair de poule... Retour au calme un peu plus haut dans la montée : sur demande expresse de la direction de course, la station et la commune de Bourg-d'Oisans avaient dû trouver 7 000 barrières pour sécuriser en intégralité les 7 derniers kilomètres, le tout en une demi-journée ! Comme quoi, le Tour est aussi un tour de force pour les collectivités locales !

Sportivement parlant, Lance Armstrong, en course pour son sixième sacre consécutif dans le Tour de France, avait atomisé le chrono et notamment rattrapé son dauphin au général, l'Italien Ivan Basso, parti 2 minutes avant lui. Comme d'habitude d'ailleurs, il y avait « lui » et les autres. Tous avaient choisi de mettre un prolongateur sur leur guidon, pas lui. Dans ce contre-la-montre, qu'il a bouclé à une vitesse record de 23,44 km/h, il ne servait à rien d'optimiser l'aérodynamique (et donc une position profilée), l'enjeu était de pousser fort et vite pour atteindre les étoiles... Lance Armstrong n'hésitait pas à se dresser en danseuse quand Jan Ullrich s'astreignait, malgré la forte pente, à tenir une position de poursuiteur. L'Allemand, deuxième ce jour-là, avait fini à 1 min 01.

Ils sont nombreux à avoir douté des performances du boss, et même enquêté et révélé ses petits secrets... David Walsh et Pierre Ballester les premiers avec les témoignages d'Emma O'Reilly (sa masseuse) et Betsy (la femme de Frankie Andreu). Et surtout Floyd Landis puis Tyler Hamilton, ses ex-lieutenants, qui ont fourni les révélations les plus détaillées sur l'EPO, les autotransfusions, la méthode pour passer entre les mailles du filet.

au lendemain de son exploit fondateur à Sestrières, en poussant Christophe Bassons, autoproclamé « Monsieur Propre » du peloton, à quitter la course…

Retour de bâton fin 2012... Après être tombé de son trône, l'empereur a entrepris une « opération rédemption » en partant demander pardon les yeux dans les yeux à Simeoni, Bassons et même Ullrich, star déchue lui aussi après l'affaire Puerto...

Lance Armstrong réduit Simeoni au silence

Motus et bouche cousue : Simeoni a bien compris le message...

Vendredi 23 juillet 2004, dix-hu étape, 166,5 km entre Annen Lons-le-Saunier, plus rien à co le Tour est déjà joué : le maillo sur le dos de Lance Armstron 4 min 09 s d'avance sur Ivan il l'emmènera à Paris pour la année consécutive...

Plus rien à conquérir sauf évidemment la victoire d'étape le fait de Juan Manuel Mercado, l'Espagnol, coéquipier d Virenque à la Quick Step, qui a réglé au sprint une éch six coureurs. Le peloton est arrivé avec plus de 11 m retard. L'écart est considérable mais ne veut plus dir chose en fin de Tour de France car les coureurs déroulent. Un év cependant a défrayé la chronique : la présence en tête de c maillot jaune Lance Armstrong, qui avait tenu lui-même à l'échappée en pleine formation au bout de 35 kilomètres seul

Pour quelle raison ? Parmi les fuyards figurait un Italien du Filippo Simeoni, lequel avait eu l'outrecuidance d'intenter un diffamation et de réclamer 100 000 euros de dommages et in patron du peloton. Crime de lèse-majesté pensez-vous ? Ave et la connaissance de tous les petits secrets d'Armstrong, on c ce qui s'est joué à ce moment-là...

Le Dr Ferrari, dont on sait maintenant qu'il était tout à la fois po trong (un mentor, un entraîneur, un magicien du dopage...), condamné durant l'automne après une enquête approfondi déposition de Simeoni était la clé de voûte... Armstrong av l'Italien de menteur et Simeoni avait réagi sur le plan judici sa dignité.

Réponse de Lance Armstrong sur le Tour 2004 quand il e torpiller l'échappée peu après le départ d'Annemasse : temps, de l'argent, je te détruirai. » Armstrong n'a pas eu b le faire, les « compagnons » d'échappée d'abord ont très comprendre au coureur transalpin qu'il était de trop et devai ver sinon ils n'iraient jamais au bout. Le peloton ensuite, qui le « traître » d'insultes...

Armstrong le despote, regardant la caméra et mimant une fe éclair sur la bouche, venait, en un geste et une accélération, de carrière d'un coureur qui avait osé faire vaciller son pouvoir...

MEILLEUR GRIMPEUR

Virenque : 7 fois meilleur grimpeur du Tour

Federico Bahamontes ? Lucien Van Impe ? Jan Janssen ? Marco Pantani ? On vous passera les débats de puristes pour savoir qui est le meilleur grimpeur de l'histoire du Tour de France. Dans cette version moderne et mondialisée du cyclisme, où les coureurs sont obligés de cibler leurs objectifs, Richard Virenque a tiré son épingle du jeu en remportant 7 fois le classement du meilleur grimpeur. Un record qui est loin d'être battu.

Ce record est impressionnant mais il a le tort de n'être qu'une statistique. Car il ne reflète en rien l'émotion et la passion que Virenque a déclenchées tout au long de sa carrière par ses exploits et ses coups d'éclat.

Néo-pro et engagé au dernier moment sur le Tour 1992... La France a découvert ce jeune Varois à Pau : les sanglots dans la voix, il est submergé par la foule des micros et des caméras... Il vient de réaliser l'acte inaugural spectaculaire d'une carrière qui sera héroïque. À vingt-deux ans, le « môme » a attaqué dès le vingtième kilomètre d'une étape qui en comptait 255 ! À l'arrivée, il n'a pas gagné mais il a pris le maillot jaune avec 4 min 34 sur Indurain et va réaliser un autre rêve : passer à la télé sur notre plateau du *Vélo Club* !

Ses résultats prometteurs en 1994 (cinquième du général et un premier maillot à pois) lui donnent des envies. En 1995, il gagne seul à Cauterets le jour où le Tour va vivre l'une de ses pires tragédies (la chute mortelle de Fabio Casartelli). En 1996, Indurain est en retrait, pas de victoire mais une troisième place à Paris. Virenque se sent pousser des ailes et rêve désormais du maillot jaune... Il gagne encore une place sur le Tour 1997 (deuxième derrière Ullrich) après avoir tenté plusieurs fois de dynamiter la course... Richard et les Festina se croient désormais invincibles, ils sont persuadés que le Tour 1998 est pour eux...

Mais les autorités (la ligue professionnelle, la fédération et le ministère des Sports) sont affolées par les dérives du dopage « lourd ». On ne parle plus d'amphét ni de corticoïdes mais de manipulation hormonale (l'EPO) pour densifier le sang en globules rouges. Et comme rien n'est encore décelable dans les urines, que les tests sanguins ne sont pas encore au point, c'est une opération policière qui précipitera la chute de l'idole : le soigneur de la star est interpellé à la frontière belge avec le coffre bourré de produits ! La plupart des coéquipiers avouent, Virenque nie, la presse et les *Guignols* lui tombent dessus.

Jean-Marie Leblanc déclare qu'il n'est pas le bienvenu sur le Tour 1999, censé être celui du renouveau. Celui gagné par Lance Armstrong. Mais le Varois force le passage au motif d'un vice de forme et remporte son cinquième maillot à pois. Sur le Tour 2000, il gagne à Morzine après avoir laissé Roberto Heras partir à la faute dans le dernier virage avant l'arrivée. Au moment du Tour 2001, il purge une suspension de neuf mois suite à ses aveux lors du deuxième jour du procès Festina. Comme Astérix, il avait bien une potion magique !

Sans équipe, sans contrat, c'est Patrick Lefévère qui lui offre un CDD de trois mois dans son équipe belge. Le Français avec son maillot Domo-Farm Frites va saisir cette chance avec panache en remportant seul – lui le grimpeur – la plus plate des classiques (Paris-Tours) après 225 km en duo avec Jacky Durand et avec un peloton revenu sur ses talons au dernier moment !

Virenque s'est racheté un honneur et une fierté... Il ne visera plus jamais le général du Tour mais seulement de belles étapes avec sa méthode bien à lui : attaquer de loin et soulever les foules ! Le mont Ventoux en 2002 (202 km d'échappée), Morzine en 2003 (190 km d'échappée) puis Saint-Flour le 14 juillet 2004 (204 km d'échappée avec Axel Merckx), le bouquet final d'une carrière flamboyante...

FOCUS

Les 7 victoires d'étapes de Virenque

- **Tour 1992 :** 2e étape, Saint-Sébastien – Pau (255 km)
- **Tour 1995 :** 15e étape, Saint-Girons – Cauterets (206 km)
- **Tour 1997 :** 14e étape, Le Bourg-d'Oisans – Courchevel (148 km)
- **Tour 2000 :** 16e étape, Courchevel-Morzine (196 km)
- **Tour 2002 :** 14e étape, Lodève – mont Ventoux (221 km)
- **Tour 2003 :** 7e étape, Lyon – Morzine (230,5 km)
- **Tour 2004 :** 10e étape, Limoges – Saint-Flour (237 km)

LE PETIT PLUS

Les 10 plus grands vainqueurs du classement de la montagne

- **Richard Virenque :** 7 victoires (1994, 1995, 1996, 1997, 1999, 2003, 2004)
- **Federico Bahamontes :** 6 (1954, 1958, 1959, 1962, 1963, 1964)
- **Lucien Van Impe :** 6 (1971, 1972, 1975, 1977, 1981, 1983)
- **Julio Jiménez :** 3 (1965, 1966, 1967)
- **Félicien Vervaecke :** 2 (1935, 1937)
- **Gino Bartali :** 2 (1938, 1948)
- **Fausto Coppi :** 2 (1949, 1952)
- **Charly Gaul :** 2 (1955, 1956)
- **Imerio Massignan :** 2 (1960, 1961)
- **Eddy Merckx :** 2 (1969, 1970)

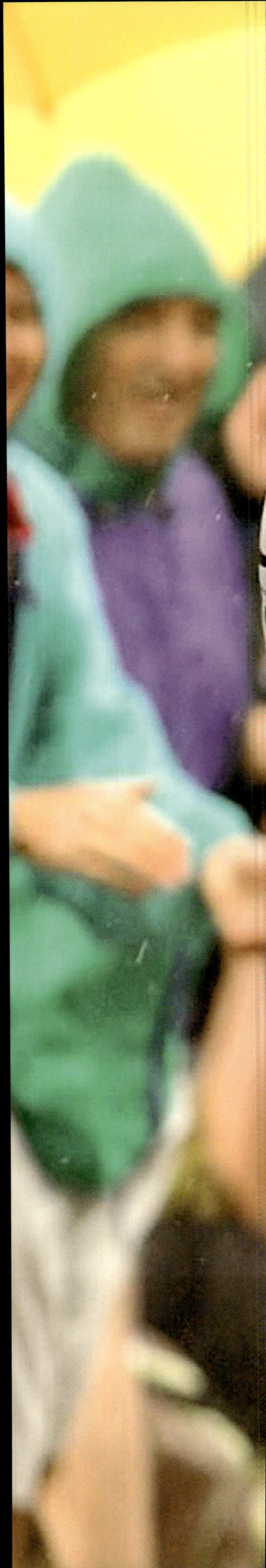
Richard Virenque dans la montée du col d'Aspin.

Champion
Davitamon

Armstrong rattrape Ullrich en 15 km

Samedi 2 juillet 2005, les objectifs et les caméras du monde entier (cent chaînes, dont soixante en direct) sont braqués sur la rampe de lancement installée à Fromentine. Dernier coureur à s'élancer, le vainqueur de l'édition 2004 : Lance Armstrong.

Déjà six fois vainqueur d'affilée du Tour depuis 1999, l'Américain se lance. Deux coups de pédale et soudain, le monde retient son souffle, il jette un œil sur son pied droit qui s'est désolidarisé de la pédale. Il enclenche calmement sa fixation et active ses jambes comme les pistons d'une locomotive supersonique.

Le contre-la-montre, une épreuve particulière, à travers laquelle on se bat contre soi, avec les références chronométriques des équipiers et concurrents, mais pas celles de leur souffrance ! Alors, comment doser ? Pour le suspense télévisuel, les coureurs de chaque équipe sont disséminés sur la feuille de départ. Leurs leaders et favoris s'élancent les derniers. Comme sur les coupes du monde de ski, les meilleurs temps ne sont que provisoires jusqu'au passage des cadors.

Jan Ullrich, vainqueur en 1997 et cinq fois deuxième, est l'éternel dauphin d'Armstrong. Il part avant-dernier, une minute avant l'Américain. Il s'est fait une frayeur la veille à l'entraînement, en traversant le hayon du break de son directeur sportif. Un accident visiblement sans conséquence, mais qui souligne la fébrilité de l'Allemand.

Images d'hélicoptère, Ullrich est sur le pont. Le coup de pédale est puissant mais lourd. La réalisation bascule sur la moto image qui suit Lance Armstrong, lequel est tout en vélocité ! Coup de pédale tonique et très fréquent. Et les chiffres le confirment : Lance Armstrong roule à une moyenne de 54,59 km/h, Ullrich à 51,86 (pour se faire une idée, à ces vitesses-là, l'écart sur la ligne entre Armstrong et Ullrich serait de 950 mètres). L'Américain revient sur les talons de l'Allemand et le dépasse sans un regard au deuxième chrono intermédiaire au kilomètre 15, il en reste 4. Une humiliation pour Ullrich, qui paraît au ralenti ! C'est simplement qu'Armstrong frappe un grand coup sur le Tour 2005 dès la première étape. « Pas de cadeau, no gifts ! »

Lance Armstrong est allé plus vite que Greg LeMond (54,545 km/h sur 24,5 km) lors de la dernière étape Versailles-Paris en 1989. David Zabriskie, le vainqueur, a roulé à 54,676 km/h. À noter que les 19 kilomètres du parcours totalement plat sont une distance hybride entre celle d'un prologue et celle d'un contre-la-montre, ce qui explique les vitesses exceptionnellement élevées lors de cette étape.

Pour deux petites secondes seulement, Lance Armstrong n'a pas gagné ce contre-la-montre inaugural du Tour 2005. Mais sa performance aura une fois de plus subjugué tant l'écart avec ses adversaires (Ullrich, Basso, Mancebo, Vinokourov, Landis...) et les spécialistes (Cancellara, Voigt, Bodrogi...) fut énorme : plus d'une minute en 19 kilomètres...

EN CHIFFRES

54,59 km/h

La vitesse de Lance Armstrong, le vainqueur de ce chrono

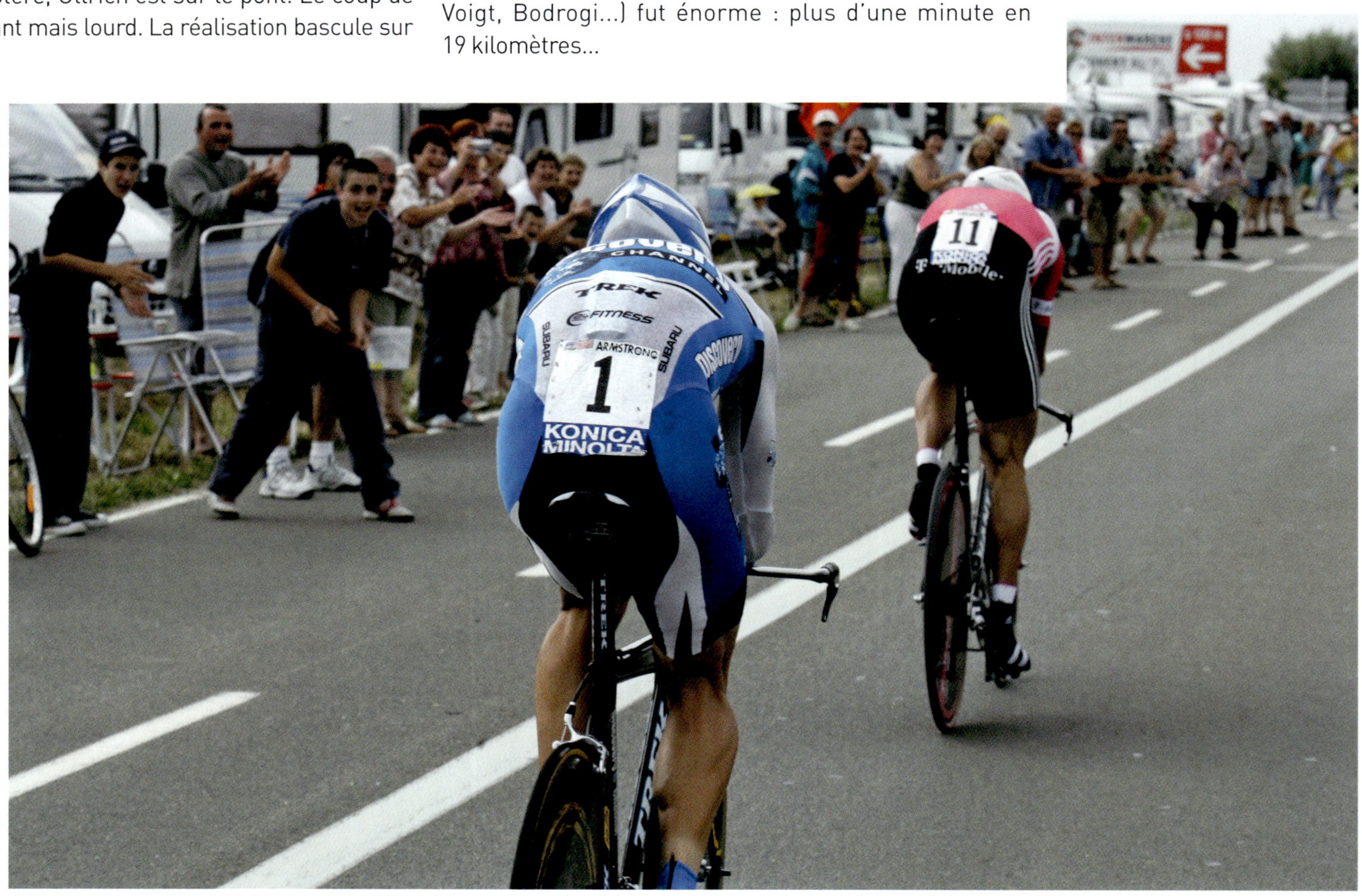

Lance Armstrong en train de fondre sur Jan Ullrich tel un aigle sur sa proie...

Le peloton des personnalités au départ de l'étape à Tours : Antoine de Caunes (allongé), Pascal Hervé, Anthony Delon et Richard Virenque (accroupis). Debout : Magali Le Floc'h Arnaud Clément, Julien Holtz, Paul Belmondo, Guy Roux, Roxana Maracineanu...

RICHARD VIRENQUE,
PAUL BELMONDO,
GÉRARD HOLTZ

Les personnalités roulent pour le Mécénat Chirurgie cardiaque

« L'Étape du Cœur » : une histoire que nous pouvons vous raconter en détail puisque nous faisions partie de l'aventure. Tout est parti d'une formidable idée, concrétisée par Claude Michel, spécialiste de l'événementiel et des relations publiques et véritable pilier de la caravane publicitaire du Tour de France des années 1990. Claude avait géré notamment les dispositifs des supermarchés Champion, le partenaire du maillot de meilleur grimpeur, qui était à l'époque la deuxième peau de Richard Virenque.

Elle s'occupait désormais du Mécénat Chirurgie cardiaque, une association présidée par la professeure Francine Leca, dont le but était de récolter des fonds pour financer le voyage, l'opération et le séjour de convalescence d'enfants étrangers souffrant de graves maladies cardiaques. Pour contribuer à cette récolte, Claude a proposé au Tour de France d'accueillir en 2003 sur une étape courte (comme un contre-la-montre) un peloton de personnalités qui feraient le parcours sous forme de randonnée, juste avant le passage de la caravane publicitaire.

Nous avons eu le plaisir de vivre l'Étape du Cœur 2005, qui s'est tenue sur le parcours de la quatrième étape entre Tours et Blois (67,5 km) où les Discovery Channel de Lance Armstrong ont roulé à la vitesse astronomique de 57,32 km/h. Les coureurs pros ont mis 1 h11 min et nous 1 heure... de plus !

Le tennisman Arnaud Clément, les comédiens Anthony Delon et Paul Belmondo, le présentateur télé Antoine de Caunes, la championne de France de cyclisme Magali Le Floc'h, la championne du monde de natation et future ministre des Sports Roxana Maracineanu, Guy Roux, l'ancien entraîneur de l'AJ Auxerre, des anciens coureurs comme Pascal Hervé et puis Richard Virenque, tout juste retraité et fidèle parmi les fidèles de notre amie Claude Michel. Le plateau était riche, l'ambiance joviale et l'esprit de compétition nous a incités à quelques accélérations intenses comme dans les côtes de Molineuf et de Cabinette.

Un vrai plaisir et des frissons de rouler sur la route du Tour avec les encouragements nourris du public. Et puis le bonheur de rouler avec son idole d'adolescence, Richard Virenque, qui nous a fait quelques confidences surprenantes sur le vélo : son plaisir dans le contre-la-montre par équipes (alors que ce n'était pas son exercice de prédilection) ; sa victoire sur Paris-Tours en 2001 avec notamment le cameraman qui le suivait à moto et l'abreuvait d'encouragements et d'infos sur les écarts ; et puis sur le Tour 2003 quand il a gagné à Morzine, son bluff vis-à-vis de Rolf Aldag. Il avait fait croire à l'Allemand qu'il était victime d'un coup de fringale avant de le faire « péter » dans la Ramaz.

Depuis 2003, la présence du Mécénat Chirurgie cardiaque sur les routes du Tour de France – avec le soutien logistique des vélos Look – a permis de sauver des dizaines d'enfants et d'offrir une belle visibilité à l'association. Pourvu que ça dure !

LE PETIT PLUS

Les chronos par équipes les plus rapides

- **57,841 km/h :** Orica GreenEDGE / Nice (25 km) / 2013
- **57,320 km/h :** Discovery Channel / Tours – Blois (67,5 km) / 2005
- **57,202 km/h :** Jumbo-Visma / Bruxelles (27,6 km) / 2019
- **55,545 km/h :** Garmin-Cervélo / Les Essarts (23 km) / 2011
- **54,944 km/h :** BMC / Cholet (35,5 km) / 2018
- **54,930 km/h :** Gewiss-Ballan / Mayenne – Alençon (67 km) / 1995
- **54,610 km/h :** Carrera / Berlin (40,5 km) / 1987
- **52,919 km/h :** Ariostea / Chassieu (36,5 km) / 1991
- **52,049 km/h :** Panasonic / Libourne (63,5 km) / 1992

Ce classement ne recense que les vitesses des vainqueurs mais, à y regarder de plus près, on se rend compte sur le chrono de Nice en 2013 que les trois premières équipes au moins ont battu le record du Train bleu d'Armstrong établi entre Tours et Blois en 2005 : deuxièmes, à 1 s derrière les Orica GreenEDGE, les Omega Pharma-Quick Step ont roulé à 57,803 km/h, et le team Sky de Chris Froome (troisième à 3 s) à 57,729 km/h !

La Discovery Channel en plein effort : Pavel Padrnos, George Hincapie, Lance Armstrong (3e en partant de la gauche), Yaroslav Popovych, Manuel Beltran, José Azevedo, Paolo Savoldelli, José Luis Rubiera.

Chrono Tour-Blois : Discovery explose les compteurs

Le cyclisme est un sport individuel qui se pratique en équipe. Les prétendants à la victoire finale sur le Tour de France vous le diront tous : oui ils sont capables de faire la différence sur les phases les plus difficiles de la course mais, en réalité, ils ne sont rien sans leurs équipiers.

Eux qui les abritent du vent, eux qui les approvisionnent en gourdes fraîches, eux qui les replacent à longueur de journée à l'avant du peloton pour éviter les chutes, eux qui vont jusqu'à donner leur roue, voire leur vélo, en cas de chute ou de pépin mécanique au pire des moments... Ces anonymes, rarement cités par les commentateurs, sont les ouvriers de l'ombre sans qui leur leader ne peut pas réussir...

Un exercice en particulier met sur le Tour de France le collectif avant les individualités : le contre-la-montre par équipes. En 1927 et 1928, Henri Desgrange a organisé les étapes de plaine sous une forme de chrono par équipes mais les temps étaient enregistrés de façon individuelle. À partir des années 1970, l'épreuve est devenue un incontournable, non seulement d'un point de vue sportif, mais aussi pour l'esthétique de l'exercice... Huit coureurs (quand l'équipe est au complet) tous alignés comme un train surpuissant et véloce, pas une « oreille » qui dépasse derrière la locomotive, tous sont tendus vers un seul objectif : rouler vite, ne pas perdre de temps, et perdre le moins de coureurs en cours de route. Le temps est généralement pris sur le cinquième coureur de l'équipe. Il n'est pas rare donc que les plus fatigués, à bout de souffle, sautent dans les derniers kilomètres. Les meilleurs rouleurs (Cancellara, Zabriskie, Martin...) et les grands leaders qui excellent dans la discipline (Ullrich, Armstrong, Indurain...) prennent un malin plaisir dans l'exercice ! Pas forcément à rouler plus vite que leurs équipiers – accélérer est contre-productif car cela peut mettre les plus faibles en surrégime – mais en revanche à prendre des relais plus longs et plus fréquents.

Dans l'histoire du Tour de France, une équipe nous a véritablement impressionnés : c'est la Discovery Channel – que l'on a surnommée le « Train bleu » –, victorieuse sur le chrono par équipes du Tour 2005. Les boys de Lance Armstrong (Azevedo, Beltran, Hincapie, Noval, Padrnos, Popovych, Rubiera, Savoldelli) avaient remporté cette quatrième étape entre Tours et Blois (67,5 km) à la vitesse astronomique de 57,32 km/h ! Un relief relativement plat et surtout un vent favorable tout au long du parcours (tracé d'ouest en est).

Véritablement dominatrice, l'équipe cumulait ainsi sa troisième victoire consécutive sur l'exercice. Pour la petite histoire, ce jour-là l'équipe CSC (Voigt, Julich, Basso et Zabriskie... tous excellents rouleurs), dirigée par Bjarne Riis, est passée à un cheveu de la première marche (2 secondes à peine) après avoir été ralentie par la chute de David Zabriskie (qui était le maillot jaune) à 1 500 mètres de l'arrivée...

EN CHIFFRES

57,32 km/h

La vitesse des Discovery Channel de Lance Armstrong, l'équipe gagnante de ce chrono

Armstrong gagne son septième Tour

Dimanche 24 juillet 2005. Lance Armstrong monte pour la septième fois d'affilée sur la première marche du podium du Tour de France, il est au septième ciel, il ne touche plus terre : « Je vais dire à ceux qui ne croient pas au cyclisme, aux cyniques et aux sceptiques. Je suis désolé pour vous. Désolé que vous ne croyiez pas aux miracles. Dans le Tour de France, il n'y a pas de secrets, c'est une épreuve sportive difficile et c'est le dur labeur qui permet de la gagner. Vive Le Tour. »

En 1999, il y a l'effet de surprise sur le Tour, qui est censé être celui du renouveau après les ravages de l'affaire Festina. Armstrong remporte le prologue au Puy du Fou puis écrase le contre-la-montre de Metz avant de gagner en montagne Sestrières et de confirmer sa première victoire au chrono du Futuroscope.

En 2000, il ne gagne « que » le chrono de Mulhouse et Ullrich – son dauphin – finit à 6 minutes au général. On se souvient surtout de sa passe d'armes avec Pantani : l'Italien, vexé de s'être vu offrir la victoire au mont Ventoux par l'empereur américain, avait gagné en solitaire à Courchevel.

En 2001, les US Postal d'Armstrong se sentent si forts qu'ils laissent une échappée prendre 35 minutes entre Colmar et Pontarlier ! L'Américain refait une partie de son retard dans l'Alpe-d'Huez, où il part seul au pied de la « muraille de l'Oisans » après avoir toisé Ullrich du regard. Armstrong gagne au chrono en côte de Chamrousse, puis au chrono de Saint-Amand-Montrond. De nouveau second, Ullrich est à 6 min 44 à Paris !

En 2002, comme en 2001, Armstrong gagne 4 étapes. D'abord le prologue au Luxembourg, pour montrer à tout le monde qu'il est toujours là, en forme, dès le départ. Puis dès l'arrivée de la haute montagne à La Mongie (Tourmalet) et au plateau de Beille le lendemain. Inutile de le dire, la concurrence est écœurée ! Et pour finir – c'est une habitude –, il remporte le chrono de la troisième semaine entre Régnié-Durette et Mâcon. À Paris, Beloki finit deuxième à 7 min 17 !

Le Tour 2003 était peut-être celui où Lance Armstrong se révélait le plus « prenable ». L'Américain, qui avait toujours été épargné par la malchance, allait avoir quelques sueurs froides : une virée en mode cross-country pour éviter Beloki à terre sur le goudron fondu dans la descente vers Gap, une musette accrochée avec son guidon dans la montée vers Luz-Ardiden et puis, sur le plan sportif, le retour au meilleur niveau de Jan Ullrich au chrono Gaillac-Cap Découverte. À Paris, l'écart de 1 min 01 entre l'Américain et l'Allemand, qui finit deuxième, sera le plus petit de l'ère Armstrong.

En 2004, la folle aventure de Thomas Voeckler – le « petit Français », maillot jaune pendant 10 jours – a bien arrangé l'ogre Armstrong, qui a fini le Tour avec un festin gargantuesque de 5 victoires d'étapes ! Trois victoires sur les arrivées en altitude : plateau de Beille (13ᵉ étape), Villard-de-Lans (15ᵉ), Le Grand-Bornand (17ᵉ). Côté chronos, deux exploits d'anthologie, d'abord pour la montée sèche de l'Alpe-d'Huez (16ᵉ étape) et le contre-la-montre de Besançon. C'est Andreas Klöden qui finira deuxième à Paris avec 6 min 19 s de retard…

En 2005, Armstrong ne gagne pour ainsi dire « qu'une » seule étape : c'est l'habituel chrono de la troisième semaine (à Saint-Étienne cette année-là). Ivan Basso, le deuxième à Paris, est tout de même à 4 min 40 car l'Américain a fait la différence dans les moments clés de la course : au chrono de Fromentine le premier jour d'abord, où il a écrasé la concurrence, puis en montagne à Courchevel et à Ax-3-Domaines.

On connaît la suite : les langues se sont déliées, l'omerta fut brisée et l'empereur déchu. Pas de miracle ni de mythe, mais simplement le plus grand hold-up de l'histoire du sport…

LE PETIT PLUS

La provoc d'Armstrong

10 novembre 2012. Il y a quelques jours, l'UCI a décidé d'effacer les résultats de Lance Armstrong. Loin de baisser la garde, l'Américain s'est fendu d'un tweet et d'une photo de lui, allongé dans son salon avec ses sept maillots jaunes au mur… Histoire de dire aux autorités que ces sept Tours, il les a bel et bien gagnés !

FOCUS

Les exploits d'Armstrong en chiffres

Bien sûr, depuis que l'UCI a décidé d'effacer de ses tablettes toutes les performances de l'Américain, ces chiffres sont censés ne plus exister, mais ils reflètent son outrageuse domination durant 7 ans sur le Tour de France :

- 7 victoires de 1999 à 2005
- 83 jours en jaune (2e derrière Eddy Merckx [96] et devant Bernard Hinault [75])
- 25 victoires d'étapes : 9 arrivées en altitude, 11 contre-la-montre individuels et prologues, 3 contre-la-montre par équipes, 2 étapes de plaine

EN CHIFFRES

41,654 km/h

La vitesse moyenne du Tour le plus rapide de l'histoire (l'édition 2005, remportée par Lance Armstrong)

Lance Armstrong pour la 7e fois d'affilée sur la plus haute marche du podium. À gauche Ivan Basso (2e) et à droite Jan Ullrich (3e).

IVAN BASSO,
JAN ULLRICH,
JESÚS MANZANO

L'affaire Puerto explose à Strasbourg

« Puerto », nom de code d'une des plus impressionnantes affaires de dopage dans le cyclisme moderne. Au centre du système, un médecin espagnol, gynécologue de formation, le docteur Eufemiano Fuentes.

Le mardi 23 mai 2006, Fuentes et cinq autres suspects, dont le fameux Manolo Saiz, manager de l'équipe Liberty Seguros, sont arrêtés par la garde civile, qui saisit deux cent onze poches de sang et de plasma. Perquisitions, interrogatoires, procès à grand spectacle en 2013 montreront que plus de deux cents coureurs ont utilisé le service du « docteur miracle ». La presse espagnole parle même de clients venus du football, du tennis et de la boxe.

Tout a donc commencé avec Jesús : Jesús Manzano, jeune coureur de l'équipe Kelme, qui a bien failli trépasser le 12 juillet 2003 sous nos yeux, dans l'étape du Tour de France qui nous emmenait à Morzine. Un malaise dramatique dû à un dopage raté : une injection le matin même, avant le départ, de produits et de sang frelaté.

Et Manzano, se voyant mourir, a eu tellement peur que, quelques mois plus tard, il a tout avoué, accusant le docteur Fuentes, qui était en 2003 le médecin de son équipe. Les produits : hormones de croissance, hormones féminines, testostérone, cortisone, Actovegin (sang de veau), nandrolone, EPO et de l'albumine pour baisser le taux d'hématocrite. Contrôlé plus de quarante fois, Jesús Manzano explique que les médecins autour de Fuentes utilisaient des « poussières de la mère Célestine » diluées qui cachaient les produits dopants.

« C'est un énorme scandale ! » déclare en 2006 Dick Pound, le président de l'Agence mondiale antidopage. Dans la foulée, le Tour de France exclut deux équipes au départ de Strasbourg – et donc plusieurs favoris, dont Jan Ullrich et Ivan Basso.

Jesús a parlé et d'autres coureurs, apôtres de la vérité, vont à leur tour tout avouer. L'Allemand Jörg Jaksche, un ancien de la T-Mobile et de la Once, expliquera en détail : « Je tendais le bras, et on me piquait. Et la direction de l'équipe savait tout ! Mon surnom chez Fuentes c'était "Bella", inscrit sur les poches de sang. Cela me coûtait 7 000 euros. Fuentes était fort. Aucun de ses clients ne connaissait les autres. »

Après des années de silence ou de dénégation, plusieurs grands champions ont décidé enfin de passer aux aveux, reconnaissant s'être dopés pendant leur carrière. C'est le cas d'Ivan Basso, de Jan Ullrich, de Michele Scarponi, d'Erik Zabel et de Bjarne Riis. Mais, paradoxe à peine croyable, au même moment, en 2016, la justice espagnole a décidé de blanchir le docteur Fuentes ! Seul espoir de mettre un point final à cette affaire, les deux cent onze poches de sang et de plasma ne furent pas détruites mais transmises aux principales autorités internationales, dont l'AMA. Ouf !

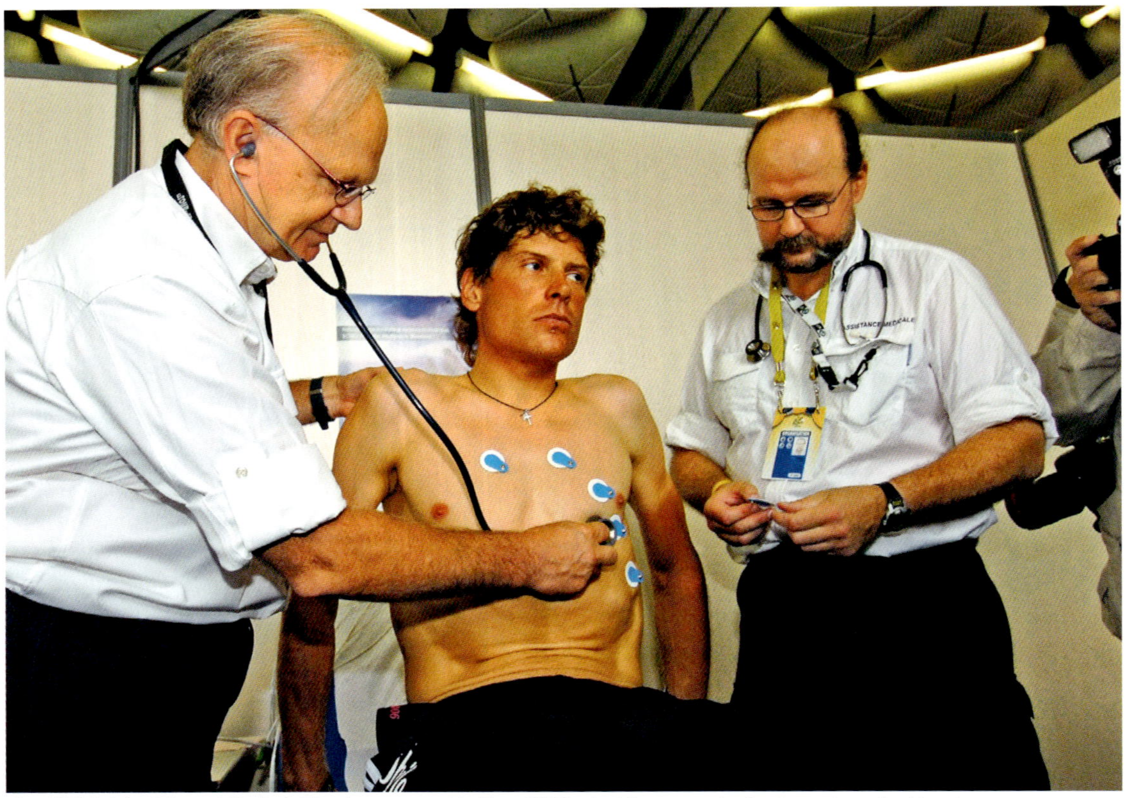

Jan Ullrich à la visite médicale à Strasbourg avant le Tour 2006, dont il ne prendra finalement pas le départ…

Le bras du maillot jaune tranché à vif

Dimanche 2 juillet 2006, première étape en ligne autour de Strasbourg. Le Tour de France tente de retrouver la sérénité après une semaine d'avant-course qui a vu se succéder les défections d'Ullrich, Basso et Mancebo ainsi que le retrait des Astana. Le Tour est décapité de ses stars et de ses principaux animateurs, le doute et la honte continuent de rôder autour des coureurs...

Moment de faiblesse pour Thor Hushovd, maillot jaune, le biceps entaillé et en sang.

Le déroulement de la journée est calqué sur le schéma classique d'une étape de plaine de première semaine du Tour : une échappée qui part tôt (7 coureurs dès le km 3), un écart contrôlé (moins de 5 min), puis le peloton qui fond sur sa proie à l'approche de l'arrivée, et enfin un sprint massif.

Mais ce jour-là, fait exceptionnel pour les Français : victoire de Jimmy Casper devant Robbie McEwen, Erik Zabel et Daniele Bennati. Le coureur de la Cofidis est le premier sprinteur tricolore à gagner un sprint massif sur le Tour depuis la victoire de Frédéric Moncassin dix ans plus tôt au départ du Tour 1996 à 's-Hertogenbosch (Pays-Bas). Enfin !

L'Américain George Hincapie hérite du maillot jaune après avoir soufflé deux secondes de « bonifs » à Thor Hushovd au km 175. Les deux sprinteurs étaient au coude-à-coude au général après des performances exceptionnelles au prologue la veille... Et pour Hushovd c'est la double peine : outre la perte du maillot jaune, le sympathique Norvégien dirigé par Roger Legeay s'écroule peu après le passage de la ligne. Une entaille de plus de 5 cm au bras et une grosse hémorragie avaient souillé de rouge son beau maillot jaune.

On a vite incriminé les grosses mains cartonnées PMU (le partenaire du maillot vert) agitées par les spectateurs – elles ont d'ailleurs été interdites par l'organisation du Tour – mais Thor a rapidement rétabli la vérité en suggérant que c'était un contact avec l'objectif d'un appareil photo...

Floyd Landis, vainqueur tricheur

Le Tour 2006 est celui de l'ère « post-Armstrong », une ère où de nouvelles affaires de dopage vont encore éclore. À commencer par l'exclusion de Jan Ullrich dès le grand départ de Strasbourg pour son implication dans l'affaire Puerto. Et... des hauts et débats autour de l'exploit stratosphérique de Floyd Landis, ancien équipier d'Armstrong.

Les deux visages de Floyd Landis...

LE PETIT PLUS

Le début du déballage sur Armstrong

Dès 2004, Pierre Ballester et David Walsh publient *L.A. Confidentiel*, un livre brûlot brûlant sur les méthodes de Lance Armstrong. Les journalistes agrègent une série de témoignages à charge dont ceux de Frankie Andreu (ex-coéquipier) et de sa femme Betsy, et également ceux d'Emma O'Reilly (masseuse d'Armstrong). La compagnie américaine SCA Promotions devait verser une très forte prime au Texan à la suite de sa septième victoire d'affilée sur le Tour mais, à la lecture des faits rapportés dans le livre, elle décide de lui intenter un procès. Le contrôle antidopage de Floyd Landis et les aveux dans lesquels il charge le septuple vainqueur du Tour vont déclencher l'ouragan... Enquête fédérale des États-Unis car l'argent public américain aurait servi à financer le dopage texan, enquête de l'USADA car les témoignages concordent tous sur une pratique systématique du dopage... Au tour de Tyler Hamilton de dévoiler les petits secrets de l'équipe dans *La Course secrète*, un livre paru en 2012. On connaît la suite de l'histoire...

Le 19 juillet 2006, dans la montée vers La Toussuire, Carlos Sastre (CSC) attaque, et Landis (Phonak), le maillot jaune, craque. Il n'avance plus. Immense défaillance, que Landis expliquera par une « fringale ». Les coureurs de la T-Mobile l'ont vue et décident de mener grand train pour Andréas Klöden, leur leader en l'absence de Jan Ullrich. Landis perd plus de 8 minutes sur Sastre en 11 kilomètres, il arrive 10 minutes après Rasmussen, le vainqueur de l'étape, et sort du Top 10 !

Le 20 juillet 2006, Landis, certainement vexé par son revers de la veille, lance une grande offensive dans le col des Saisies. Deux coéquipiers durcissent le rythme, puis Landis prend le relais et met tous ses concurrents en surrégime. Klöden tente de suivre un moment, mais Landis pédale trop fort et s'envole en solitaire. Il rejoint puis écarte un par un les échappés du matin. Au kilomètre 145, les CSC et T-Mobile font alliance pour rouler et réduire l'écart avec Landis, qui est de 9' 05". Il remporte cette étape et revient à 30 secondes au classement général ! La veille de l'arrivée à Paris – jour où l'on retrouve souvent un contre-la-montre qui aide à récupérer ou consolider des places –, il reprend le maillot jaune pour 59 secondes.

Le jeudi 27 juillet 2006, la Phonak révèle le contrôle positif du coureur américain à la testostérone effectué le soir de son ahurissante épopée. Landis nie pendant des mois et donne de nombreuses explications (soirée arrosée, taux de testostérone naturellement élevé, prise de cortisone pour soigner sa hanche...). Après quatorze mois de procédure, l'Usada le suspend pour deux ans avec effet rétroactif au 30 janvier 2007. Landis passera aux aveux en mai 2010 sous la forme d'un e-mail adressé à la Fédération américaine de cyclisme, où il charge Lance Armstrong et son entourage.

Roger Legeay fonde le Mouvement pour un cyclisme crédible

On ne va pas le cacher : Roger Legeay fait partie de nos amis proches. Nous avons non seulement souffert ensemble lors des 24 Heures du Mans Vélo, une épreuve d'endurance créée en 2009 dont il est le parrain, mais nous avons surtout pour lui une profonde estime en vertu de ses valeurs et de ses prises de positions dans le milieu du cyclisme.

Dix saisons comme coureur professionnel, sept participations au Tour de France, et puis, en fin de carrière, l'occasion, comme Cyrille Guimard l'avait fait chez Gitane, de se reconvertir comme directeur sportif au sein de sa propre équipe Peugeot-Shell-Michelin avant de réaliser une formidable carrière comme manager général à la tête des équipes Z, Gan et Crédit Agricole. À son actif, la victoire du Tour de France 1990 avec Greg LeMond et un doublé sur Paris-Roubaix (en 1992 et 1993) avec Gilbert Duclos-Lassalle.

Parmi ses plus grandes fiertés comme directeur sportif, Roger reconnaissait que celle d'avoir « formé des gamins pour les mener à des victoires d'étapes et au maillot jaune » était chère à son cœur : Simon, Millar, Pensec, LeMond, Simon, Heulot, Moncassin, Vasseur, Voigt, O'Grady, Boardman, Hushovd... « Les parents vous confient leur môme. Vous avez, dit-il, une grande responsabilité. » C'est une des raisons pour lesquelles l'ami Legeay a fondé le MPCC en 2007.

Neuf ans déjà que le cyclisme avait connu le pire tremblement de terre de son existence avec l'affaire Festina, et voilà, en 2006 à Strasbourg, que venait d'exploser à la figure des organisateurs du Tour – telle une grenade dégoupillée – la tentaculaire affaire Puerto. Visiblement, le « milieu » n'avait pas complètement assimilé la leçon... Pire encore avec le cas de Floyd Landis, vainqueur de ce Tour-là, qui avait joué un mauvais tour à tout le monde en se dopant à la testostérone...

Alors un an plus tard, lors du Grand Départ à Londres, lors de la réunion de l'AIGCP (Association internationale des groupes cyclistes professionnels), Roger Legeay a tapé un grand coup dans la fourmilière : la signature d'Ivan Basso chez Liquigas, alors qu'il était visé par l'enquête de l'affaire Puerto, était, selon lui, inacceptable ! Outré que l'association dont il était le vice-président laisse faire, il a quitté la réunion, suivi quelques minutes plus tard par sept autres managers. Tous ensemble, ils créaient le MPCC (Mouvement pour un cyclisme crédible) à bord d'un légendaire bus à impériale dans les rues de Londres...

LES CLÉS POUR COMPRENDRE

Les 3 règles d'or du MPCC

Pour Roger Legeay, l'un des principaux problèmes de la lutte antidopage, outre le fait que les poissons passent souvent entre les mailles du filet, c'est l'indulgence de la profession pour les coureurs fautifs. Les équipes cyclistes sont des PME (elles ont aussi des enjeux sociaux et économiques) pour qui les scandales de dopage sont devenus de véritables tumeurs. Legeay, par exemple, nous raconte qu'il a toujours redouté qu'un de ses coureurs ne se dope, d'abord pour sa santé, pour l'image de l'équipe et celle du sponsor et, de fil en aiguille, pour la survie de sa petite entreprise. C'est pourquoi les équipes membres du MPCC se sont notamment engagées à respecter les trois règles suivantes :

1. Dès la connaissance d'un contrôle positif, l'équipe n'engage plus le coureur concerné jusqu'à la fin de la procédure.

2. En cas de suspension supérieure à six mois, l'équipe licencie le coureur.

3. Les équipes n'engagent pas un coureur qui a été licencié par une autre équipe pour dopage.

Roger Legeay (2e en partant de la gauche), Patrick Lefévère, Christian Prudhomme et Jean-Marie Leblanc : tous les protagonistes réunis lors d'une conférence de presse à Strasbourg au moment de l'explosion de l'affaire Puerto (2006).

12e étape entre Montpellier et Castres : un cordon de policiers entoure Rasmussen à Luchon pour le protéger de l'animosité qu'il a provoquée chez les spectateurs.

LE MAILLOT JAUNE ÉCARTÉ PAR SON ÉQUIPE !

MICHAEL RASMUSSEN,
ALBERTO CONTADOR,
ALEJANDRO VALVERDE

Michael Rasmussen, le poulet aux hormones

Grande première dans l'histoire du Tour en juillet 2007 : on siffle le porteur du maillot jaune à l'arrivée ! Pas un, pas deux ou trois spectateurs aveuglés par la passion, non, TOUT le public s'est mis à huer le premier du classement général : Michael Rasmussen. Stupeur et malaise !

Explications : « Chicken » — le surnom du Danois, dû surtout à ses jambes extrêmement maigres et à son allure générale tendance jeune gallinacé efflanqué — est connu depuis 2005 pour être très à l'aise dans les ascensions. Il a même remporté deux fois le maillot à pois de meilleur grimpeur... Deux ans plus tard, il en fait trop : il ne grimpe plus, il voltige... Il vole, il survole tout et domine tout le monde... Il réussit même à endosser le maillot jaune... Trop, c'est trop... Le doute s'installe... Ses performances étonnent, son emploi du temps avant le Tour aussi.

Il est important de se souvenir que, depuis quelques années, les sportifs de haut niveau doivent communiquer de façon prévisionnelle et précise leur localisation, quatre fois par an, dans un outil mis en place par l'Agence mondiale antidopage (AMA) afin de permettre les contrôles antidopage sans préavis. Et Rasmussen a menti sur sa localisation, de sorte – certainement – qu'il aurait pu ou qu'il a échappé à ce genre de contrôle. Découvrant cette information, l'équipe Rabobank décide de l'exclure du Tour dans la dernière semaine de course alors qu'il est encore en jaune...

Les siffleurs avaient raison, doublement raison. En janvier 2013, Michael Rasmussen, comme Lance Armstrong, a tout avoué : « Je me suis dopé pendant douze ans et je préfère arrêter la compétition. »

« Oui, j'ai utilisé des produits et des méthodes dopantes de 1998 à 2010 », a-t-il déclaré à la presse danoise en énumérant les substances, comme si l'on se trouvait dans un rayon de pharmacie : EPO, hormones de croissance, testostérone, insuline, cortisone, sans oublier les transfusions sanguines. Aveux complets, avec, paraît-il, le nom des fournisseurs et des complices...

« Je suis un homme soulagé », a conclu Michael Rasmussen, se disant prêt à collaborer avec les autorités antidopage. Il était temps...

LE PETIT PLUS

Les exploits du poulet

Rasmussen, pur grimpeur, s'est manifesté sur ce Tour 2007 dès la deuxième arrivée en altitude le 15 juillet avec une victoire en solitaire à Tignes, après avoir décollé dans l'avant-dernière ascension, le col de Hauteville. Il prend le maillot jaune avec plus de 2 min 40 sur Mayo et Valverde. Le 22 juillet, au plateau de Beille dans les Pyrénées, il finit avec Contador (qui gagne l'étape et reprend la deuxième place du général). Rasmussen gagne encore le 25 juillet en haut du col de l'Aubisque mais ce sera son dernier coup d'éclat avant d'être exclu le soir même par son équipe !

GUILLAUME PRÉBOIS,
TOM BOONEN

Un journaliste du *Monde* boucle un Tour « à l'eau claire »

Jeudi 13 juillet 2006, onzième étape entre Tarbes et Val d'Aran-Pla de Beret. 208 kilomètres et une succession de cols à avaler : le Tourmalet, Peyresourde, l'Aspin, le Portillon, puis la montée du Pla de Beret. À l'avant, victoire du Russe Denis Menchov devant Leipheimer et Landis.

Guillaume Prébois sur les Champs-Élysées, tout fier d'avoir réussi son Tour à l'eau claire.

À l'arrière, un gruppetto de plus de 100 coureurs a frisé l'indigestion de montagne et fini à 27 min 45. Pour Tom Boonen, alors deuxième au classement du maillot vert, « une personne normale aurait terminé à l'hôpital », des mots qui ont intrigué Guillaume Prébois, reporter au journal *Le Monde*, au point qu'il a décidé de comprendre ce que l'ex-champion du monde voulait dire et pourquoi il avait dit cela.

Quand Prébois signait ses papiers sur le cyclisme, il savait de quoi il parlait puisqu'il était lui-même cycliste amateur depuis une quinzaine d'années, avec au compteur près de 15 000 kilomètres par an. Prenant Tom Boonen au pied de la lettre, le journaliste a proposé à Éric Fottorino, alors directeur du *Monde* et passionné de vélo, de faire lui-même le parcours du Tour 2007 pour prouver qu'il était parfaitement possible pour un homme de réaliser la Grande Boucle avec des performances de sportif amateur sans se doper et sans finir à l'hôpital.

Festina, Lance Armstrong, Floyd Landis, l'affaire Puerto : dix ans que le monde du cyclisme s'enlisait dans les sables mouvants du dopage. Et au grand départ de Londres en 2007, la volonté d'agir avec d'un côté la création du Mouvement pour un cyclisme crédible (MPCC) par Roger Legeay, le patron de l'équipe Crédit Agricole, et de l'autre, chez les journalistes, l'« Autre Tour » de Guillaume Prébois, bien décidé à montrer qu'une autre voie était possible...

Six mois de préparation, une diététique irréprochable, quatre à six heures de vélo par jour, et un suivi des médecins de l'université de Toulouse ainsi que de l'Agence française de lutte contre le dopage (AFLD). Prébois s'est élancé sur le parcours du Tour 2007 avec un jour d'avance sur les pros. Traité d'opportuniste et de démago par certains, qui se demandaient où était l'honnêteté intellectuelle dans cette idée, boudé par d'autres, Prébois est arrivé à Paris le 22 juillet au terme des 3 570 kilomètres de son périple. Le journaliste du *Monde* a ainsi prouvé qu'il était possible de faire le Tour « à l'eau claire » à 30 km/h de moyenne...

Ben Stiller dérègle le vélo de chrono d'Armstrong !

De très longues années après l'été caniculaire de 1950 et la baignade du peloton à Sainte-Maxime, le Tour revenait dans le Sud en 2009 pour y réaliser une gigantesque transversale de Monaco à Tarbes en passant par Perpignan... Un prologue dans les rues de Monaco remporté par le spécialiste en la matière, Fabian Cancellara, et très vite, pour la quatrième étape, un contre-la-montre par équipes autour de Montpellier. Parcours extrêmement roulant, donc extrêmement rapide : les Astana des top guns (Lance Armstrong, Alberto Contador et Andreas Kloden) ont écrasé la concurrence à plus de 50 km/h de moyenne !

On pensait que l'étape n'aurait pas échappé aux Garmin, qui avaient spécialement composé leur groupe pour cette étape avec des super-spécialistes (Vande Velde, Millar, Zabriskie, Wiggins). Ils ont fini deuxièmes à 18 secondes. Troisièmes, les Saxo-Bank des frères Schleck et du maillot jaune Cancellara.

Curiosité du classement : Cancellara et Armstrong se sont retrouvés à égalité de temps. Dans ce cas-là, le règlement stipule qu'il faut se référer aux centièmes de seconde enregistrés lors des contre-la-montre individuels. Et donc le Suisse pouvait conserver le maillot pour 22/100es...

Mais l'histoire aurait très bien pu ne pas se dérouler ainsi ce jour-là à cause d'une défaillance, d'une crevaison, d'un pépin mécanique... Première vraie raison : les Astana auraient pu perdre des coureurs sur chute. Le parcours était rapide mais aussi très tortueux avec des routes étroites. C'est ce qui s'est passé pour les équipes Bouygues Telecom et Skill, dont respectivement quatre coureurs sont partis à la faute dans un virage en pleine cambrousse !

L'autre raison, une histoire dont très peu de monde a entendu parler : Lance Armstrong a failli partir avec un vélo complètement déréglé ! La faute à l'acteur américain Ben Stiller, venu faire le fanfaron devant le bus des coureurs, pendant que l'équipe Astana s'échauffait sur home-trainer. Armstrong, alerté par son mécano, était venu modérer les ardeurs du facétieux comédien ! Mais le mal était fait : le système de transmission SRAM du champion craquait... Il lui a fallu des nerfs solides pour se rencontrer sur l'objectif du chrono !

Lance Armstrong à l'échauffement avant le contre-la-montre.

EN CHIFFRES

50,3 km/h

La vitesse moyenne des Astana, vainqueurs du chrono par équipes de Montpellier

Port de Balès : Contador attaque Schleck pendant qu'il coince sa chaîne

La couverture médiatique et la passion populaire autour du Tour de France métamorphosent les épiphénomènes en drames, les exploits en épopées, les cas de dopage en crimes contre la sportivité... La preuve lors de la quinzième étape du Tour 2010.

Port de Balès : aidé par le mécanicien de la voiture neutre (polo jaune Mavic), Andy Schleck tente de repartir après avoir coincé sa chaîne.

Depuis le départ à Rotterdam, ce Tour est émaillé (comme chaque année, nous direz-vous) de faits de course qui créent les petites et les grandes histoires du Tour.

Cela commence par une chute collective dans la descente du col de Stockeu, au cours de la deuxième étape Bruxelles-Spa. La chaussée ressemblait au « carrelage humide d'une salle de bains ». Le maillot jaune, Cancellara, décide d'attendre les leaders impliqués dans la chute (les frères Schleck, retardés à 3' 30"). Chavanel, échappé depuis le kilomètre 11, gagne l'étape et le maillot jaune. Le peloton passe la ligne sans sprinter.

Le lendemain, le Tour offre des secteurs pavés aux coureurs. Cancellara protège Andy, qui perd son frère Frank sur fracture de la clavicule. Armstrong crève. Contador revient d'un troisième groupe et limite la casse.

Et c'est lors de la quinzième étape, dans le port de Balès, que ces événements trouvent écho. Andy Schleck, le maillot jaune, se sent très fort et mène les opérations derrière l'exploit du champion de France (Voeckler), qui va gagner l'étape, alors que la réalisation propose un plan d hélicoptère : Schleck accélère très fort. Vinokourov gicle dans sa roue. Tout à coup, le Luxembourgeois stoppe son effort et regarde sa chaîne. Visiblement, elle s'est coincée. Au même moment, Contador dépasse Schleck par la droite et emmène Samuel Sánchez et Denis Menchov. Schleck met 30 secondes avant de repartir, et il passe au port de Balès à 17 secondes. Il arrive 39 secondes après Contador, qui lui prend le maillot jaune pour 8 secondes. Schleck est amer.

Dès l'arrivée, la polémique enfle sur Internet : journalistes et twittos s'en donnent à cœur joie. Contador poste sur YouTube, le soir même, une vidéo depuis sa chambre d'hôtel, où il s'explique et se dédouane : « Je ne l'ai pas vu. » Ce n'est pas pour cet impair qu'il perdra son maillot jaune, mais pour une affaire de dopage, une de plus...

LES ANGLAIS ET LA QUÊTE DU GRAAL

Le programme Sky : gagner le Tour d'ici 2014

Michael Schumacher, le Real Madrid de Zidane, Roger Federer, Rafael Nadal, Sébastien Loeb, le PSG qatari, Miguel Indurain, Lance Armstrong : l'histoire du sport est faite de ces champions qui ont un temps régné sans partage. Les Britanniques de la Sky sont de ceux-là. Et leur parcours prouve que, partis d'une feuille blanche, ils ont su se forger un palmarès en or à la force des jarrets !

Tout commence en 1996 quand, le Royaume-Uni finissant trente-septième au tableau des médailles des Jeux d'Atlanta, le Premier ministre, John Major, décide de réaffecter les fonds perçus par la loterie nationale (usuellement alloués aux actions caritatives culturelles) au sport de haut niveau, et en particulier aux disciplines avec un haut potentiel de médailles : aviron, athlétisme, gymnastique, natation et cyclisme sur piste. Les premiers résultats arrivent dès les Jeux de Sydney avec quatre médailles, dont l'or pour Jason Queally. La Grande-Bretagne confirme à Athènes avec encore quatre podiums (dont deux titres) puis neuf à Pékin (dont sept titres), neuf à Londres (dont sept titres en dix épreuves), onze à Rio (dont six titres) !

Une métamorphose que l'on doit à un homme, Dave Brailsford, nommé en 2003 directeur de la performance de la British Cycling (la fédération de cyclisme britannique), et à sa méthode des « gains marginaux » : du choix des hôtels à la recherche et au développement des vélos, de la diététique aux textiles innovants, des programmes d'entraînement à l'hébergement des coureurs… Brailsford ne laisse rien au hasard, poussant jusqu'à suivre lui-même les paramètres physiologiques de ses poulains ! Un écran de fumée ou de la poudre aux yeux pour certains sceptiques, du génie pour les supporters.

Contrairement à sa réussite sur la piste, sur la route, le Royaume-Uni vit une traversée du désert symbolisée en 2004 et en 2005 par l'absence de coureurs britanniques sur le Tour… Mais l'immense succès populaire du grand départ 2007, à Londres, provoque un électrochoc pour la fédération, qui décide de mettre les sujets de Sa Majesté à la pratique de la « petite reine » : campagnes de pub, création de clubs, rénovation des pistes cyclables, démultiplication des événements cyclistes (championnats du monde de BMX et sur piste, création de la RideLondon, lobbying pour accueillir de nouveau le Tour de France et obtenir l'organisation des championnats du monde sur route…), la liste des initiatives est longue. La clef de voûte est la création d'une équipe cycliste sur route pour l'UCI ProTour, managée par Brailsford *himself* et financée à coups de millions de livres sterling par BSkyB (le puissant opérateur de télévision par satellite britannique, propriété du magnat australien des médias Rupert Murdoch). L'objectif est extrêmement ambitieux : mettre un Britannique sur la première marche du Tour de France d'ici 2014 !

Smart, exigeants et professionnels jusqu'au bout des ongles, Bradley Wiggins, Chris Froome, Geraint Thomas et le Colombien Egan Bernal vont tour à tour gagner leurs Tours (sept entre 2012 et 2019), démontrant par la pratique la maxime d'Oscar Wilde : « Il faut toujours viser la Lune, car même en cas d'échec, on atterrit dans les étoiles. »

Photo officielle de l'équipe Sky pour la saison 2010.

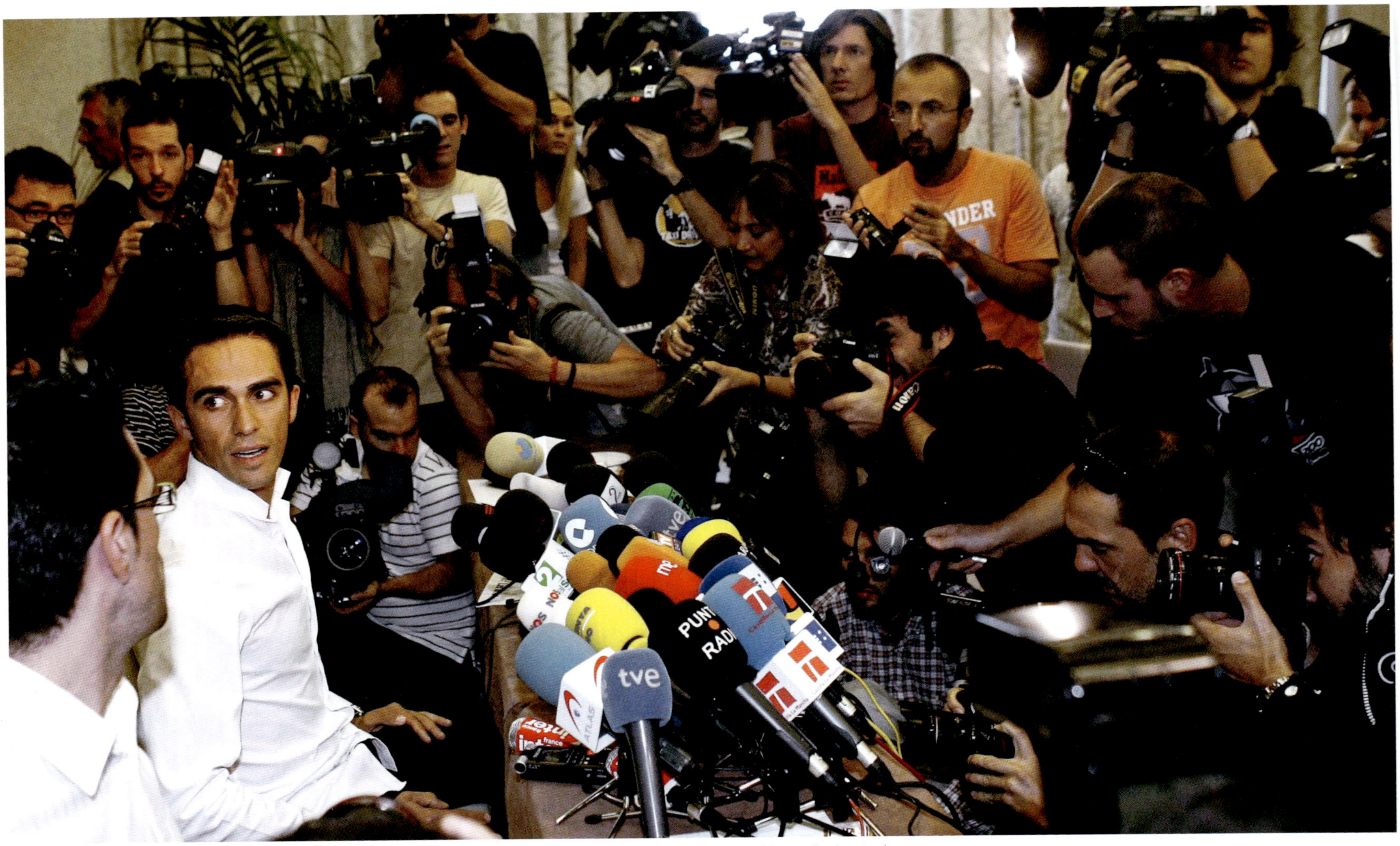

Alberto Contador tente de défendre sa cause face à la presse après la révélation de son contrôle positif au clenbutérol.

DOPAGE ET MENSONGE

Contador incrimine un morceau de viande !

C'est l'histoire d'un Espagnol dont la vie, au bout de presque trente ans, a déjà été marquée par deux épisodes cataclysmiques. L'un pour l'homme, l'autre pour le sportif. Des chiffres pour comprendre...

Alberto Contador 61 kilos tout mouillé pour 1,76 m. Léger comme une brindille. Un physique fragile peut-être... La vie de Contador a failli s'arrêter au Tour des Asturies 2004, lorsqu'il s'effondre. Début de rupture d'anévrisme. Opération délicate pour résorber son œdème cérébral, 70 points de suture. Il remarche un mois après et remonte sur le vélo au bout de six mois.

Un métabolisme néanmoins très favorable fait du « Pistolero » (son surnom) un extraordinaire grimpeur capable de multiplier les sprints en montagne pour décramponner ses adversaires. Une force de caractère certaine, beaucoup de travail et une vélocité naturelle ont fait de lui un grand rouleur, quand d'autres, comme Virenque, n'y sont jamais parvenus. C'est pour cela que lui, le natif de Madrid, a conquis et conservé le maillot jaune, remportant trois Tours de France (2007, 2009 et 2010) notamment. Mais il n'est pas imbattable il commet des erreurs (bordure des Columbia, Tour 2009) et il est prenable en montagne (Pierre Rolland, l'Alpe-d'Huez 2011).

Alberto Contador 50 picogrammes de clenbutérol par millilitre. Une quantité infinitésimale d'anabolisant retrouvée dans ses urines lors de la deuxième journée de repos à Pau sur le Tour 2010, le 21 juillet. Le journal *L'Équipe* pense à une autotransfusion sanguine (le plastique dans l'échantillon). L'Espagnol crie à la contamination alimentaire (un morceau de viande) et se dit prêt à arrêter la compétition s'il est suspendu.

Si Contador n'est finalement pas inquiété par l'opération Puerto en 2006, cette microquantité de clenbutérol a l'effet d'une bombe. En 2012, le TAS (Tribunal arbitral du sport) confirme son contrôle et le suspend pour deux ans, rétroactivement. Ses victoires dans le Tour 2010 et le Giro 2011 lui sont retirées. Et ce prétendu « morceau de viande contaminée » nous reste en travers de la gorge.

Mark Cavendish en larmes à Montargis

Incroyable, il gagne l'étape, et en direct dans *Vélo Club*, au lieu de nous offrir un sourire d'adolescent coquin qui a réussi un bon coup, Mark Cavendish se met à pleurer. De vraies larmes pour une vraie émotion.

Début du Tour 2010, l'Anglais (champion du monde en 2011 et élu meilleur sprinteur de l'histoire du Tour en 2012) n'arrive plus à gagner... Son très fameux « double kick » (double accélération) est moins efficace, mal placé dans les derniers kilomètres. Bref, « le Cav » nous joue la mélodie en sous-sol... Déception... Doute... Petacchi gagne à Bruxelles et à Reims, Hushovd à Arenberg, Chavanel à Spa et Cavendish est aux abonnés absents...

Être sprinteur, ce n'est pas seulement accélérer à 150 mètres de la ligne, battre tout le monde et lever les bras avant de recevoir les gros bouquets de fleurs. Dès le départ d'une étape de plaine, le sprinteur n'a qu'une obsession, économiser son énergie pour l'effort final en se cachant dans les roues. Ses équipiers participent au tempo du peloton pour montrer l'intérêt de l'équipe pour l'étape, ne réagissant que lorsqu'un autre sprinteur s'échappe. Ils prennent les choses en main à 10 kilomètres de la ligne et accélèrent l'allure pour éviter de se laisser déborder par les équipes concurrentes. Cinq kilomètres, 4, 3, 2... Un par un, comme les étages d'une fusée, ils s'écartent après avoir fourni un effort violent. À 200 mètres de la ligne, son dernier coéquipier (son « poisson pilote ») s'écarte lui aussi, et les hommes fusées s'expliquent... Et, à ce jeu-là depuis 2008, sur le Tour, c'est Cavendish le plus fort, boule de muscles, mâchoires serrées, les yeux fixés sur la ligne de délivrance.

Et ce jour-là à Montargis, il gagne et il pleure ! En un instant, toute sa frustration du début du Tour s'évacue. Soulagement, bonheur intense... Et ces larmes du bad boy, qui avoue écouter la Callas chez lui, en Toscane, pour se détendre, vont émouvoir tous les passionnés du Tour. Cavendish reprend sa série de succès et imprime sa « Mark » sur le Tour avec trente victoires, dont quatre d'affilée sur la plus belle avenue du monde, les Champs-Élysées – série en cours.

Cavendish lève les bras à Montargis. Il a battu Rojas, McEwen, Farrar, Hushovd et Boasson Hagen.

FOCUS

Mark Cavendish

Mark Cavendish est un sprinter hors pair et il l'a prouvé sur les grands Tours

- Champion du monde (2011) et de Grande-Bretagne (2013)
- Tour de France 30 victoires d'étapes et le classement par points (2011)
- Giro 15 victoires d'étapes et le classement par points (2013)
- Vuelta 3 victoires d'étapes et le classement par points (2010)
- La classique Milan – San Remo (2009)

LE PETIT PLUS

Les cinq plus gros vainqueurs d'étapes du Tour

1. **Eddy Merckx :** 34 victoires
2. **Mark Cavendish :** 30 victoires
3. **Bernard Hinault :** 28 victoires
4. **André Darrigade :** 22 victoires
5. **Jacques Anquetil :** 16 victoires

Lance Armstrong, déchu de ses 7 Tours et de toutes ses victoires, aurait figuré en quatrième position avec 25 victoires d'étapes (principalement en montagne et en contre-la-montre).

Côté sprinteurs, entre 2013 et 2017, l'Allemand Marcel Kittel avait cumulé un total de 14 victoires, passant ainsi devant trois autres stars des sprints massifs : Mario Cipollini, Erik Zabel et Robbie McEwen – tous les trois à 12 victoires (tout comme Miguel Indurain d'ailleurs).

EN CHIFFRES

30

Le nombre record de victoires de Mark Cavendish au sprint sur le Tour

LE CHOUCHOU

Thomas Voeckler deux fois dix jours en jaune

L'époque où les Tricolores dominaient le Tour de France (Anquetil, Hinault et Fignon 12 victoires à eux trois) a beau être révolue, le public français continue de se passionner pour les héros du macadam qui portent haut les couleurs et les valeurs gauloises l'orgueil et le panache, l'instinct et l'offensive. Richard Virenque, Laurent Jalabert, Sylvain Chavanel, David Moncoutié, Sandy Casar, Pierrick Fédrigo, Pierre Rolland, Christophe Riblon… Julian Alaphilippe, Romain Bardet, Warren Barguil aussi… et surtout Thomas Voeckler !

L'Alsacien installé en Vendée s'est révélé sur le Tour 2004 en passant à vingt-cinq ans – excusez du peu – du maillot de champion de France au maillot jaune. La Grande Boucle était écrasée depuis 1999 par la force et la faim de l'ogre Lance Armstrong. Et « Ti'blanc » (son surnom), profitant d'une échappée fleuve à Chartres (12 min 33 d'avance sur le peloton), a porté le maillot jaune durant dix jours en résistant du mieux qu'il pouvait à l'armada de l'US Postal, tel Astérix contre l'envahisseur romain…

Voeckler pratiquait un cyclisme offensif et opportuniste, c'était un véritable renard doué d'instinct et de courage. Il sentait les coups et savait ruser pour gagner. Des étapes, il en a gagné quatre d'abord en 2009 entre Le Cap d'Agde et Perpignan (9e étape), où il fausse compagnie aux échappés à 4,7 km de la ligne.

Il gagne deux fois Bagnères-de-Luchon, d'abord en 2010 (15e étape), maillot de champion de France sur les épaules (encore) et meilleur grimpeur d'une échappée de dix coureurs, Voeckler est passé seul en tête au dernier col (le port de Balès) avant de plonger sur l'arrivée. Rebelote en 2012 (16e étape) mais cette fois-ci par le col de Peyresourde, Voeckler voulait « faire les points » du grimpeur après avoir gagné la 10e étape entre Mâcon et Bellegarde-sur-Valserine. À Paris, il était monté sur le podium avec le maillot à pois…

Indiscutablement, le sommet de sa carrière se situe sur le Tour 2011. Comme en 2004, le chouchou des Français s'est embarqué dans une échappée qui a conditionné la suite de son Tour… Johnny Hoogerland poussé dans les barbelés par une voiture de la télévision, Voeckler levait les bras à Saint-Flour avec un petit capital de 2 min 26 d'avance sur Cadel Evans. Jouant profil bas, sans faire de plans sur la comète, Thomas a alors déployé une force qu'on ne lui connaissait pas pour défendre son maillot au jour le jour à Luz-Ardiden, au plateau de Beille, puis en levant le poing rageur au bout de la souffrance en haut du Galibier…

On avait beau rêver, Thomas a finalement craqué dans la dernière arrivée en altitude à l'Alpe-d'Huez pour céder le maillot à Andy Schleck avant qu'Evans ne le prenne le lendemain sur le chrono de Grenoble…

LE PETIT PLUS

Les Français en jaune, depuis la dernière victoire de Bernard Hinault en 1985

- **20 jours :** Thomas Voeckler
- **17 jours :** Julian Alaphilippe
- **10 jours :** Pascal Lino
- **9 jours :** Laurent Fignon (22 sur l'ensemble de sa carrière)
- **7 jours :** Thierry Marie
- **6 jours :** Charly Mottet
- **5 jours :** Cédric Vasseur, Bernard Hinault (75 sur l'ensemble de sa carrière)
- **4 jours :** Laurent Jalabert
- **3 jours :** Stéphane Heulot, François Simon
- **2 jours :** Sylvain Chavanel, Jacky Durand, Martial Gayant, Laurent Desbiens, Christophe Moreau, Ronan Pensec, Richard Virenque
- **1 jour :** Jean-François Bernard, Cyril Dessel, Dominique Gaigne, Romain Feillu, Tony Gallopin, Luc Leblanc, Frédéric Moncassin, Jean-Patrick Nazon

Au bout de lui-même à l'arrivée en haut du Galibier, Voeckler lève le poing car il conserve son maillot jaune pour un jour encore…

THOMAS VOECKLER,
LANCE ARMSTRONG,
CADEL EVANS

FRED GRAPPE,
GÉRARD GUILLAUME

Les coureurs se mettent à la cryothérapie corps entier

« Faire le métier » offre diverses interprétations, certains diront que c'est être consciencieux (bien manger, bien récupérer, se raser les jambes, se faire masser), d'autres que c'est être fin tacticien sur le vélo (être bien caché dans les roues, faire le porteur d'eau...), et il y a aussi ceux qui utilisent cette expression pour évoquer à mots couverts les pratiques dopantes.

Après l'étape et ses sollicitations médiatiques, chaque seconde compte pour effacer la fatigue ! D'abord, la douche dans le bus, puis les bas de contention et les jambes en l'air pendant le transfert vers l'hôtel. Enfin, le massage : un coureur passe une heure chaque soir entre les mains de son masseur pour dénouer ses muscles noyés dans les toxines. Certains ajoutent une récupération active, comme l'électrostimulation musculaire.

Autre technique de soin, le froid, un excellent stimulant vasculaire et cardio-respiratoire, avec aussi de formidables effets anti-inflammatoires. La cryothérapie corps entier (CCE), inventée dans les années 1980 pour les malades souffrant de rhumatismes, a été très tôt exploitée en Union soviétique pour la récupération et la préparation des athlètes, notamment lors des Jeux olympiques de Moscou. En France, on préférait les bains de glace, notamment dans le football et le rugby de haut niveau. En 1985, la Weserland-Klinik de Vlotho, en Allemagne, ouvre la première chambre froide. En France, c'est au CERS de Capbreton, le centre européen de rééducation du sportif, qu'ouvre le premier complexe de CCE. L'INSEP lui emboîtera le pas en 2009, année où Fred Grappe, le directeur de la performance du team FDJ, et Gérard Guillaume, le médecin de l'équipe, testent la CCE sur leurs coureurs avant d'expérimenter cette technique de soin en stage et en course sur le Critérium du Dauphiné 2011. Les résultats sont concluants et, un mois plus tard, deux équipes françaises (FDJ et AG2R) embarquent la CCE sur le Tour.

Le coureur entre dans un cylindre vertical de 1,80 m installé dans un camion aménagé, capable de suivre l'équipe dans les villes étapes. Il est plongé dans un froid sec produit par de l'azote liquide qui retourne à l'état gazeux. La séance est courte, trois minutes. Mais, en moins d'une seconde, ce froid intense (entre – 150 °C et – 180 °C) permet d'abaisser la température de la peau (jusqu'à 7 °C) et du corps (de 0,5 °C). À la clef, purification des toxines, effets antalgique et anti-inflammatoire. Un froid qui stimule la circulation sanguine, améliore le système immunitaire et favorise la réparation des tissus.

Réticents et dubitatifs au début, les coureurs ont vite adopté cette pratique et reconnaissent volontiers qu'ils ont moins mal aux jambes après une séance de CCE !

Maxime Bouet dans un cylindre de cryothérapie lors du Critérium du Dauphiné en 2011.

Une voiture suiveuse envoie Hoogerland dans les barbelés !

Nous sommes le dimanche 10 juillet 2011 ; les coureurs se dirigent vers Saint-Flour, et une série de chutes va marquer la neuvième étape, d'abord l'élimination d'Alexandre Vinokourov (Astana) sur fracture du fémur et celle de Jurgen Van den Broeck (Omega Pharma) pour une omoplate cassée. Deux prétendants au podium pour ce quatre-vingt-dix-huitième Tour de France. Chute également ce jour-là pour Alberto Contador, mais, incontestablement, l'image que l'on retiendra, c'est Hoogerland dans les barbelés...

Cinq coureurs échappés caracolent en tête : Sandy Casar, Juan Antonio Flecha, Luis León Sánchez, Thomas Voeckler (qui endossera le maillot jaune ce jour-là et pour dix jours) et Johnny Hoogerland, le Hollandais du team Vacansoleil. Ce groupe est suivi d'un certain nombre de véhicules : directeur de course, directeurs sportifs des coureurs échappés, motos images, partenaires et presse (cent trente véhicules sont autorisés sur la course, dont quarante-quatre de directeurs sportifs). Alors que les échappés progressent sur une route étroite à travers les champs du Cantal, à une quarantaine de kilomètres de l'arrivée, un véhicule logistique de la télévision française tente de les dépasser. Il touche et déstabilise Flecha, qui prenait un relais en tête du groupe, Voeckler fait un écart et évite la chute. Hoogerland, dans sa roue, s'envole et va s'accrocher dans les barbelés. Photo explicite !

Hoogerland repart « au courage », les jambes lacérées et ensanglantées, il finit l'étape un quart d'heure après les autres et endosse, en larmes, le maillot du meilleur grimpeur. À la faveur de la journée de repos, ses jambes sont recousues de trente-trois points de suture. La direction du Tour déclarera que le conducteur n'a pas respecté les consignes de Radio Tour – le média d'information des véhicules suiveurs – et sanctionne le pilote. Hoogerland, lui, réussit heureusement à terminer son Tour.

LE PETIT PLUS

Poulidor aussi en 1968 !

Accident aussi spectaculaire qu'impensable (tant chaque année l'organisation insiste sur la sécurité routière) mais pas inédit dans l'histoire du Tour : on se souvient de Lucien Van Impe bousculé par une voiture dans la montée de l'Alpe-d'Huez en 1977. Mais une image en particulier a marqué la mémoire collective, c'est celle de Raymond Poulidor, maillot de l'équipe de France sur les épaules (le Tour se courait à l'époque par équipes nationales) et le visage rouge de sang. Nous étions le 14 juillet 1968, jour de fête nationale qui tourne (presque) au drame national car Poupou est à terre ! Quinzième étape entre Font-Romeu et Albi (230,5 km) et à 30 kilomètres de l'arrivée, une moto de presse fait un écart pour éviter des spectateurs, elle touche Gonzalez puis heurte la roue arrière de Poulidor, qui plonge la tête la première sur l'asphalte !

Ce qui est terrible dans cette histoire, c'est l'esprit antisportif de ses adversaires (Jan Janssen et les coureurs de l'équipe de France B notamment), qui lancent une offensive à ce moment-là ! Au terme d'une course-poursuite effrénée, Raymond ne concède que 1 min 15 à l'arrivée. Mais le lendemain à Aurillac s'ajouteront 9 minutes supplémentaires. Poulidor a serré les dents mais il n'en peut plus et ne repartira pas cette chute a foutu son Tour 1968 en l'air. Depuis, à Damiatte dans le Tarn, où le champion est tombé, une stèle a été érigée au bord de la route...

Johnny Hoogerland emmêlé dans les barbelés.

Jens Voigt fait demi-tour dans l'Alpe-d'Huez !

Vendredi 22 juillet 2011, dix-neuvième étape entre Modane et l'Alpe-d'Huez. À deux jours de Paris, Thomas Voeckler est encore en jaune après un formidable Tour de France, mais comme il s'en doutait, son avance au classement s'est réduite à peau de chagrin à mesure que le peloton franchissait les difficultés des Pyrénées et des Alpes, en particulier dans le Galibier, où il ne peut plus suivre Andy Schleck, Alberto Contador et Cadel Evans...

En même temps, Pierre Rolland, son coéquipier de luxe, est dans un grand jour, il a un bon de sortie pour aller disputer l'étape à la star espagnole. En gagnant au sommet de l'Alpe, le grimpeur des Europcar devient le deuxième Français à vaincre la muraille de l'Oisans et endosse le maillot blanc de meilleur jeune à Paris.

Une autre histoire de cette étape demeure relativement méconnue, mais elle est tout aussi belle à raconter que les exploits de Voeckler et Rolland. L'Allemand Jens Voigt est venu nous la raconter à notre micro deux ans plus tard au Semnoz, lors de l'avant-dernière étape du 100e Tour de France après avoir reçu le prix de la combativité.

Dans la montée de l'Alpe, Voigt s'est relevé à 5 kilomètres de l'arrivée avec le sentiment du devoir accompli et pour finir l'ascension « à sa main ». Il avait « fait le boulot » pour ses leaders, les frères Franck et Andy Schleck. Il raconte la suite « À 3 kilomètres de l'arrivée au sommet, je termine ma dernière gourde de boisson. Comme d'habitude, je cherche du regard un enfant à qui la donner. Un petit garçon apparaît. Je fais glisser la gourde pour qu'elle lui tombe aux pieds. » Sauf que c'est un homme d'une quarantaine d'années qui pousse l'enfant et attrape la gourde ! « J'ai vu la scène, j'ai continué quelques dizaines de mètres et je me suis dit "Non, je ne laisse pas passer ça." J'ai donc redescendu à contresens, jusqu'à retrouver l'homme et le petit garçon. » Pied à terre, Jens Voigt s'adresse à l'homme : « Tu as bien compris que je voulais la donner à ce petit, maintenant tu lui donnes la gourde ! » Pris la main dans le sac et surpris par la réaction du coureur, l'homme a ressorti la gourde en question pour la rendre à son destinataire initial.

Jens Voigt est reparti sous une ovation et avoue : « J'ai eu plus d'applaudissements que le vainqueur ce jour-là, je crois. » Cette histoire ne nous surprend pas tant Jens Voigt a fait l'unanimité à son égard dans le peloton, elle ne nous surprend pas non plus à propos de la bêtise de certains spectateurs. J'ai fait cinq fois le Tour dans la caravane publicitaire et j'ai vu un nombre incalculable d'hommes et de femmes arracher les cadeaux publicitaires aux mains des enfants....

Sur la route entre le passage du Gois et le mont des Alouettes, un petit geste d'Andy Schleck pour mettre dans la lumière Jens Voigt, un travailleur de l'ombre...

ANDY SCHLECK,
CADEL EVANS,
ALBERTO CONTADOR

Andy Schleck ressuscite les raids à l'ancienne

Des étapes de plaine qui se finissent au sprint, des étapes de montagne étouffées par l'équipe du maillot jaune... Si le cyclisme depuis les années 2000 est devenu trop systématique, certains coureurs ont eu le courage de tenter leur chance de loin. Exemple parfait avec Andy Schleck en 2011.

Andy Schleck seul au monde dans la Casse Déserte (Izoard).

Thomas Voeckler est en jaune, s'il résiste déjà depuis quelques jours en montagne, son avance est en train de fondre, il ne lui restera plus assez lors du contre-la-montre pour gagner le Tour... Mais en réalité, la course va se jouer entre les frères Schleck, Cadel Evans et Alberto Contador.

Et c'est Andy le cadet qui va mettre le feu aux poudres en décollant dans l'Izoard, à 62,5 km de l'arrivée, là où le vent de face aurait découragé tout le monde... Aucune réaction dans le groupe maillot jaune, le grimpeur luxembourgeois passe le col avec déjà 2 min 15 s d'avance. Andy (qui était le matin même quatrième au général à 2 min 36) poursuit son effort dans la descente et revient sur Maxime Monfort (son coéquipier, membre d'une échappée de seize coureurs partie au km 44) et Dries Devenyns, coureur de la Quick Step, qui va, à la surprise de tout le monde, rouler avec Andy Schleck...

Bien soutenu, Andy réussit à augmenter son avance jusqu'à 4 min 25 s à 10,5 km de l'arrivée ! Il est virtuel maillot jaune avec près de 2 minutes d'avance au général. C'en est trop pour Cadel Evans, qui voit à travers le contre-la-montre à la veille de Paris l'opportunité de gagner enfin son premier Tour de France. À 11,5 km de l'arrivée, l'Australien, acculé, décide donc de prendre ses responsabilités. Il change de braquet, se dresse sur les pédales et se met à rouler sans rien demander à personne ! Evans réduit l'écart de 2 minutes, Thomas Voeckler s'accroche mais Alberto Contador explose et perd sur Evans et le Français plus de 1 min 30 en 3 kilomètres.

Si l'on se fie au « systématisme » des étapes de montagne, on aurait pu penser que ce raid d'Andy Schleck était suicidaire. Seulement en 2011, plus d'US Postal depuis déjà quelques années, pas encore le train Sky. Andy a donc eu du flair et du courage, sa témérité a payé à Paris, il allait monter sur le podium pour la troisième fois en trois ans...

COUP DE CŒUR

STÉPHANE BERN

Présentateur TV / radio

VIVE LE LUXEMBOURG !

En tant que luxembourgeois, je ne peux pas renier ma nationalité, je me dois d'admirer nos deux héros, les frères Schleck. Andy en particulier, maillot jaune de la gentillesse. Jamais un mot plus haut que l'autre, il répond à toutes les sollicitations : un autographe, une photo, un sourire. En plus, sur le vélo, il a une grande classe malgré la souffrance. On se croise de temps en temps, et en dépit des succès, il n'a pas changé ! Je suis fier de mes amis, les deux frères Schleck – les deux lions rouges, comme l'emblème du Luxembourg !

BMC

LE PREMIER KANGOUROU VAINQUEUR DU TOUR

Evans, poissard mais patient

Si Cadel Evans atteint son Graal le dimanche 24 juillet 2011, c'est au bout d'un long chemin de croix, car Cadel est poissard. Pourtant vététiste, donc précis dans le pilotage, il est poursuivi par la malchance.

En 2003, par exemple, trois fractures de la clavicule gauche le tiennent éloigné des grandes courses. En 2008, Evans tombe lors de la neuvième étape avant d'endosser le maillot jaune pour cinq jours. En 2010, rebelote Evans doit souffrir en jaune, victime d'un trait de fracture au coude gauche. Il n'abandonnera que le maillot, pas la course.

Revenons sur ce Tour 2008, où une autre histoire, celle-là inconnue du grand public, va compliquer la carrière du sympathique Australien. Daniel Borowczak, dit « Boro », la relate dans son livre *Prostate Blues*.

Samedi 26 juillet 2008, veille de l'arrivée à Paris, Cadel est resté placé au classement général. L'équipe Silence-Lotto est certaine qu'il va gagner le Tour, car le traditionnel contre-la-montre ne doit être qu'une formalité pour lui. « Boro », chargé des relations publiques de l'équipe, va organiser des festivités en grande pompe à l'Olympia et au Hard Rock Café. Dans un esprit plus détendu que ces dîners où les coureurs doivent faire la courbette à leurs sponsors. Seulement, l'Australien ne réalise pas la performance que tout le monde attendait et reste derrière l'Espagnol Carlos Sastre.

Qu'importe, « Boro » maintient les deux événements et promet une fête débridée aux coureurs. Et, dans le courant de la soirée, la pression s'évapore. Chiara chante « Your Song » à Cadel, son mari. Robbie McEwen engage un saute-mouton, et Evans enchaîne sur le dos de « Boro ». Crac ! Chute stup de et surtout blessure. Distorsion du genou droit avec rupture du ligament croisé antérieur pour Cadel. Une blessure qui remet en cause la participation de Cadel aux JO de Pékin et dont la presse australienne fera ses choux gras.

Mais, comme un kangourou, Evans va rebondir haut, très haut, il est champion du monde en 2009 puis en 2011, et devient surtout le premier Australien vainqueur du Tour de France. Il révèle au grand public sa profonde gentillesse et son sens de l'abnégation. Exemplaire.

LE PETIT PLUS

Comment Evans a-t-il gagné le tour 2011 ?

Le Tour 2011 s'est résumé pour Cadel, comme toute sa carrière, à une longue course de patience : attendre que la voie se dégage (parce que visiblement, en sportif honnête, il ne se battait pas avec les mêmes armes que certains), attendre que la malchance cesse de l'accabler de blessures, attendre enfin le jour J où il aurait à prendre ses responsabilités…

Ce jour est arrivé le jeudi 21 juillet entre Pinerolo et Serre-Chevalier. Thomas Voeckler avait encore le maillot jaune sur les épaules et suivait les meilleurs grimpeurs en montagne, et Andy Schleck a lancé une grande offensive à 62 kilomètres de l'arrivée, dans le col de l'Izoard, en ressuscitant les « raids à l'ancienne ». Voyant l'écart rapidement augmenter et aucun concurrent direct réagir, Evans a pris ses responsabilités et roulé sans se soucier du fait qu'il emmenait tout le monde sur son porte-bagages… Il fallait absolument limiter le retard sur Andy Schleck parce que l'Australien savait qu'il aurait alors toutes ses chances avec le contre-la-montre de Grenoble… Et c'est exactement ce qui s'est passé… Seul Tony Martin, le spécialiste de la discipline, l'a devancé de 7 secondes et Evans a touché son Graal la veille de l'arrivée à Paris !

Volontairement ou pas, Chris Froome malmène son leader, Bradley Wiggins, dans la montée vers Peyragudes.

UN ÉQUIPIER TROP AMBITIEUX

Des petits nuages dans un Sky tout bleu...

En fondant Team Sky fin 2009, les dirigeants du cyclisme britannique le clament haut et fort : « Nous visons la victoire dans le Tour pour un coureur britannique d'ici à 2014 ! »

Un Britannique vainqueur du Tour incongruité ? Utopie ? Non, c'était en fait l'ambition affichée de Dave Brailsford, manager de l'équipe et directeur de la performance de la fédération britannique. Il voulait appliquer au cyclisme sur route britannique les ingrédients qui ont fait leur succès mondial sur piste. Une ambition devenue la fierté de tout un peuple grâce à la victoire de Bradley Wiggins sur le Tour 2012.

Ingénieurs, graphes de performances, reconnaissance des étapes, psychologues... le Team Sky veut tout contrôler dans un sport dont l'ADN est entre autres composé de panache et d'imprévus. Brailsford place le collectif comme un dogme, les uns au service des autres, au service du projet Sky. Cavendish pour les sprints, Wiggins pour la victoire finale. Et la fin du Tour 2012 laisse entrevoir les fragilités d'un tel équilibre...

Le jeudi 19 juillet 2012, la belle mécanique s'enraye. Chris Froome, qui finira deuxième de ce Tour, est le fidèle lieutenant de « Wiggo ». Il est bien meilleur que lui en montagne, et le problème, c'est qu'il le montre !

Comme à La Toussuire, Froome, « le Kényan blanc », a des jambes de feu et décroche son leader. Il veut aller chercher Valverde, qui est devant à 20 secondes. Par manque de tact ou au contraire en voulant être explicite, Froome se retourne plusieurs fois. On voit tous qu'il est un cran au-dessus, qu'il a la victoire à portée de main. Ses agissements sont en train de faire flancher trois ans de stratégie de communication autour du projet Sky. Les oreillettes fonctionnent et, obligé de faire le jeu de l'équipe, il se ravise et attend son leader.

Réactions d'après course la femme de Froome enrage sur Twitter. Brailsford reconnaît la supériorité de Froome en montagne. « Wiggo » déclare qu'il prouvera à Chartres qu'il est supérieur contre la montre. Intox et langue de bois, des petits nuages dans un sky tout bleu !

Wiggins, premier Britannique vainqueur du Tour

C'est l'histoire d'un pistard qui se rêvait en Miguel Indurain. L'histoire de Bradley Wiggins, un spécialiste de la piste (trois fois champion olympique et six fois champion du monde de poursuite, en individuel et par équipes) et des épreuves chronométrées, un coureur cultivé et longiligne, homme de caractère.

En 2008, « Wiggo » (son surnom) tourne le dos à la piste et se dédie à la route. « Je pense que j'ai fait le tour, j'ai d'autres objectifs en tête. J'ai regardé le Tour de France à la télé et je me suis rendu compte que les coureurs propres ont désormais plus de chances de se montrer compétitifs », déclare-t-il au *Telegraph*. Il s'engage avec ses mentors (Tim Kerrison et Shane Sutton) dans une longue et profonde mutation des mois d'ascèse, de régime, d'entraînements herculéens et scientifiques. Il veut façonner son corps, lui le pistard, pour les grands tours. Trois ans de travail... Tout ça pour le Tour, qu'il gagnera en 2012.

Premier résultat marquant, sa quatrième place au Tour 2009, où il est dans la roue des meilleurs en montagne. En fin de saison, il signe chez Sky, le projet de la fédération britannique dont il est un fleuron depuis qu'il est Junior. Il arrive au départ du Tour 2011 amaigri de 13 kilos par rapport aux JO de Pékin. Une maigreur telle que sa clavicule s'est brisée comme du cristal lors de la chute collective survenue à 39 kilomètres de l'arrivée de la septième étape à Châteauroux. Peu après, il postait sur Twitter : « Je serai opéré lundi matin pour me faire poser une plaque. Mes deux chiens se feront castrer mercredi matin. J'espère que, sous l'effet des médicaments, je ne vais pas confondre les deux rendez-vous ».

Il revient en 2012 dans une équipe plus forte que jamais et profite des absences de Contador et Schleck, et de la méforme d'Evans. En réalité, son principal rival est à chercher dans sa propre équipe : Chris Froome qui gagne à la Planche des Belles Filles et, par son attitude en course, montre sa supériorité en montagne. Mais... les consignes sont les consignes : c'est Wiggo qui gagnera ! D'autant que Bradley reste le meilleur rouleur et le prouve en gagnant les chronos individuels Arc-et-Senans – Besançon puis Bonneval – Chartres à la veille de Paris. L'Union Jack au sommet sur les Champs-Élysées puis lors des JO de Londres où Wiggins va également briller. Un été en or pour le Britannique qui lui vaudra d'être anobli par la reine d'Angleterre...

Bradley Wiggins arbore fièrement l'« Union Jack » sur les Champs-Élysées.

COUP DE CŒUR

LOUISE EKLAND

Présentatrice TV / radio

WIGGINS LE BILLY ELLIOT DU CYCLISME !

C'est le 22 juillet 2012, mon anniversaire ! J'étais avec mon père (fanatique du Tour) dans les gradins sur les Champs-Élysées et nous avons pu avec nos propres yeux témoigner de la victoire du « Billy Elliot du cyclisme » le premier Britannique à remporter le Tour ! Étant british en France, j'ai ressenti une immense fierté mais aussi le besoin de me faire petite car quand un Britannique gagne le Tour sur le sol français, il vaut mieux ne pas se vanter ! Mon père était aux anges. C'était l'un des plus beaux moments du sport britannique. Petit « Wiggo » de Londres gagne sur les Champs-Élysées. Il y a des rêves qui se réalisent. Sir Bradley, bravo !

Lance Armstrong avoue

Janvier 2013. Lance Armstrong avoue… enfin ! Questions d'Oprah Winfrey, présentatrice vedette de la télévision américaine.

« Avez-vous pris des produits dopants ? – Yes. - Avez-vous pris de l'EPO ? – Yes.– Avez-vous pratiqué des transfusions sanguines ? – Yes. – Avez-vous pris de la testostérone, des corticoïdes, de l'hormone de croissance ? – Yes.

Et le Texan ajoute : « J'ai abusé de mon pouvoir, je vais passer le reste de ma vie à regagner la confiance des autres et à m'excuser… J'ai commis quelques erreurs dans ma carrière, et ça, c'était une erreur. Ça sonne de façon ridicule, je suis gêné. »

Il peut l'être… « gêné », Lance Armstrong. Lui qui a boycotté *Vélo Club* pendant plus de trois ans parce que j'avais eu l'« audace » journalistique de lui parler à l'Alpe-d'Huez, en 1999, d'un article du journal *Le Monde* disant qu'il était soupçonné d'avoir utilisé des corticoïdes !

Greg LeMond, l'un de ses plus importants détracteurs, avait dit, il y a quelques années : « S'il n'a jamais pris aucun produit, c'est le plus grand sportif du siècle. S'il a pris des produits, c'est le plus grand escroc du siècle. » Et Greg LeMond, trois fois vainqueur du Tour et ancien champion du monde, avait cent pour cent raison. Armstrong a menti pendant des années au monde entier, mais il a été rattrapé par la vérité : enquête extrêmement minutieuse de l'Usada, témoignages accablants d'anciens coéquipiers et de proches. Déchu de ses sept Tours de France, suspendu à vie, le Texan a très clairement avoué qu'il devrait encore s'expliquer face à la justice américaine, en particulier pour l'utilisation des fonds publics de son équipe US Postal.

La grande question que posent encore ces « Yes » : cela suffira-t-il pour faire exploser la bulle mafieuse qui entoure encore le cyclisme ? Les aveux se multiplient : Armstrong, Hamilton, Rasmussen… L'UCI a-t-elle vraiment envie de les utiliser pour redonner une nouvelle vie plus saine aux courses de vélo ? C'est triste, mais à ce propos, nos doutes n'ont jamais été levés…

COUP DE CŒUR

PAULINE FERRAND -PRÉVOT

Multiple championne du monde de cyclisme (route, VTT, cyclo-cross)

MON MEILLEUR MODÈLE ET MA PLUS GRANDE DÉCEPTION

Je lui ai toujours trouvé un charisme extraordinaire. C'était un vrai bosseur qui s'entraînait encore plus que les autres. Avec de vraies méthodes de professionnel. À sa façon, il a même révolutionné l'environnement du vélo. Pendant très longtemps pour moi, il a été « le » champion. Quand ses anciens coéquipiers ont commencé à avouer, pendant très longtemps je n'ai pas voulu les croire. J'étais sans doute un peu naïve, car on s'attaquait à mon idole. Et puis du jour au lendemain, je suis descendue de mon nuage, lorsqu'il a avoué lui-même s'être dopé. J'étais tellement déçue et dégoûtée que j'en ai pleuré à chaudes larmes. Ce sont des choses qui arrivent parfois avec vos idoles d'enfance mais ça fait mal.

18 janvier 2013 les télés du monde entier reprennent une interview millimétrée d'Oprah Winfrey mettant en scène les aveux du champion.

Un bus d'équipe bloqué par l'arche d'arrivée

Pour la 100e édition du Tour de France, Christian Prudhomme, le directeur de cette compétition, a rêvé et conçu un parcours à la gloire des beaux paysages de l'Hexagone de la baie du Mont-Saint-Michel au lac d'Annecy, du barrage de Serre-Ponçon au château de Versailles... jusqu'à Paris, l'avenue des Champs-Élysées et la place de l'Étoile, parcourue cette fois-ci en intégralité et de nuit !

Panique sur le Tour : le bus de l'équipe Orica GreenEDGE est bloqué par l'arche d'arrivée à 10 minutes du sprint massif !

La conclusion de toute beauté d'un Tour qui n'a de cesse, depuis l'intronisation de Prudhomme à sa tête, de magnifier la France et son patrimoine. L'homme de télévision a saisi le pouvoir de l'image, et pour avoir lui-même commenté l'épreuve au micro de France Télévision, il sait comment la course est filmée et le spectacle retransmis.

Alors pour le grand départ du Tour 2013, c'est la Corse qu'il a voulu mettre à l'honneur et il le raconte dans son livre *Le Tour de France, coulisses et secrets* : « Le Golfe de Porto-Vecchio, les splendides falaises de Bonifacio, le bleu éblouissant de la Méditerranée, une arrivée à Ajaccio en face des îles Sanguinaires, les calanques de Piana et leur impressionnante palette de couleurs, les aiguilles de Bavella, la citadelle de Calvi... Un grand spectacle sur le bord de la route comme devant le petit écran ! »

Des propres récits de Prudhomme, la venue du Tour sur l'île de Beauté avait été une vraie gageure, outre le manque d'équipements suffisamment spacieux, outre les routes à moderniser ou même à construire, ce sont le militantisme corse et le risque d'attentat qui avaient inquiété les autorités et l'organisation...

En réalité, le seul vrai grain de sable qui a failli enrayer la belle mécanique du Tour, c'est un bus d'équipe, celui des Orica-GreenEDGE, qui s'est retrouvé bloqué sous l'arche d'arrivée à Bastia ! Le bus, en retard, était entré sur l'itinéraire de la course et avait voulu passer par la ligne alors qu'à ce moment-là l'arche avait été abaissée pour que le chrono et les logos des partenaires du Tour apparaissent « dans le cadre » de l'image au moment du sprint final.

Sueurs froides et tempête dans la voiture de Prudhomme : les coureurs étaient à 14 km et donc à 14 minutes ! Première idée, neutraliser l'arrivée et prendre les temps à 3 km. Heureusement – Eureka ! – quelqu'un avait eu l'idée de dégonfler les pneus du mastodonte ! La faute à cette crise logistique ou simplement à la tension habituelle du peloton une chute (impliquant notamment Contador) avait quand même coupé le peloton en deux et l'Allemand Marcel Kittel avait levé les bras puis enfilé le premier maillot jaune du 100e Tour...

LA CURIOSITÉ

Le Tour trois jours sur un paquebot !

Pour concrétiser le vœux pieux de Christian Prudhomme de venir en Corse, les équipes d'ASO ont dû réaliser des miracles ! Car à l'automne 2010, trois ans en amont, Jean-Louis Pagès (« l'architecte » du Tour, comme Prudhomme se plaisait à l'appeler) avait fait parvenir un rapport de ses visites de repérage : « 1re étape rien, 2e étape rien, 3e étape rien ! » Traduction aucune structure capable d'accueillir le barnum de l'organisation (le commissariat, la permanence médicale, celle de l'organisation, la salle de presse, etc.) et d'assurer un hébergement de proximité ! Seule solution, une idée géniale affréter un ferry ! C'est ainsi que le Tour a vécu trois jours durant sur le *Mega Smeralda* de la compagnie Corsica Ferries...

WTF WATT THE FROOME !!?

Mont Ventoux : les violentes accélérations de Chris Froome

Audace, panache, témérité, courage voici quelques ingrédients de la savoureuse recette composée par les forçats de la route… Plus vite, plus haut, plus fort… Toujours plus !

Seulement, depuis l'affaire Festina, et à plus forte raison encore depuis janvier 2013, avec les aveux de Lance Armstrong expliquant ainsi son outrageuse domination sept Tours de France durant, la question de la probité et de la crédibilité des performances est posée et c'est pour cela que Roger Legeay a décidé de créer le MPCC en 2007…

Dimanche 14 juillet 2013, les Français rêvent tous d'une victoire tricolore au sommet du mont Ventoux… Sylvain Chavanel aura bien tenté le coup dans les 25 derniers kilomètres mais en vain, car c'est une nouvelle fois un extraterrestre qui va gagner sur la Lune : Christopher Froome !

En absence de Bradley Wiggins, le vainqueur sortant, le jeune Britannique est propulsé leader de la toute-puissante formation Sky. Déjà très fort en 2012, le dauphin de Wiggo va écraser le Tour 2013 à chaque occasion qui lui sera présentée : victoire en haut d'Ax-3-Domaines (huitième étape) avec plus d'une minute sur ses principaux adversaires, deuxième place au chrono du Mont-Saint-Michel derrière le spécialiste Tony Martin et victoire en troisième semaine sur celui entre Embrun et Chorges. Mais de ce Tour de Froome 2013, on retiendra surtout son époustouflante ascension du mont Ventoux, conclue par une victoire le doigt pointé sur sa poitrine.

Nairo Quintana (huitième au général à ce moment-là) avait attaqué à 13,5 km du sommet et réussi à prendre jusqu'à 47 s d'avance sur le groupe maillot jaune. Les équipiers de la Sky avaient juste eu à « visser » un peu pour maintenir le grimpeur colombien à portée de fusil. Et 6 kilomètres plus haut, Froome avait pris ses responsabilités une première violente accélération pour se défaire d'Alberto Contador et revenir sur Quintana, puis très vite une seconde propulsion pour que la fusée Froome atteigne seule l'orbite de l'observatoire du Ventoux… Froome devenait le premier depuis Merckx en 1970 à dompter le « mont Chauve » en jaune…

LES CLÉS POUR COMPRENDRE

Un effet boomerang deux ans plus tard

À chaud, les accélérations de Christopher Froome avaient provoqué de la surprise mais aussi une once de scepticisme chez les commentateurs, comme Cédric Vasseur, par exemple, s'adressant à Thierry Adam au micro de France Télévisions « Attaque à la Cancellara, Thierry ! » (faisant référence aux accélérations décisives du Suisse sur Paris-Roubaix et le Tour de Flandres 2010, entachées d'une suspicion d'utilisation d'un moteur électrique).
Tout le monde a gardé cet exploit spectaculaire en mémoire et deux ans plus tard, au moment d'écraser une nouvelle fois la concurrence à la Pierre-Saint-Martin, la polémique est revenue « façon boomerang » à la figure de Froome et de son manager, Dave Brailsford. Une vidéo tournait sur Internet où les images des accélérations du « Kenyan blanc » étaient superposées aux données de son SRM (le capteur de puissance). Brailsford criait au piratage avant de tenter une « opération vérité » en proposant les données d'entraînement de son poulain pour dissiper les doutes sur l'authenticité de ses performances…

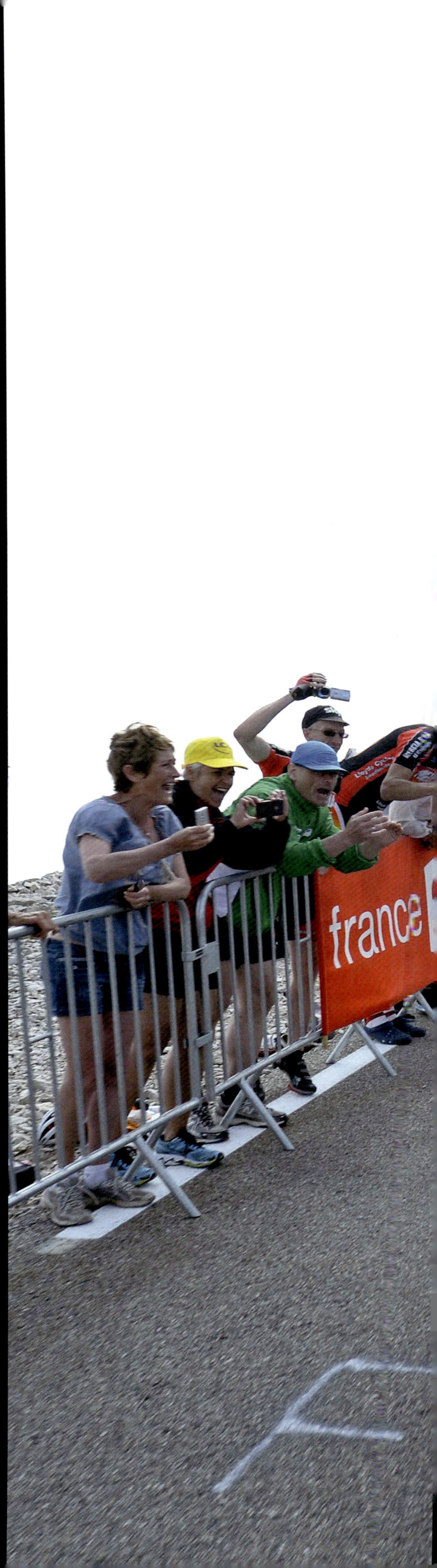

Après des accélérations similaires à celles d'une fusée, Chris Froome se retrouve seul dans ce paysage lunaire.

CHRIS FROOME,
ALBERTO CONTADOR,
NAIRO QUINTANA

Gouvenou, le traceur du Tour, utilise Strava !

La confection d'un parcours du Tour de France relève de la haute couture. Ciseler la cime des montagnes, flirter avec le bord de mer, traverser les grandes villes, rendre hommage au patrimoine et aux monuments français... Tout cela pour servir le sport et le spectacle sur un plateau...

Comme le dit le patron, Christian Prudhomme, dans son livre *Le Tour de France, coulisses et secrets*, l'organisation travaille sur trois Tours de France en même temps. Le barnum itinérant et la caravane des suiveurs sont tellement gigantesques qu'il faut un nombre considérable de réunions avec les départements et les villes étapes pour préparer le passage des coureurs : la superficie nécessaire au « village départ », la taille de la route en fonction du type d'arrivée, la superficie pour installer la zone technique (télévision, radio, médias interactifs à l'arrivée), la salle de presse, la permanence de l'organisation, etc.

Amaury Sport Organisation, propriétaire du Tour, reçoit chaque année 250 candidatures des communes pour être ville départ ou ville d'arrivée d'une étape. Le tracé est fait en fonction de plusieurs critères : Christian Prudhomme choisit les villes et les principaux cols de la course, Thierry Gouvenou, ancien coureur pro et traceur du Tour, se charge de trouver les plus belles routes et les passages les plus intéressants pour relier les points proposés par Prudhomme.

Avant, il aurait juste fallu une carte IGN ou un guide Michelin, mais pour éviter de se répéter d'année en année Gouvenou n'économise pas ses efforts et, depuis 2014, il s'est même mis à Strava ! Le réseau social où les sportifs partagent et comparent leurs performances est une formidable mine d'or pour découvrir ou redécouvrir des chemins originaux, des raidards ignorés... Mais, reconnaissait-il, rien ne remplace complètement la reconnaissance sur le terrain et la vérité de la course !

De gauche à droite Gilles Maignan, Bernard Thévenet, Christian Prudhomme et Thierry Gouvenou en reconnaissance au plateau des Glières (2017).

LES CLÉS POUR COMPRENDRE

Le cahier des charges imposé par l'UCI

Parmi les conséquences de l'affaire Festina, il y a eu la mise en place d'un cahier des charges pour la conception du parcours des grands Tours. Il fallait tout faire pour revenir à quelque chose de raisonnable pour que le parcours en lui-même n'incite pas au dopage

- **La durée de la course :** 3 semaines avec deux journées de repos
- **La distance totale :** 3 500 km
- **La distance moyenne des étapes :** 180 km
- **La distance maximum d'une étape :** 240 km (avec seulement 2 étapes au-delà, sauf dérogation)

LE PETIT PLUS

Combien coûte une étape ?

Accueillir le Tour de France a un certain coût pour les collectivités (ville, département, région), non seulement pour l'investissement en matière d'aménagement du territoire et de communication, mais aussi parce qu'ASO, propriétaire du Tour de France, fait payer le ticket d'entrée

- Ville départ 70 000 €
- Ville arrivée 120 000 €
- Ville du grand départ 700 000 € en moyenne.

Mais Utrecht en 2015, par exemple, a déboursé 4 millions d'euros pour déplacer le départ du Tour aux Pays-Bas !

Il faut savoir que la facture reste minime malgré tout en comparaison de la visibilité et du retour sur investissement pour les villes officielles du parcours du Tour environ 20 minutes et au moins 30 citations à l'antenne. Quand on sait que le Tour est retransmis dans plus de 190 pays, c'est un effet loupe exponentiel !

Fabian Cancellara vainqueur en jaune de la 3e étape Waregem - Compiègne (2007).

LE PETIT PLUS

Le top 5 des maillots jaunes qui n'ont pas gagné le Tour

- **29 jours** Fabian Cancellara (entre 2004 et 2015)
- **26 jours** René Vietto (entre 1939 et 1947)
- **20 jours** Thomas Voeckler (entre 2004 et 2011)
- **17 ½ jours** Rudi Altig (entre 1962 et 1969)
- **16 ½ jours** André Darrigade (entre 1956 et 1962)

29 JOURS EN JAUNE

Fabian Cancellara recordman des jours en jaune sans jamais gagner le Tour

Trois coureurs suisses ont marqué l'histoire du Tour de France : Ferdi Kübler (vainqueur du Tour 1950), Hugo Koblet (vainqueur du Tour 1951) et Fabian Cancellara, le recordman des jours en jaune sans jamais avoir gagné un seul Tour !

« Spartacus », comme on l'appelait dans le peloton pour sa force légendaire sur les pédales, était un immense rouleur et un ultra-spécialiste du contre-la-montre avec à son actif deux titres olympiques (2008, 2016) et quatre titres de champion du monde (2006, 2007, 2009, 2010). Sur le Tour de France, il n'avait pas les qualités pour « passer » la montagne avec les meilleurs et la fatigue ou les abandons l'empêchaient de briller sur le contre-la-montre décisif placé en général peu avant Paris ; en revanche, l'Helvète savait faire parler la poudre sur le prologue.

Fabian Cancellara collectionne cinq victoires lors des étapes inaugurales du Tour : quatre prologues à Liège (2004 – 6,1 km), à Londres (2007 – 7,9 km), à Rotterdam (2010 – 8,9 km) et de nouveau à Liège (2012 – 6,4 km) et aussi un « contre-la-montre » (car un peu plus long) à Monaco (2009 – 15,5 km). Ainsi, comme Eddy Merckx et André Darrigade, il a porté cinq fois le maillot jaune le soir de la première étape, un autre record pour Spartacus.

Et comme la première semaine était généralement celle des étapes de plaine qui se finissaient souvent par des sprints massifs – peu ou pas d'écart à l'arrivée –, Fabian pouvait faire durer le plaisir et porter le maillot jaune jusqu'à la première arrivée en altitude : 7 jours en 2007 jusqu'au Grand-Bornand, 6 jours en 2009 jusqu'à Andorre-Arcalis, 6 jours en 2010 jusqu'aux Rousses, 6 jours en 2012 jusqu'à La Planche des Belles Filles. Tout le monde y trouvait son intérêt dans le peloton : l'équipe de Cancellara pouvait montrer son sponsor, lui n'avait aucune ambition sur les sprints massifs et enfin, les équipes de leaders pouvaient garder leur énergie pour les étapes décisives.

Porteur du maillot jaune sur six Tours différents (2004, 2007, 2009, 2010, 2012, 2015), si l'on excepte Lance Armstrong, que les autorités ont voulu effacer de l'histoire, seul Bernard Hinault (avec au moins un maillot jaune lors de huit éditions différentes) a fait mieux que lui jusqu'à présent.

LA CURIOSITÉ

L'ombre d'un doute…

Outre le contre-la-montre, Fabian Cancellara avait un profil de finisher, on l'a d'ailleurs souvent vu tenter de « faire le kilomètre » c'est-à-dire s'extirper du peloton à la flamme rouge et rouler à bloc en espérant que les sprinters ne le rattrapent pas. Il a aussi remporté quelques « monuments » du cyclisme trois Paris-Roubaix (2006, 2010, 2013), trois Tours des Flandres (2010, 2013, 2014) et un succès à Milan-San Remo (2008). Mais de ces exploits il reste un doute qui n'a jamais été levé : le formidable doublé Tour des Flandres et Paris-Roubaix de 2010, où les accélérations fulgurantes de Cancellara ont amené les suiveurs avisés à penser au dopage mécanique…

En compagnie de Nairo Quintana, Chris Froome adopte la position de Matej Mohoric.

Froome fait une descente à la Mohoric !

Rares sont les moments de répit sur une étape du Tour de France. Même une descente – qui d'ordinaire sert aux lâchés pour rentrer dans les roues – peut désormais être l'occasion d'une bataille à l'avant.

Plus le temps d'enfiler un journal sous le maillot et de manger tranquillement une pâte de fruits ou d'avaler une glace comme l'avait fait Federico Bahamontes : l'exercice est souvent si technique et si périlleux qu'un coureur ou qu'une équipe peut très bien se servir d'une descente pour mettre ses adversaires sous tension ! Certains, et même les meilleurs, ont gagné des étapes en descente !

Deux exemples avec des arrivées à Bagnères-de-Luchon dans les Pyrénées : on se souvient du Tour 2018 et de l'éclosion d'un Julian Alaphilippe à pois à Paris. Deux victoires d'étapes, la dixième avec une arrivée en altitude au Grand-Bornand et la seizième, 216 kilomètres entre Carcassonne et Bagnères-de-Luchon. Échappé pour faire les points du classement de la montagne, Alaphilippe avait profité d'une chute d'Adam Yates dans la descente du col du Portillon pour lui ravir la victoire...

Deuxième exemple avec l'attaque de Chris Froome, une fois n'est pas coutume, qui a fait la différence non pas dans une ultime ascension mais en descendant le col de Peyresourde à tombeau ouvert ! Le leader de la Sky, réputé pour son cyclisme attentiste, avait surpris tous ses adversaires pour aller gagner l'étape avec 13 secondes d'avance et empocher les 10 secondes de bonifications qui lui offriraient le maillot jaune...

Les médias ont longtemps parlé du coup de Froome non seulement parce que l'initiative était surprenante, mais surtout parce que sa position en descente était iconoclaste ! Assis sur la barre transversale de son cadre, ramassé comme un œuf, Froome cherchait à limiter au maximum sa prise au vent tout en continuant à pédaler. Jusque-là le descendeur le plus aérodynamique était Marco Pantani : il déplaçait son centre de gravité au-dessus de la roue arrière mais lui ne pédalait pas.

Froome a fait une descente « à la Mohoric », du nom du Slovène Matej Mohoric, qui a popularisé cette position en gagnant le titre de champion du monde espoir au terme d'une descente ! Au micro de France Télévisions, les anciens, comme Laurent Jalabert, étaient sceptiques. Surtout quand on sait les vitesses atteintes par les coureurs – en 2016, lors de la neuvième étape dans la descente de la côte de la Comella, les vitesses de pointe enregistrées sur Strava donnent le tournis : 127 km/h pour Jérémy Roy et 130,7 km/h pour l'Allemand Marcus Burghardt ! Mais si le peloton a adopté cette position quelque peu inconfortable, c'est que le gain de vitesse est réel.

EN CHIFFRES

130,7 km/h

La vitesse record de Marcus Burghardt dans la descente de la côte de la Comella en 2016

CHRIS FROOME,
RICHIE PORTE,
BAUKE MOLLEMA

Chris Froome en footing dans le Ventoux !

Parce qu'il est itinérant, le cyclisme est l'un des rares spectacles sportifs à pouvoir s'inviter sur le pas de votre porte. Un bonheur pour les spectateurs à qui les courses rendent visite, un casse-tête pour les organisateurs. Christian Prudhomme l'explique avec une grande transparence dans son livre *Le Tour de France, coulisses et secrets* : avec près de quinze millions de spectateurs agglutinés chaque année sur les bas-côtés, la sécurité des coureurs et du public relève du miracle !

Parmi les images insolites et spectaculaires vues à la télévision, on se souvient, sur le Critérium international 1997, de Jean-René Godart et de Bernard Thévenet qui commentent, avec de la surprise d'abord puis de l'effroi, l'incursion d'un cheval au milieu d'un peloton éparpillé façon puzzle. On se souvient aussi du Tour 2007, le « Tour des chiens », ces adorables animaux de compagnie qui parfois peuvent échapper à notre attention… et dont les traversées aventureuses ont valu de belles cabrioles à Sandy Casar, Marcus Burghardt, David Millar et même Ivan Basso ! Soleil garanti en juillet !

En montagne, la densité et l'excitation du public mettent le peloton à cent mille volts. Spectateurs coureurs à côté des coureurs cyclistes. Grand moment du Tour 2003, on se souvient d'Armstrong qui accroche une musette dans la montée vers Luz-Ardiden avant d'atomiser Ullrich et Basso. Sur le Tour 1999, pour une simple photo, un spectateur renverse Guerini qui filait gagner au sommet de l'Alpe-d'Huez. Cette montagne des Hollandais, cette montée mythique dont ils font le siège à chaque fois que passe le Tour. La foule qui s'ouvre et se referme comme Moïse avait ouvert un passage dans la mer Rouge.

Plus récemment, en 2018, à 5 kilomètres de l'arrivée, dans les roues de Bardet et de Froome, Nibali chute à la suite d'un ralentissement brutal et imprévisible. Une moto de gendarmerie, des fumigènes, une sangle de photographe. C'est flou mais c'est dur pour l'Italien, qui finira l'étape malgré une fracture des vertèbres !

Christopher Froome, parce qu'on le surnomme « le Kenyan blanc », aussi bon cycliste que joggeur ? C'est en tout cas l'image qu'on gardera du Tour 2016 ! Après avoir fracassé son vélo contre une moto suiveuse ralentie par la foule, le Maillot jaune, un peu paniqué de ne pas trouver dans la seconde un vélo de secours, s'était retrouvé à pied dans le Ventoux !

LES CLÉS POUR COMPRENDRE

Pourquoi Froome s'était-il mis à courir ?

Le règlement de la course stipule « Pour être classé, tout coureur démonté peut terminer le parcours en portant, traînant, ou roulant sa machine, sans le secours de quiconque. »

Panique à bord chez Sky : impossible de s'approcher du coureur pour lui donner un vélo. Panique dans la tête de Froome : Richie Porte (BMC) s'était vite relevé et était en train de faire l'écart en compagnie de Bauke Mollema (Trek)… Il fallait un vélo à Froome et vite ! Heureusement une voiture neutre était à proximité et même si la monture fournie n'était pas à sa taille, elle lui permettait de repartir. À l'arrivée, sans référence juridique particulière, le jury des commissaires a décidé de reclasser Chris Froome dans le temps de ses deux compagnons d'attaque.

Ayant dû abandonner son vélo, le maillot jaune Chris Froome court avec ses cale-pieds dans la montée du Ventoux.

ROMAIN BARDET,
MIKAËL CHÉREL,
CHRIS FROOME

Saint-Gervais : Bardet attaque sur une patinoire

C'est certainement, depuis les années 1990, l'un des grands moments de cyclisme qui a fait du bien au Tour de France : vendredi 22 juillet 2016, 19e étape entre Albertville et Saint-Gervais-les-Bains pour finir en altitude la montée du Bettex.

Hélas pour Jean-Marc Peillex, le maire de Saint-Gervais, les téléspectateurs ne se souviendront pas de sa commune pour la magnifique carte postale du mont Blanc qu'elle aurait pu offrir – le ciel, ce jour-là, était complètement bouché par une épaisse couverture nuageuse – en revanche, les averses et les orages avaient rendu la course totalement imprévisible, et l'étape de Saint-Gervais est restée dans les mémoires comme le jour où Romain Bardet a tenté et réussi un coup de poker pour monter sur la deuxième marche du podium...

Premier Français sur le Tour 2013 suite à l'abandon de Jean-Christophe Péraud (fracture de la clavicule lors de la 17e étape), 6e du Tour 2014, 9e et super-combatif du Tour 2015 depuis trois ans, le coureur né à Brioude en 1990 est en pleine ascension !

Sur ce Tour 2016, Bardet résiste dans les Pyrénées mais comme les autres, à Bagnères-de-Luchon, à Andorre-Arcalis, au chalet Reynard... La perspective du maillot jaune s'évanouit complètement lors de la 13e étape (le chrono de 37,5 km entre Bourg-Saint-Andéol – la Caverne du Pont-d'Arc), où le grimpeur français perd 2 min 49 sur Froome. A l'inverse, lors de la 18e étape, le contre-la-montre en côte entre Sallanches et Megève, Bardet fait mieux que de limiter la casse (42 s de retard sur Froome) et remonte de la 7e à la 5e place au général. Une nouvelle ambition est née : monter sur le podium à Paris ! Branle-bas de combat chez les AG2R, ce sera la guerre le lendemain au pied du mont Blanc !

Une météo d'enfer, froid, pluie, chaussée mouillée et glissante, des chutes en cascade fracture du poignet pour Tom Dumoulin au km 77, glissade pour Pierre Rolland à l'avant de la course... Derrière, dans le peloton des favoris, Richie Porte goûte l'asphalte... Un orage éclate dans la descente de Domancy : Navarro se fracture la clavicule, Bauke Mollema tombe mais repart... Au milieu de cette pagaille, Mikaël Chérel échange quelques mots avec Romain Bardet, son leader, et les deux AG2R se lancent dans une folle aventure. Bardet raconte : « C'est le vélo à l'instinct, rien n'était prémédité. Avant la descente, Mika (Chérel) m'a dit : "Suis-moi, on peut faire un gros coup". J'ai répondu : "T'es mes yeux, je prends ta roue, je te fais confiance". Même si on nous disait le contraire dans l'oreillette. » Domancy est devenue une patinoire, même Froome, le maillot jaune, est allé à terre à 12 km du Bettex avant de repartir avec le vélo de Geraint Thomas ! Mais l'attaque des Français était déjà lancée, aucune raison donc de l'arrêter.

« Nous, on est restés sur nos roues en dosant le freinage et en restant souples, raconte Mikaël Chérel. J'ai essayé de ne pas trop freiner sur les bandes peintes quand le vélo était penché. » Bien lancé par son coéquipier, Romain Bardet a fondu et rejoint le dernier échappé, le Portugais Rui Costa, à 7,5 km de l'arrivée avant de le déposer à 3 km et de réussir un coup de maître en passant de la 5e à la 2e place du Tour...

Victoire en solitaire au Bettex, Bardet tout fier d'avoir réussi un coup de poker !

2017

PETER SAGAN,
MARK CAVENDISH,
ARNAUD DÉMARE,
NACER BOUHANNI

PETER SAGAN,
MARK CAVENDISH,
ARNAUD DÉMARE,
NACER BOUHANNI

Vittel : Sagan et Cavendish out !

Décidément, ce mardi 4 juillet, il fallait avoir les yeux partout lors de l'arrivée de la 4e étape du Tour 2017, entre Mondorf-les-Bains et Vittel ! Victoire d'Arnaud Démare - la première d'un sprinter français sur le Tour depuis 2006 -, mais aussi chute collective avec pour conséquences l'abandon de Mark Cavendish et l'exclusion de Peter Sagan !

Deux événements donc en l'espace de trois ou quatre secondes. Revenons d'abord sur celui qui a levé les bras en franchissant la ligne, le français Arnaud Démare. Le coureur de la Française des Jeux est à l'époque en concurrence frontale avec Nacer Bouhanni (Cofidis), qu'il vient de battre à Saint-Omer juste avant le Tour, pour ainsi endosser le maillot de Champion de France. La concurrence mondiale est très forte, mais Démare a commencé à tirer son épingle du jeu notamment en gagnant le Milan-San Remo 2016. Ce mardi 4 juillet 2017, il a eu le grand bonheur « d'en gagner une » lors de la course la plus relevée au monde : le Tour de France. Sauf qu'en regardant les images au ralenti, on se rend compte que le Français a légèrement coupé la route à Bouhanni, ainsi obligé de couper son effort l'espace d'une fraction de seconde... Le coureur de la Cofidis savait que son sprint était fichu...

À peine une longueur derrière se tramait un autre drame la chute du sympathique Mark Cavendish. Au plus fort de l'effort, lorsqu'à 250 mètres de la ligne se joue la bonne place et la bonne ligne pour donner le dernier coup de rein, un simple geste peut avoir des conséquences dramatiques...

On se souvient de la chute de Jalabert à Armentières en 1994 et de celle d'Abdoujaparov en 1991, sur les Champs-Élysées. Pour gagner ses 30 victoires d'étapes, le « Cav' » n'avait pas hésité à prendre des risques. Il le paya parfois très cher en fractures et en luxations. Premier exemple : Harrogate sur le Tour 2014. Mark voulait absolument gagner la première étape qui arrivait à 500 m de la maison de sa mère. Casque contre casque avec Simon Gerrans, il a voulu forcer le passage. Et, il se punit tout seul en abandonnant sur blessure...

Ce mardi 4 juillet 2017, à Vittel, Cavendish voulut passer dans un trou de souris, entre Sagan et les barrières. Dans ces cas-là, ça passe ou ça casse. Pour Cavendish, c'est l'omoplate qui se cassa ! Après avoir regardé les images au ralenti et vu le coude droit de Sagan s'écarter, tout le monde crut qu'il avait voulu fermer la porte au sprinter britannique et les commissaires l'exclurent du Tour *manu militari* ! La réalité n'est pas si simple : Cavendish avait visiblement déjà touché le Slovaque qui, pour conserver l'équilibre, aurait eu ce geste réflexe d'écarter le coude...

Sur le Tour de Pologne 2020, la même scène eut des conséquences bien plus dramatiques pour Fabio Jacobsen qui, à cause d'un écart de Dylan Groenewegen, heurta l'arche d'arrivée à près de 80 km/h. L'occasion pour nous d'emprunter aux dialogues de *Spiderman*, le blockbuster américain, une phrase pour résumer l'indispensable prise de conscience du risque : « Un grand pouvoir implique de grandes responsabilités ».

Contre le coude de Sagan, Cavendish fait ce qu'il peut mais il n'évitera pas la chute...

LE PETIT PLUS

Coups de boule et coups de gueule

D'autres coureurs avant Peter Sagan ont été exclus pour leur comportement dangereux lors d'un sprint massif.

On se souvient du vendredi 11 juillet 1997, d'une arrivée très mouvementée à Marenne lors de la sixième étape. Victoire de Zabel devant Abdoujaparov et Blijlevens. Mais le maillot vert fut vite déclassé voulant préserver sa ligne et sa place, il s'était rendu coupable d'un coup de tête sur Damien Nazon. Sanction plus sévère encore à l'encontre de Tom Steels le Belge, fou de rage, s'était relevé en plein sprint pour lancer sa gourde sur le Français Frédéric Moncassin ! Autre cas, celui d'Abdoujaparov, exclu ce soir-là après la révélation d'un contrôle antidopage positif effectué quatre jours plus tôt. C'est finalement à Blijlevens qu'est revenue la victoire.

Autre coup de casque, celui de Mark Renshaw, le poisson-pilote qui avait pour mission de protéger Mark Cavendish. Il avait sans doute pris son rôle un peu trop à cœur le 15 juillet 2010 à Bourg-lès-Valence (onzième étape). Au coude-à-coude avec le Néo-Zélandais Julian Dean, l'Australien lui avait adressé trois coups de casque avant de tasser Tyler Farrar, rival de son leader. Cavendish avait gagné l'étape mais Renshaw avait été exclu pour ses multiples exactions...

CHRIS FROOME,
GERAINT THOMAS,
FRED GRAPPE

AÉRODYNAMIQUE

Vortex : le maillot des Sky crée la polémique

Vous vous souvenez peut-être de cette période de la natation où les nageurs explosaient record sur record sur toutes les distances. Les scientifiques, la NASA (!) et les équipementiers avaient travaillé de concert pour inventer une combinaison intégrale ultrafine qui imitait la peau des requins. S'inspirer des animaux qui évoluent avec le plus d'efficacité et le moins de dépense énergétique dans leur milieu naturel quelle idée judicieuse !

Les petites bandes alvéolées du maillot de Chris Froome vont lui donner un avantage aérodynamique substantiel.

À vélo comme dans l'eau, il faut d'une part réduire la surface frontale que le sportif en mouvement met en opposition au fluide et optimiser la pénétration en réduisant toute forme de friction du fluide contre le sportif.

La marque Castelli est devenue le nouvel équipementier de la Sky à la fin de la saison 2016 et s'est vite mise au diapason des exigences de Dave Brailsford, le manager de l'écurie anglaise, en se lançant à la recherche des « gains marginaux »... Comme en natation pour Speedo, dans le vélo, il ne suffisait plus de se contenter d'habiller les coureurs il fallait désormais que chaque élément de son équipement l'aide à optimiser sa performance. L'équipe de recherche et développement a imaginé une combinaison de contre-la-montre où, sur les zones exposées les premières au flux d'air (épaules, biceps) allaient figurer des bandes alvéolées imprimées dans le tissu... Un détail invisible pour le spectateur sur le bord de la route mais une innovation qui a fait sauter au plafond Marc Madiot, le patron de l'équipe française FDJ, lors du contre-la-montre du grand départ du Tour 2017 à Düsseldorf.

Fred Grappe, son directeur de la performance, a calculé que ces maillots avaient offert un avantage de 18 à 25 secondes et de 33 watts aux coureurs Sky ! Malgré la chaussée humide, les Sky ont fait le chrono à bloc et quatre de leurs coureurs avaient fini dans le Top 10 de l'étape : Geraint Thomas, vainqueur en 16 min 04 s ; Vasil Kiryienka, 3ᵉ à 7 s ; Chris Froome, 6ᵉ à 12 s ; Michal Kwiatkowski, 8ᵉ à 15 s.

LE PETIT PLUS

Les maillots, les chronos et l'aéro, toute une histoire

- **Tour 1947 :** 19ᵉ étape, Vannes – Saint-Brieuc. René Vietto porte un maillot de soie jaune au lieu du maillot en laine de l'organisation. Il écope de 10 secondes de pénalisation, pas grand-chose au fond car sur les 139 km du contre-la-montre remporté par le Belge Raymond Impanis (en 3 h 49), le grimpeur français a perdu la bagatelle de 14 min 40 s à la pédale !
- **Tour 1966 :** 22ᵉ étape « b » (c'est-à-dire une demi-étape, organisée l'après-midi). Contre-la-montre de 51,3 km entre Rambouillet et Paris. Lucien Aimar fait coudre les poches avant de son maillot jaune avant le dernier contre-la-montre. Aimar termine 18ᵉ de cette demi-étape mais avait assez d'avance sur Janssen et Poulidor pour remporter la victoire finale.
- **Tour 1979 :** Joop Zoetemelk porte le premier maillot jaune en combinaison monopièce à Bruxelles. Il perd seulement 36 secondes sur Hinault, son dauphin, vainqueur du chrono.
- **Tour 1999 :** Jan Kirsipuu porte une combinaison monopièce toute jaune, y compris le cuissard, au contre-la-montre de Metz. Il finira 30ᵉ de ce chrono à 5 min 51 de l'extraterrestre Lance Armstrong…

EN CHIFFRES

52,28 km/h

La vitesse de Geraint Thomas, vainqueur du chrono

PAWEL POLJANSKI,
LANCE ARMSTRONG,
JAN ULLRICH

Poljanski dévoile sa maigreur sur Instagram

« Je pense que mes jambes ont l'air fatiguées. » Commentaire sibyllin posté sur le compte Instagram de Pawel Poljanski après l'arrivée de la seizième étape du Tour 2017, à Romans-sur-Isère. Des veines saillantes, une peau fripée et un bronzage inégal : les pattes de Poljanski, ainsi exposées sur la « Toile », ont fait leur effet… Lumière éphémère sur le coureur polonais, équipier de l'ombre de Peter Sagan à la Bora-Hansgrohe. On vous doit des explications.

Poljanski n'est ni mutant, ni anorexique, ni malade en phase terminale. À ce moment-là du Tour de France, il est même au meilleur de sa forme. L'effort d'endurance est très exigeant pour le métabolisme et entraîne des adaptations importantes du corps humain : le volume de sang, par exemple, passe de 5 litres environ chez une personne non entraînée à 7 ou 8 litres chez un sportif de haut niveau. Un cœur plus gros pour pomper davantage. Des muscles sursollicités qui se débarrassent de leur réserve de graisse. Et, dans le cas d'un morphotype élancé comme celui de Froome, Bardet ou Poljanski, qui plus est par une forte chaleur, les veines peuvent paraître énormes !

Cette photo pose évidemment le débat au sujet de la maigreur des coureurs cyclistes. Une véritable obsession pour certains, qui n'ont pas hésité à consentir de gros sacrifices. Bradley Wiggins par exemple, grand pistard, champion de poursuite, qui n'était pas réputé pour être une allumette. Le Britannique s'était aligné sur le Tour 2011 amaigri de 13 kilos ! Peut-être trop léger, trop fragile, à la merci du moindre grain de sable dans la formidable mécanique. C'est d'ailleurs la malchance (une fracture de la clavicule) qui l'écarta lors de la septième étape. « Wiggo » allait revenir plus fort et gagner le Tour 2012…

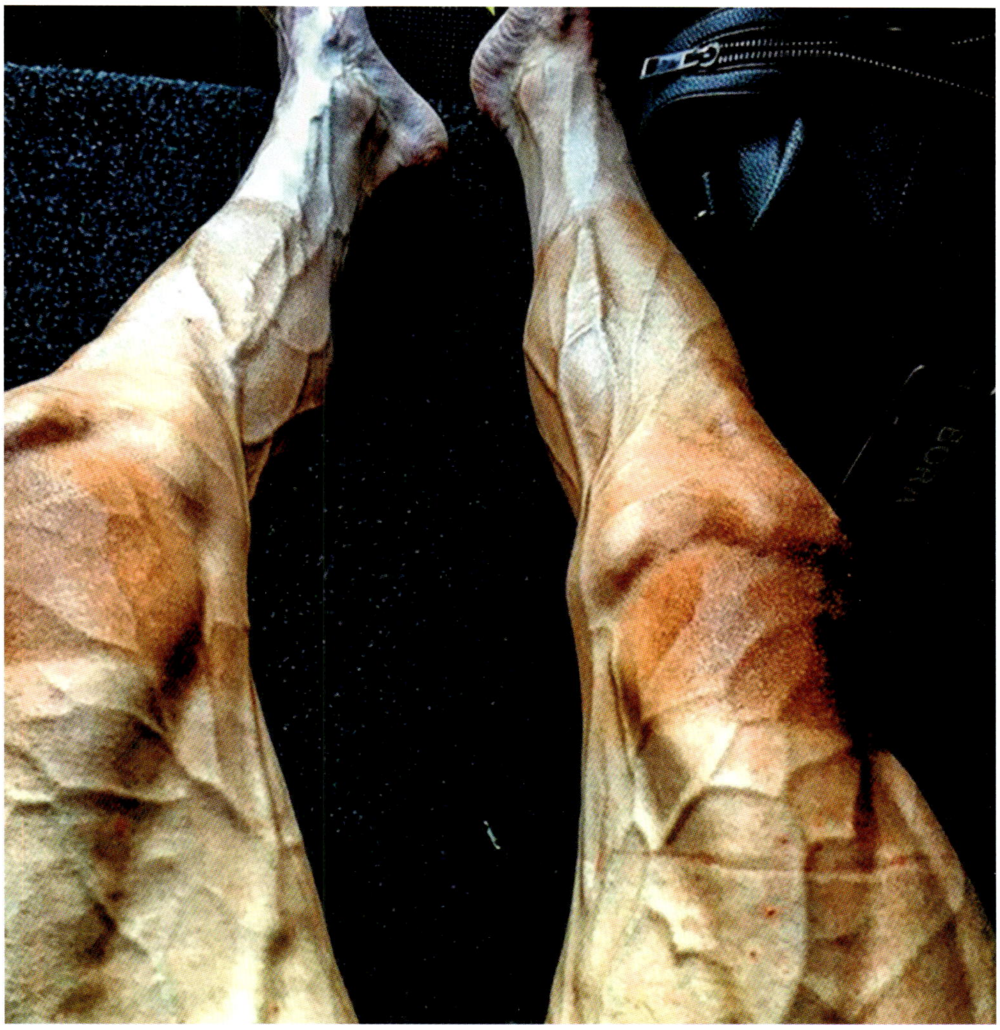
La terrible maigreur de Poljanski à la fin du Tour 2017.

EN CHIFFRES

6,4 W/kg

Le rapport poids/puissance cible pour gagner le Tour.

Lance Armstrong pesait en moyenne 75 kilos. Cela veut dire qu'il fallait qu'il soit capable de déployer 480 W sur les pédales pour être « imbattable » dans les moments clés du Tour : les arrivées en altitude et les chronos individuels.

LES CLÉS POUR COMPRENDRE

Le poids, ennemi intime du prétendant au maillot jaune

Dans l'entourage de Lance Armstrong, le docteur Michele Ferrari avait sanctuarisé un chiffre qui devait garantir le maillot jaune au champion américain. Il lui fallait pour cela maintenir un rapport poids/puissance de 6,4 W/kg. Armstrong, professionnel jusqu'au bout des ongles, arrivait toujours affûté au départ du Tour, ce qui n'était pas le cas de Jan Ullrich. Peut-être une des raisons pour lesquelles il n'a plus gagné le Tour après 1997. Mal dans sa peau, l'Allemand commettait de gros écarts, bon vin, bonne bouffe, et prenait jusqu'à 8 kilos durant l'hiver, au moment où, justement, on essaime le terreau pour la saison suivante.

Fred Grappe (le directeur de la performance de la FDJ) nous raconte qu'aujourd'hui, avec les méthodes individualisées de micronutrition, le poids est relativement stable toute l'année, ce qui permet d'arriver plus vite au pic de forme en faisant moins de kilomètres. Et les organismes souffrent moins de « l'effet yo-yo » qui les use. À l'inverse d'Ullrich pour qui, en 2006, le docteur Fuentes avait concocté un programme express pour passer de 84 à 76 kilos en cinq semaines ! Un amaigrissement drastique et douteux…

Chris Froome pour la 4e fois sur la plus haute marche du podium. À gauche Anne Hidalgo, la maire de Paris.

Chris Froome Puissance 4

Les Britanniques l'avaient programmé : un des leurs devait gagner le Tour de France avant 2014. Un gros sponsor (Sky) et le meilleur du savoir-faire à tous les niveaux du staff. Bradley Wiggins gagnait le Tour 2012 et le relais allait être pris par son dauphin, le grimpeur né sur les hauts plateaux du Kenya Christopher Froome…

Un scénario que l'on pourrait fantasmer façon blockbuster américain : une firme secrète qui synthétiserait le morphotype le mieux adapté pour gagner le Tour de France… Grand, extrêmement maigre, de la force dans les jarrets et dans les reins, une capacité d'accélération phénoménale et une grosse endurance en montagne et pour boucler le Tour, des aptitudes naturelles de puissance et de fluidité en contre-la-montre. En réalité, nous venons de vous décrire le portrait-robot de Chris Froome !

Bradley Wiggins s'étant effacé après avoir parachevé le programme Sky sur le Tour 2012, Chris Froome aborde le Tour 2013 avec l'écurie de pointe à son service. Dès la première étape des Pyrénées, il gagne à Ax-3-Domaines avec plus d'une minute d'avance sur ses principaux adversaires et endosse le maillot jaune. Il ne le quittera plus jusqu'à Paris. Deuxième du chrono du Mont-Saint-Michel – seulement 12 secondes derrière Tony Martin –, « Fromey » affole le compteur dans la montée du Ventoux, où il asphyxie Contador puis Quintana. Le « Kenyan blanc » enfonce le clou en gagnant le contre-la-montre entre Embrun et Chorges. Première victoire à Paris et visiblement le début d'une « ère Froome » tant le Britannique semble au-dessus du lot…

L'année suivante, Chris Froome se casse le poignet sur les pavés du Nord et laisse le Tour se jouer sans lui… Victoire pour Nibali. De retour en 2015, il construit sa deuxième victoire dans l'ascension de La Pierre Saint-Martin, le premier rendez-vous du Tour avec la montagne, où il met de nouveau la concurrence à plus d'une minute. Van Garderen est à 2 min 30, Nibali et Contador passent par la fenêtre. Seul Quintana osera attaquer Froome et son armada dans les Alpes, grignotant 32 secondes à La Toussuire puis 1 min 26 le lendemain à l'Alpe-d'Huez. Le Colombien s'est peut-être réveillé trop tard pour découvrir que le Britannique était prenable cette année-là…

En 2016, il réalise un numéro d'équilibriste en partant dans la descente de Peyresourde dans une position totalement anachronique, assis sur son cadre. Jalabert à l'antenne n'arrêtait pas de dire « Ne faites pas comme lui ! » Dans le final de Montpellier, avec vent de face, il attaque avec Sagan. Dans le mont Ventoux, on le retrouve en footing après un accrochage avec les motos suiveuses. Froome revient aux classiques ensuite (grappiller du temps en montagne et dominer en contre-la-montre) en finissant deuxième au chrono de la Caverne du Pont d'Arc derrière Tom Dumoulin et en remportant le chrono en côte entre Sallanche et Megève. Avec cette troisième victoire, Froome devient en juillet 2016 l'égal de Louison Bobet et de Greg LeMond.

L'année 2017 est celle de la bascule pour Chris Froome, qui conquiert un 4ᵉ Tour (le 3ᵉ consécutivement) avec la particularité de n'avoir remporté aucune étape que ce soit en montagne ou en contre-la-montre. Un Tour « à la Walkowiak ». Toujours là avec les meilleurs, constant, bien protégé et servi par ses coéquipiers de la Sky, Froome a été titillé mais il a tenu jusqu'à Paris. Année de la bascule surtout parce que le Britannique va gagner sa 2ᵉ Vuelta malgré un contrôle positif au salbutamol. La Sky a fait bloc autour de son champion mais le mal était fait : le doute était jeté sur les performances du quadruple vainqueur du Tour…

Le 2 juillet 2018, l'UCI annonce qu'elle classe l'affaire sans suite : Froome est donc au départ du Tour le 7. Mais c'est Geraint Thomas, son lieutenant depuis quelques années, qui va prendre son destin en main en gagnant détaché à La Rosière. Chris Froome, 20 secondes derrière, a perdu sa place de leader à la pédale mais va quand même connaître un sixième podium consécutif à Paris.

Après cette première faiblesse en 2018, le destin a vraiment tourné pour Froome en 2019 une grosse chute et une fracture du fémur au Dauphiné l'ont écarté des pelotons et du Tour. De retour en 2020, le quadruple vainqueur a perdu sa place de leader au profit d'Egan Bernal et n'a pas été sélectionné sur le Tour. Une fin d'ère ? Pour Froome, probablement mais pas pour Sky, passée sous le blason Ineos, qui a misé pour le Tour 2020 sur la filière latine avec Bernal et Carapaz.

COUP DE CŒUR

LOUISE EKLAND

Présentatrice TV / radio

FROOME UN GENTLEMAN

Quatre Tours de France, deux Tours d'Espagne et un Tour d'Italie. Une personnalité bien différente moins « star » mais tout aussi légendaire. Plus calme, plus intense. Un gentleman qui a souffert d'un manque de reconnaissance de la presse et des médias pendant bien des années. Insaisissable pour eux, trop mystérieux, humble, taiseux, donc arrogant. 2017 c'était son année, il était au sommet de sa carrière en devenant le troisième coureur de l'histoire à s'imposer la même année sur le Tour de France et celui d'Espagne !

LE PETIT PLUS

Les 6 podiums de Froome

- **2012** 1. Bradley Wiggins, 2. Chris Froome à 3 min 21 s, 3. Vincenzo Nibali à 6 min 19 s
- **2013** 1. Chris Froome, 2. Nairo Quintana à 4 min 20 s, 3. Joaquim Rodríguez à 5 min 04 s
- **2015** 1. Chris Froome, 2. Nairo Quintana à 1 min 12 s, 3. Alejandro Valverde à 5 min 25 s
- **2016** 1. Chris Froome, 2. Romain Bardet à 4 min 05 s, 3. Nairo Quintana à 5 min 21 s
- **2017** 1. Chris Froome, 2. Rigoberto Urán à 54 s, 3. Romain Bardet à 2 min 20 s
- **2018** 1. Geraint Thomas, 2. Tom Dumoulin à 1 min 51 s, 3. Chris Froome à 2 min 24 s

Sylvain Chavanel s'arroge le record avec dix-huit participations au Tour

En participant en juillet 2018 à son dix-huitième et dernier Tour, Sylvain Chavanel s'est emparé du record de longévité détenu par l'Américain George Hincapie (17 Tours) depuis 2012. Et en franchissant la ligne des Champs-Élysées avec certainement un petit pincement au cœur avant de raccrocher son vélo, « Chava » égalait le record de Joop Zoetemelk : 16 Tours de France accomplis, sauf que pour le Néerlandais c'était en 16 participations (sans aucun abandon donc).

Sylvain Chavanel, surnommé « Mimosa » dans le peloton, jouissait d'une énorme cote de popularité au bord des routes. Cela était certainement dû à son courage et à son panache sur le vélo : généreux dans l'effort, grand rouleur (6 fois champion de France du contre-la-montre), il n'hésitait jamais à s'échapper, même au pire des moments quand le peloton roulait à 65 km/h.

Au début de sa carrière, dans l'écurie vendéenne de Jean-René Bernaudeau, on croyait à son potentiel sur les grandes courses par étapes et on le programmait pour le Tour de France. Mais durant « l'ère Armstrong », Chava butait systématiquement aux portes du Top 30... Changement d'équipe et changement de méthode chez Cofidis de 2005 à 2008 puis avec le gourou belge Patrick Lefevere (principalement Quick Step) de 2009 à 2013, Sylvain a jeté son dévolu sur les courses d'un jour.

Sur le Tour comme sur les classiques, le natif de Châtellerault pouvait enfin assumer son tempérament d'attaquant et oser sans avoir la pression d'un « jour sans » le lendemain... Résultat « Chava » a été désigné deux fois le super-combatif du Tour (2008 et 2010), des prix motivés notamment par les trois étapes qu'il a gagnées : d'abord la 19e du Tour 2008 entre Roanne et Montluçon (en battant au sprint Jérémy Roy), puis sur le Tour 2010, la 2e étape entre Bruxelles et Spa et le maillot jaune pour Chava avec – on s'en souvient – des chutes et une véritable bronca des coureurs à cause de la chaussée glissante. Et puis, cinq jours plus tard, sa victoire en solitaire à la station des Rousses, où il retrouve pour notre plus grand plaisir le maillot jaune qu'il avait conquis à Spa...

8e étape du Tour 2014 (Tomblaine – Gérardmer) : Chavanel à l'avant de la course, comme souvent.

LE PETIT PLUS

Onze coureurs à plus de 15 participations

- **18 :** Sylvain Chavanel (2001-2018)
- **17 :** George Hincapie (1996-2012), Stuart O'Grady (1997-2013) et Jens Voigt (1998-2014)
- **16 :** Joop Zoetemelk (1970-1986), Haimar Zubeldia (2001-2017)
- **15 :** Lucien Van Impe (1969-1985), Guy Nulens (1980-1994), Viatcheslav Ekimov (1990-2006), Christophe Moreau (1996-2010), Thomas Voeckler (2003-2017)

COUP DE CŒUR

SÉGOLÈNE ROYAL

Ancienne ministre et ancienne présidente de région Poitou-Charente

MIMOSA

Le Tour pour moi c'est une fête nationale en trois secondes... Avec mes grands-parents, le Tour passait devant leur maison, dans l'est de la France, une impression de cohue, de chahut et de chaleur, on était au mois de juillet, c'était une grande fête mais qui pour moi ne correspondait pas à grand-chose. Juste un peloton qui passait à grande vitesse devant nous – à peine trois secondes –, un frôlement comme un essaim d'abeilles de toutes les couleurs. Et puis plus tard, mon coup de cœur pour un garçon qui a porté le maillot jaune, un baroudeur de génie n'hésitant jamais à sortir du peloton pour tenter l'aventure solitaire (j'aime bien l'idée de ces audacieux qui osent), un sourire irrésistible, un garçon abordable et bienveillant. On l'a surnommé « Mimosa ». Né à Châtellerault dans la Vienne, professionnel pendant dix-huit ans. J'ai toujours beaucoup aimé Sylvain Chavanel.

Bert Blocken avec son peloton miniature dans le tunnel de soufflerie.

BERT BLOCKEN

Pourquoi le maillot jaune est-il toujours en dixième position du peloton ?

Tous ceux qui ont gagné le Tour un jour vous le diront : la victoire se joue dans les détails... Dans les années 2010, les Sky, pour toucher le ciel, ont fait preuve de beaucoup de créativité à ce sujet, avec notamment le fameux dogme des « gains marginaux » soutenu par Dave Brailsford, le patron de l'équipe. L'aérodynamique, entre autres. On sait que la résistance de l'air peut absorber jusqu'à 90 % de la puissance développée par un cycliste. Et, dans ce domaine, chez les Sky, les idées ont fusé !

La position de l'œuf de Chris Froome dans la descente du col de Peyresourde pour aller remporter la huitième étape à Bagnères-de-Luchon sur le Tour 2016. Il y a les maillots Vortex utilisés par l'équipe au complet à Düsseldorf, lors du contre-la-montre du grand départ en 2017. Des expérimentations et des résultats : si les Sky (les Inéos désormais) sont toujours devant, c'est que ça marche !

Les gains marginaux ont eu un réel impact sur les résultats de la Sky, tout cela analysé et démontré scientifiquement par Bert Blocken, brillant chercheur à l'université technologique d'Eindhoven. Auteur de nombreuses publications sur les phénomènes aéro à vélo, Blocken est par exemple parvenu à démontrer qu'une voiture dans le sillage d'un coureur lors d'un contre-la-montre de 50 kilomètres pouvait lui faire gagner 1' 40" ! En 2018, en modélisant un peloton de 121 coureurs miniatures au cœur d'une gigantesque soufflerie, le physicien a établi, grâce aux mesures collectées par trois milliards de cellules, qu'au dixième rang du peloton, la résistance de l'air ne représentait que 5 % de celle d'un coureur isolé ! Jusque-là, on pensait que c'était environ un tiers.

En exagérant un peu, ainsi placé, un cyclotouriste pourrait presque rouler avec les pros ! Une zone sans turbulences, où tout le monde veut placer son leader... Des enseignements scientifiques qui expliquent aussi pourquoi, sur les étapes de plaine, le peloton, plus frais, parvient à fondre quasi systématiquement sur les échappés. En tout cas, les recherches de Bert blocken ont permis de prouver une chose : ce que les coureurs font par instinct et par empirisme (par exemple la position du maillot jaune dans le peloton) est scientifiquement la pratique la plus optimale.

Gilbert loupe un virage au Portet-d'Aspet

Ce sont des images que personne n'aime voir dans le sport : au football, un tacle appuyé et un tibia qui se brise, au rugby, un plaquage à la gorge et une commotion cérébrale, et puis à vélo, une chute par-dessus un parapet, un pont ou une barrière.

Exemples en 2020 avec Fabio Jakobsen, qui percute l'arche d'arrivée au Tour de Pologne, lancé à 80 km/h dans un sprint en descente (coma, multiples fractures au visage et perte de toutes ses dents); et Remco Evenepoel, qui bascule par-dessus un pont dans la descente du « mur » de Sormano sur le Tour de Lombardie (fracture du bassin).

Sur le Tour 2018, le mardi 24 juillet, lors de la seizième étape entre Carcassonne et Bagnères-de-Luchon, la chute de Philippe Gilbert dans la descente du Portet-d'Aspet nous a replongés quelques instants dans le cauchemar du décès de Fabio Casartelli... En direct sur France Télévisions, on pouvait sentir dans la voix d'Alexandre Pasteur une certaine inquiétude que le champion belge a rapidement dissipée en remontant du petit ravin à l'aide de quelques mains tendues. Le pouce levé en direction de la caméra pour dire « tout va bien, plus de peur que de mal » et puis, comme cela ne lui paraissait pas impossible, Gilbert a repris sa bicyclette pour finir l'étape.

En réalité, le Belge a eu très peur « C'était très profond et j'ai atterri sur des pierres, à plat sur le dos. Sur le coup, je n'ai même pas osé bouger, je pensais que j'étais brisé de partout. » Quand il est tombé, à 59 kilomètres de l'arrivée, il venait de s'extirper d'un groupe de 46 échappés et « faisait la descente » pour créer un écart. Aucun coureur dangereux au général : les Sky du maillot jaune Geraint Thomas avaient laissé filer. C'est le Français Julian Alaphilippe, porteur du maillot à pois de meilleur grimpeur sur ce Tour 2018, qui allait lever les bras à l'arrivée et ainsi ajouter une deuxième victoire d'étape à son compteur.

Le Belge, n° 1 mondial en 2011 et champion du monde 2012, est un grand écumeur de classiques. Pas armé pour prétendre à la victoire sur les grands Tours, Gilbert a gagné quelques étapes (7 sur la Vuelta, 3 sur le Giro et 1 sur le Tour). Ce mardi 24 juillet 2018, les radios passées à l'arrivée ont révélé qu'il avait fait les soixante dernières bornes de l'étape avec la rotule cassée !

COUP DE CŒUR

HUBERT AURIOL

Vainqueur (moto et auto) puis organisateur du Dakar

ÊTRE UN CHAMPION C'EST REBONDIR

L'image qui m'a le plus impressionné au cours de ces dernières années, c'est la chute de Philippe Gilbert, l'ancien champion du monde, qui, ratant un virage, passe par-dessus un muret et se retrouve en contrebas. On le voit remonter en direct sur la route, enfourcher son vélo et repartir... Le genou en sang, la jambe abîmée. Il va terminer l'étape avec un courage phénoménal car on saura plus tard qu'il souffre d'une fracture. Une chose que j'ai vécue sur le Dakar avec mes deux jambes brisées. J'avais quand même envie de repartir car quand tu es dans l'action, tu passes au-dessus de ta douleur, tu n'as jamais envie que cela s'arrête. Être un champion c'est rebondir.

Philippe Gilbert serre les dents... Malgré sa chute, il va repartir et finir l'étape !

Lawson Craddock à la voiture médicale du Tour de France dès la 1re étape du Tour 2018.

LANTERNE ROUGE

Craddock fait de son Tour un projet caritatif

On peut reprocher beaucoup de choses aux cyclistes : le dopage, la corruption, la triche... Mais on ne peut leur enlever une indiscutable qualité : ils sont durs au mal !

La télévision et les radios n'accordent habituellement pas beaucoup d'importance au bas du classement et à la lanterne rouge (le nom qu'on donne au dernier du général). Il y a évidemment trop peu de temps d'antenne déjà pour parler des principaux faits de course, des exploits et des enjeux à venir, alors où trouver la place pour raconter une histoire de ces forçats de l'ombre, pour la plupart condamnés à l'anonymat ?

Samedi 7 juillet, première étape, Noirmoutier-en-l'île – Fontenay-le-Comte (201 km) et premières chutes évidemment. Sur les premières étapes du Tour, les coureurs sont toujours nerveux, les routes pas assez larges, et les enjeux énormes pour les équipes de sprinters. Pourtant c'est au ravitaillement que Craddock est allé au sol. Le coureur d'Education-First Drapac s'est relevé le visage en sang et a ressenti une très vive douleur derrière l'épaule. Il a fini l'étape loin et seul à 9 minutes du vainqueur, le sprinteur colombien Fernando Gaviria.

Des examens médicaux ont révélé une fracture de l'omoplate, mais malgré cela Craddock a serré les dents et pris le départ de la deuxième étape. Il a même décidé de mettre 100 € de côté pour chaque étape supplémentaire qu'il allait finir, une cagnotte qu'il offrirait au Vélodrome d'Alkek, basé à Houston, dans lequel il a pédalé toute son adolescence, pour financer les réparations après le passage de l'ouragan Harvey.

Peut-être que ce projet caritatif l'a aidé en donnant un sens à sa souffrance. Car à quoi bon continuer avec une épaule cassée, avec la quasi certitude de finir dernier de chaque étape, et sans aucun espoir de briller ou d'apporter son soutien au leader de l'équipe ?

Sur un vélo de course, que ce soit, comme on le dit entre coureurs, pour « se mettre à la planche » (le dos à l'horizontale, la tête vers l'avant) et rouler fort sur le plat, ou pour se mettre « en danseuse » (c'est-à-dire debout sur les pédales) et grimper les cols, les épaules sont au cœur de la charpente du coureur et à la croisée des forces qui font son équilibre... Alors les étapes montagneuses, les arrivées en altitude de ce Tour 2018 (Le Grand-Bornand, La Rosière, l'Alpe-d'Huez, Saint-Lary-Soulan) et les contre-la-montre (le chrono par équipes de Cholet ou l'individuel entre Saint-Pée-sur-Nivelle et Espelette) ont viré au supplice pour le jeune Américain, que l'on a retrouvé en pleurs, des larmes d'émotion et de fierté, au passage de la ligne à Espelette au terme de son ultime effort. Le Tour était fini, l'enfer aussi...

EN CHIFFRES

280 000 $

La somme récoltée par le coureur grâce à sa cagnotte en ligne. Pour l'histoire, non seulement Craddock a terminé le Tour de France, mais en plus l'engouement du public pour ce défi sportif et caritatif a permis de faire gonfler la cagnotte jusqu'à 280 000 $!

L'INCROYABLE HULK

Peter Sagan, sept fois maillot vert du Tour

Décidément, il ne fait vraiment rien comme les autres coureurs, Peter Sagan. Victoires ou échecs, moments de gloire ou bêtises, le Slovaque est incontrôlable, inclassable, atypique. À l'image de son look, cheveux longs ou ultra-courts, barbe ou moustache, suivant la saison, il surprend, il déconcerte souvent mais reste un garçon absolument charmant qui, au dire de tous les spécialistes, grâce à son panache, à ses coups d'audace et à ses inventions, fait beaucoup de bien au cyclisme.

Les exemples sont nombreux, en particulier avec les multiples façons dont il a célébré ses victoires, passant la ligne d'arrivée en reproduisant Hulk, le super-héros à la peau verte comme la couleur de son maillot distinctif, celui du classement par points. Spectaculaires aussi, ses *wheelings* (roues arrière) pour terminer les étapes du Tour de France en haute montagne. Ou, plus fort encore, la vidéo de sa fin d'entraînement, où il grimpe avec son vélo directement sur le toit de sa voiture. Sans omettre l'irrésistible clip où il se prend pour John Travolta dans *Grease*, dansant et chantant avec Katarina, son épouse.

Inclassable et déjà une légende dans l'histoire du vélo. Doté de capacités physiques phénoménales (il a cassé plusieurs VTT à l'entraînement dans sa jeunesse) et surtout d'une agilité hors du commun, Peter Sagan a commencé en cyclo-cross, en devenant champion de Slovaquie. À vingt ans, il passe pro et se fait remarquer avec deux victoires d'étape dans Paris-Nice. La suite est une accumulation brillante de succès. Sagan est très fort dans les courses d'un jour : roublard, puissant et super sprinter. Il brille sur les classiques Tour des Flandres en 2016 et Paris-Roubaix en 2018 (deux des cinq « monuments »), trois Gand-Wevelgem (2013, 2016 et 2018). Il collectionne les places d'honneur aussi deux fois deuxième de Milan-San Remo et de la Strade Bianche.

Sagan va réussir un exploit unique, à l'instar d'Alfredo Binda, de Rik Van Steenbergen, d'Eddy Merckx et d'Óscar Freire : il va obtenir trois titres de champion du monde, mais, encore plus fort, il gagne trois années consécutivement, 2015, 2016 et 2017. Trois années de suite donc, pour trouver Sagan dans les pelotons, il fallait chercher le maillot arc-en-ciel. Mais la couleur qui sied le mieux à cet apollon venu d'Europe Centrale, c'est le vert ! Le vert du maillot porté par le leader du classement par points sur le Tour de France. Car depuis 2012, Sagan en fait sa deuxième peau et en collectionne déjà sept ! Un de plus que l'Allemand Erik Zabel (six consécutifs entre 1996 et 2001) un record !

Dans cette série entamée en 2012 (à vingt-deux ans !), seul manque à son palmarès le maillot vert du Tour 2017, duquel il fut exclu le 14 juillet pour avoir provoqué la chute de Mark Cavendish lors du sprint à Vittel. Mais l'image de lui que l'on préfère (et de loin) c'est quand, sur la 14e étape du Tour 2019, Peter a saisi l'autographe qu'un jeune supporter lui tendait pour le lui dédicacer tout en escaladant le Tourmalet !

LE PETIT PLUS

Les dauphins de Sagan

- **2012 :** André Greipel
- **2013 :** Mark Cavendish
- **2014 :** Alexander Kristoff
- **2015 :** André Greipel
- **2016 :** Marcel Kittel
- **2018 :** Alexander Kristoff
- **2019 :** Caleb Ewan

Peter Sagan et ses légendaires roues arrière pour faire plaisir aux spectateurs.

LES CLÉS POUR COMPRENDRE

Pourquoi Sagan a-t-il autant de maillots verts ?

Paradoxalement, avec douze victoires entre 2012 et 2019, Sagan n'est que le troisième dans la hiérarchie de ses homologues vainqueurs d'étapes derrière Mark Cavendish (30 victoires) et Marcel Kittel (14), et devant André Greipel (11). C'est pourtant lui qui a collectionné sept maillots verts sur cette période.

Le classement par points récompense le coureur le plus régulier dans les sprints que ce soit à l'arrivée ou sur les sprints

d'étape marque évidemment beaucoup de points, mais celui qui est régulièrement placé en marquera tout autant sur la durée du Tour.

À ce jeu-là, Peter est le meilleur très souvent dans le top 5 des étapes de plaine mais aussi à l'avant dans les étapes de montagne pour aller faire au moins le premier sprint intermédiaire. Car Peter Sagan est, comme on dit, « un sprinter qui passe la montagne » il est capable de partir dans l'échappée là où les « gros » visent le gruppetto dès le début des étapes de montagne puis en arrivent parfois à quitter le Tour après avoir glané deux ou trois victoires d'étape (et rempli les objectifs fixés par leur équipe)...

FOCUS

Ceux qui ont le plus souvent ramené le maillot vert à Paris

- **7 fois :** Peter Sagan (2012, 2013, 2014, 2015, 2016, 2018, 2019)
- **6 fois :** Erik Zabel (1996, 1997, 1998, 1999, 2000, 2001)
- **4 fois :** Sean Kelly (1982, 1983, 1985, 1989)
- **3 fois :** Jan Janssen (1964, 1965, 1967), Eddy Merckx (1969, 1971, 1972), Freddy Maertens (1976, 1978, 1981), Djamolidine Abdoujaparov (1991, 1993, 1994), Robbie McEwen (2002, 2004, 2006)
- **2 fois :** Stan Ockers (1955, 1956), Jean Graczyk (1958, 1960), André Darrigade (1959, 1961), Laurent Jalabert (1992, 1995), Thor Hushovd (2005, 2009)

JULIAN ALAPHILIPPE,
THIBAUT PINOT

Un Tour de Français

Cela faisait des lustres que les Français n'avaient pas autant vibré grâce au Tour de France. L'époque où l'on pouvait s'enorgueillir de voir un Français sur la plus haute marche du podium à Paris remonte déjà au siècle dernier…

Après les deuxième et troisième places de Jean-Christophe Péraud et Thibau Pinot sur le Tour 2014, après les deux podiums de Romain Bardet en 201 (deuxième) et 2017 (troisième), il faut reconnaître qu'en 2019 la France s'es prise à croire très fort aux chances de Julian Alaphilippe d'être le premie Français à gagner le Tour après Bernard Hinault.... Plus encore en 201 qu'avec Thomas Voeckler, car Julian Alaphilippe était le numéro un mondial.

Alaphilippe avait neuf ans quand Lance Armstrong est venu sur ses terres gagne le contre-la-montre individuel (18e étape du Tour 2001). Loin d'être aussi dominateur que l'Américain, le « petit Français » avait un féroce appétit de victoire en 2019 : la Flèche wallonne, Milan-San Remo et puis des étapes sur le Tour de France… Il avai coché la 3e étape à Épernay depuis longtemps ; alors, il a giclé dans la côte de Mutigny (900 m à 12 %) pour finir cette étape champagne en solitaire et conquérir le maillot jaune… Au premier plan dans la Planche des Belles Filles, Alaphilippe a fin devant les prétendants au général ! Sur la route de Saint-Étienne, il a lancé une attaque avec Pinot dans la côte de la Jaillière : lui, intéressé par la reconquête du maillot jaune et le Franc-Comtois pour reprendre du temps aux favoris du Tour… Toujours en jaune au chrono de Pau, il s'est montré éblouissant en empochant le contre-la-montre individuel, faisant jeu égal avec Geraint Thomas avant de prendre le dessus dans les derniers kilomètres… Avec ce matelas de plus de 2 minutes, on commençait vraiment à y croire… Un peu, beaucoup, passionnément, Alaph'olie Alaphilippe a résisté dans les Pyrénées puis à Valloire, et c'est dans les pentes du col de l'Iseran que son rêve et Egan Bernal se sont envolés…

Même compétition mais des émotions et des histoires complètement différentes pour Thibaut Pinot. Depuis sa 3e place en 2014, le grimpeur français est abonné aux désillusions avec déjà trois abandons (2013, 2016, 2017). Pourtant, son potentiel es énorme et le parcours du Tour 2019 semble véritablement à sa portée ! Le 2e jour la bonne performance des Groupama-FDJ au chrono par équipes de Bruxelles préserve toutes ses chances. Pinot montre le bout du nez à la Planche des Belles Filles (6e étape), puis accompagne Alaphilippe dans son attaque à l'arrivée à Saint-Étienne Mais c'est ce même Alaphilippe qui va causer sa perte entre Saint-Flour et Albi en poursuivant un brutal coup de bordure lancé par les Education First. Après avoi réussi à revenir à 15 s, les Groupama-FDJ craquent et Pinot amer perd 1 min 40 dans l'histoire ! Au pied des Pyrénées, façon de parler, le Français est « au pied du mur » et se lance dans une reconquête du temps perdu après un super chrono à Pau (7e de l'étape). Il passe déjà de la 10e à la 7e place. Le lendemain, bien lancé pa David Gaudu, il se détache à 250 m du sommet du Tourmalet et grappille une place au général. Une bonne nuit de récup et Pinot poursuit à Foix Prat d'Albis où seu Mikel Landa le suit… Le voici maintenant 4e ! Nîmes… Gap… les Alpes et les étapes décisives. On pense que si Alaphilippe fléchit, Pinot est à l'affût.

Mais le monde va s'écrouler sur ses épaules… Incapable d'appuyer sur les pédales il va poser pied à terre au pied du col de la Madeleine. La blessure est rare chez les cyclistes une déchirure musculaire à la cuisse suite à un coup dans le guidon pour éviter une chute lors de l'étape de Gap. Les amoureux de la petite reine ont le cœu serré devant sa détresse… Marc Madiot essaiera de trouver les mots le soir dans la chambre d'hôtel mais les faits sont là c'est la 4e fois que Pinot ne finit pas un Tour…

Épilogue de l'histoire : ce vendredi 26 juillet 2019, les deux Français ont tout perdu en une seule étape. Pinot lâché par sa cuisse, Alaphilippe lâché par Bernal… Une cruelle gueule de bois pour le public français après un mois d'ivresse.

COUP DE CŒUR

ANNE-CLAIRE COUDRAY

Présentatrice des JT du week-end (TF1)

ALAPHILIPPE NOUS A FAIT RÊVER !

Toute petite, je regardais le Tour avec mon neveu qui nous faisait des gaufres ; c'était l'époque de Fignon le Magnifique, flamboyant avec sa queue de cheval. Mais mon rapport avec le Tour a changé l'année dernière en admirant la chevauchée fantastique de Julian Alaphilippe, une vraie révélation ! Le petit sourire en coin, la barbichette au vent, il a enflammé la France. Beaucoup de spectateurs pensaient qu'il allait gagner. C'était l'audace, le courage, le dépassement de soi. Ces coureurs sont quand même extraordinaires dans la dépense d'énergie ! Ils vont au bout d'eux-mêmes. Je les admire au plus haut point ! Et un jeune homme comme Alaphilippe en 2019, je lui dis un immense merci parce qu'il nous a fait rêver.

Julian Alaphilippe (en jaune) devant Thibaut Pinot à la Planche des Belles Filles (2019).

ÉPIDÉMIE ET COUP D'ÉTAT

Un Tour historique !

La parole au plus grand coureur de tous les temps, Eddy Merckx : « Ce samedi 19 septembre 2020, cette 20e étape va entrer pour toujours dans la grande histoire du Tour de France. Pas seulement parce qu'un jeune talent de 21 ans s'empare du maillot jaune la veille de l'arrivée mais aussi parce que l'équipe Jumbo de Roglic s'est vue victorieuse avant la fin. » Parole de champion, parole de sage.

Marquée par ce coup de théâtre incroyable de l'avant-dernier jour, où le monde entier a été ébloui par le Slovène Tadej Pogacar, réalisant un contre-la-montre exceptionnel, gagnant sa troisième étape et prenant la tête du classement général en écrasant tous ses adversaires, cette Grande Boucle peut vraiment être qualifiée d'historique.

Historique, car pour la première fois depuis la création de l'épreuve en 1903 (et en dehors des interruptions dues aux guerres), les organisateurs ont décalé leur épreuve fin août-début septembre, pandémie mondiale du coronavirus oblige. Ils ont imposé au public et aux équipes de coureurs des mesures d'hygiène très strictes, les fameux gestes barrières – ce sont d'ailleurs des coureurs masqués qui répondent aux interviews.

Historique aussi avec un directeur de course testé positif (évidemment pas avec un produit dopant mais à la Covid-19 !), qui s'auto-exclut de la compétition et se retrouve chez lui à admirer la course à la télévision pendant sa semaine de confinement obligatoire.

Historique encore avec le départ de Nice, une cité soleil mais arrosée ce jour-là par une pluie battante et marquée par de très nombreuses chutes dont certains auront du mal à se remettre. Thibaut Pinot en particulier, l'un des grands espoirs de victoire française. Un départ à la Jacques Prévert. « Après la pluie, le beau temps », revenu sur la Côte d'Azur, Julian Alaphilippe, comme un « Roi-Soleil », gagne la deuxième étape et endosse le maillot jaune.

Historique enfin avec la première d'un coureur slovène... mais pas celui qu'on attendait. Pendant près de deux semaines, impressionnante de maîtrise et d'organisation, l'équipe Jumbo-Visma cadenasse toute la course et permet à Primoz Roglic, son leader, apparemment de tout contrôler jusqu'à l'avant-dernière étape. Ce jour-là, à la Planche des Belles Filles, le roi Roglic a été renversé par un jeune prince, audacieux et talentueux. Jour sans pour le maillot jaune, jour de grâce pour Pogacar. Un coup d'État. Un coup d'éclat !

Tous les spécialistes avaient déjà repéré son jeune talent : vainqueur du Tour de l'Avenir en 2018, du Tour de Californie, de trois étapes de la Vuelta en 2019. On avait bien senti son intelligence en course et son sens tactique hors du commun. Pogacar, sans une grande équipe pour l'aider, a préféré suivre le train jaune de la Jumbo et attendre les opportunités pour montrer sa force. Le contre-la-montre de la veille de l'arrivée a été une démonstration époustouflante. Il gagne avec 1 min 21 d'avance sur Dumoulin, l'un des meilleurs rouleurs du monde, et s'empare du maillot jaune avec 59 secondes sur Roglic, son compatriote, son aîné. Comme un cadeau pour son premier Tour de France, au lendemain de sa victoire, Tadej Pogacar fête ses 22 ans... Historique !

Tadej Pogacar à la poursuite de Primoz Roglic dans le col de la Loze.

TADEJ POGACAR,
PRIMOZ ROGLIC

Index

Index

Remerciements

Nous tenons à remercier notre éditeur Gründ avec en particulier Vincent Barbare et Luc-Edouard Gonot qui nous témoignent leur confiance et leur fidélité chaque année depuis 2012 à travers la réussite de la collection des *100 Histoires de Légende*. Nous saluons aussi ceux qui ont contribué par leurs anecdotes à l'écriture de ces histoires légendaires (Bert Blocken, Fred Grappe, Roger Legeay, Thierry Marie, Christian Prudhomme...) et les 60 personnalités qui nous ont raconté leurs coups de cœur pour les héros de la Petite Reine.

Bibliographie, ouvrages de référence et documentaire télé

Tour de France : 100 ans, 1903 - 2003 (3 tomes), sous la direction de Gérard Ejnès et Gérard Schaller, L'Équipe, 2003
Histoire du cyclisme, Jean-Paul Ollivier, Flammarion, 2003
Les Incroyables du cyclisme, Sylvie Lauduique-Hamez, Calmann-Lévy, 2007
Le cyclisme en infographies, Jean Gatellier, les éditions du Chêne, 2015
V comme vélo : l'histoire du cyclisme de A à Z, Suze Clemitson et Mark Fairhurst, Vigot, 2016
Soleil de juillet, histoires du maillot jaune, documentaire réalisé par Gérard Holtz pour France 2, 2016
Le Tour de France, coulisses et secrets, Christian Prudhomme, Plon, 2017
50 Vélos qui ont marqué l'histoire du cyclisme, Tom Ambrose, L'imprévu, 2017
Cycling's Strangest Tales, Iain Spragg, Pavilion Books, 2017
Le Compte-Tours, Serge Laget et Claude Maignan, Communication, 2018
Histoires Insolites du Tour de France, Sylvain Letouzé, City éditions, 2019
Le Guide Historique du Tour de France 2020, ASO, 2020
Soleil de juillet, histoires du maillot jaune, documentaire réalisé par Gérard Holtz pour France 2, 2016

Les auteurs ont également puisé les détails de leurs histoires auprès de sites de référence : lagrandeboucle.com, ledicodutour.com, memoire-du-cyclisme.eu ou encore cyclisme-dopage.com sans oublier Wikipedia et YouTube ainsi que les archives de l'INA et les journaux et magazines (L'Équipe, Le Monde...).

Crédits photographiques

AFP : 46, 56, 65, 75, 196, 230 ; AFP/Bonaventure 213 ; AFP/Saget 184.
D.R. : 11, 4, 5, 18, 31, 206, 233.
GettyImages : Tim de Waele 238 ; Keystone 42.
Guillaume Presbois : 203.
L'Equipe/PresseSports : 14, 19, 20, 22, 24, 25, 26, 29, 30, 32, 34, 35, 36, 38, 39, 40, 43, 44, 47, 49, 50, 52, 53, 54, 55, 58, 59, 60, 62, 64, 66, 68, 70, 71, 72, 74, 76, 78, 80, 81, 82, 84, 86, 87, 88, 89, 90, 92, 93, 94, 96, 97, 98, 99, 100, 101, 102, 104, 106, 107, 108, 110, 112, 113, 114, 115, 116, 118, 119, 120, 122, 124, 125, 126, 128, 130, 131, 132, 133, 134, 136, 137, 138, 139, 140, 142, 143, 144, 145, 146, 148, 150, 151, 152, 153, 154, 156, 157, 158, 159, 160, 161, 162, 164, 165, 166, 167, 168, 170, 171, 172, 173, 174, 175, 176, 178, 179, 180, 182, 183, 186, 187, 188, 190, 192, 193, 194, 198, 199, 200, 201, 202, 204, 205, 208, 209, 210, 212, 214, 215, 216, 218, 219, 220, 221, 222, 224, 225, 226, 228, 229, 232, 234, 236, 237, 239, 240, 242, 244.
Laget/ PresseSports : 8, 10, 15, 16, 28.
Roger Viollet : 12, 23, 48.

@les100histoires
#les100histoires
www.les100histoires.com